老侯賣寶

LAOHOU MAIBAO

有故事的珠宝才好卖

侯舜瑜 著

华南理工大学出版社
·广州·

图书在版编目（CIP）数据

老侯卖宝：有故事的珠宝才好卖／侯舜瑜著．—广州：华南理工大学出版社，2020.1
ISBN 978-7-5623-6129-9

Ⅰ．①老⋯　Ⅱ．①侯⋯　Ⅲ．①宝石-市场营销学　②首饰-市场营销学　Ⅳ．①F768.7

中国版本图书馆CIP数据核字（2019）第299941号

Laohou Maibao : You Gushi De Zhubao Cai Haomai
老侯卖宝：有故事的珠宝才好卖
侯舜瑜　著

出 版 人：	卢家明
出版发行：	华南理工大学出版社
	（广州五山华南理工大学17号楼，邮编510640）
	http：//www.scutpress.com.cn　E-mail：scutc13@scut.edu.cn
	营销部电话：020-87113487　87111048（传真）
出版策划：	赖淑华
责任编辑：	刘志秋　蔡亚兰
印 刷 者：	深圳市龙辉印刷有限公司
开　　本：	787mm×1092mm　1/16　印张：18.5　字数：333千
版　　次：	2020年1月第1版　2020年1月第1次印刷
定　　价：	236.00元

版权所有　盗版必究　　印装差错　负责调换

序一

初秋的黄昏,侯舜瑜先生到访,把一本一寸厚的书稿打印资料交托给我并请作序。侯舜瑜先生是珠宝业界的前辈,经历过中国珠宝业起步、发展、壮大及如今的多品牌混战,遍历无数珠宝商的起落兴衰。他既对各种宝石、半宝石钻研很深,又有着丰富的经商经验。这本《老侯卖宝:有故事的珠宝才好卖》可谓其珠宝营销经验的总结,强调的是给珠宝注入故事,以打动消费者的情感,讲述的是"有故事的珠宝才好卖"。这本别开生面的书稿,放在我手上沉甸甸的,感觉任务也是沉甸甸的,毕竟,我是晚辈。

我生长在南方改革开放的前沿地带,大学毕业之时,幸逢改革开放春风浩荡,因缘和合,促成我在20世纪90年代末试水珠宝连锁零售业,创立钻石世家品牌。以后的岁月,无论商海波平如镜还是翻起滔天巨浪,我一往无前地驶向自己梦想的彼岸。如今的钻石世家已是具有一定规模的全国性品牌,覆盖全国80多个城市,研发出两款独特的全球专利钻石,分别是121个切面的ROSACE极慕之光和极致火彩的SHININGSTAR极慕之星。钻石世家以"铭定制"切合年轻群体的个性需求,以每年5%增值换款的终生承诺增加与会员的黏性,以明星高端定制奢华款引领时尚潮流。20多年来,世家同仁不遗余力地精心培育钻石世家这个品牌,面对市场无序的竞争、面对电商带来的冲击,我们初心不改。

《老侯卖宝:有故事的珠宝才好卖》为我们还原了一段跌宕起伏的珠宝

发展史，总结了许多珠宝行业营销战术，并且从黄金、红蓝宝石、钻石到玉器分门别类地将其文化营销细细道来。对于我们这些经历过商海浮沉的人来说是一次平静的回眸，对于新一代从业者来说具有很全面的指导价值。我很认同书中所写"真实的力量最强大"，我也明白"笨拙的人讲道理，聪明的人讲故事"，但如果是杜撰一个故事来欺骗消费者，是不道德的也是不长久的。曾经，多少商家在海外注册一个洋品牌便来抢占中国市场，当然一时间也切中了某些消费者"崇洋"之心，从而走了捷径。但正如书中所写的"谎言被戳穿之后，会遭人们唾骂和遗弃"。与这些走捷径的做法相反，我们的本土品牌日益崛起，远征海外，取得不俗的成绩。我在美洲、欧洲、非洲的许多城市都见到华为的广告宣传，在许多商店看到华为的产品，作为中国人内心感到无比自豪！任正非先生也讲故事，他说创业时被骗了两百万，让他顿时陷入了穷途末路的境地，所以他成功后谨记做人要诚信，不能骗人。这也是故事，而且是真实的故事，真实的故事最有力量！钻石世家也谨守这样的信条，我们可以在国外设立分支机构，可以引进大量的国外设计资源，比如法国浪漫风情的设计，但我们首先是一个中国本土品牌，我们有信心以自己本土的力量做到国际的水准，我们要以振兴中华为己任。这就是我所说的初心不改吧。

　　珠宝是一个不老的行业，过去几千年可以追溯，未来几千年也会延续，所以，非常值得我们用匠心用诚心去开拓去传承。我认为再花巧的营销抵不过卓越的品质，再动人的故事比不过对承诺的坚守。我们都是珠宝人，肩膀上有着对珠宝业良性发展的责任与使命，自钻石世家创立之初，我们的宗旨就是希望世界多一分真、善、美、爱。同样的，我们作为珠宝界的一分子，希望珠宝业发展源远流长，在历史的长河中永远闪耀温暖的光芒。

钻石世家董事长　陈小凤
2019年秋月

序二

中国的珠宝市场发展到今天已处于饱和状态，市场竞争达到白热化程度。珠宝商在销售时，为了提高销售量，抢占市场，往往把价格调低再调低，已到了微利甚至无利可图的地步。在售货时，顾客总觉得你的款式不合他的心意，或者认为你的货品过时、老土，不管营业员如何费尽口舌介绍，还是没办法把珠宝首饰销售出去。面对这种状况，珠宝商唯有再增加货品，增多款式。即便如此，往往也并不如意，收效甚微。为了提高销售额，又对零售店追加投资，扩大货品量及货品品种，但却并未带来相应的经济效益，反而增加了库存。再过两三年，这些库存变成了滞销货，成为珠宝商头痛的问题。试图处理积压货品，又只有再降价，如此就形成了恶性循环。产品卖不出去，资金难以回笼，企业也就没有能力开发新产品，只能陷入低价销售的泥潭。

如何破局，这是中国珠宝企业面临的问题。许多企业家羡慕国外知名品牌利润高、库存少、周转快，提出转型升级。所谓转型升级，就是希望通过转变经营思路，提升货品档次，走出目前的困境，使货品卖得又快又利润高。但转型升级说起来容易，做起来不易。许多企业在尝试，比如注重自主设计，创新首饰工艺，开发钻石新切工，更新首饰款式，加大品牌推广力度，提高零售店形象，厘清细分市场，明确定位占领细分市场，扩大网上营销渠道……这些转型升级的举措说到底就是想方设法使货品更畅销，利润更高。

侯舜瑜先生是有着丰富实战经验的珠宝商，一直没有停下探索的脚步。当《老侯卖宝：有故事的珠宝才好卖》初稿摆到我面前时，我粗略地阅读，感觉眼前一亮。这本书与市场上其他宝石类的书籍不同，它不讲鉴别、质量评价这类千篇一律的内容，讲的是如何销售。其中心内容是如何给货品注入故事，引起消费者的情感共鸣，并用一些成功的案例说明故事营销的技巧。其视角是从消费者出发。消费者为何在你这里购货，主要是基于两个因素，一是信任你，二是你的货品对他有价值。信任关乎品牌、货品质量保障措施、店的形象、营业员服务及沟通技巧、售后服务等。而价值并不仅仅局限于材质，还有艺术、文化、人文等方面。这些属于无形的情感价值，是精神、心理层面的。有时这些情感价值对消费者来说更加重要。通过品牌及货品故事，以此打动消费者的情感，从而在消费者心目中形成价值。越是富裕阶层的消费，消费者越看重情感价值。实际上国外知名的珠宝品牌，无不营造消费者对品牌及货品的情感。读了这本书，许多疑惑得以解开。"有故事的珠宝才好卖"，是本书阐述的中心内容。书中对于故事营销的论述是我们应予重视的方向。

因工作关系，我与侯舜瑜先生常有接触，所以了解他。他可谓是珠宝专业科班出身的行家，20世纪80年代中国地质大学宝石矿物学硕士研究生毕业后，即从事珠宝的营销实践，创办广东省广地珠宝首饰公司，任董事长、总经理。二十几年的经营让他积累了丰富的实践经验。2016年至今，他担任广东省珠宝玉石及贵金属检测中心主任（广东省技术监督珠宝贵金属质量检验站站长），接触到许许多多珠宝企业，视野开阔。与他交往能感受到他知识面宽广，涉猎丰富。爱琢磨的他善于透过现象分析本质，也善于思考、归纳与总结。结合多年的营销经验以及一些珠宝品牌营销的案例，他撰写成本书。本书语言平实，文字晓畅，叙述清晰易懂，适合懂珠宝及不懂珠宝的各类人士阅读。特别是珠宝企业的营销人员，真该好好阅读这本书，对于做好营销工作，必有启迪。而未入行正想进入珠宝行业的新秀，该书能助你少走弯路，早日成为行家。

侯舜瑜先生工作繁忙，还能坚持阅读并笔耕不辍，让人由衷感佩。此书初稿出来后，侯先生竭诚邀请我"审阅"和作序，我觉得此书有价值，朋友们不妨开卷一阅。

是为序。

周六福董事长、总裁　李伟柱
2019年8月19日

序三

认识著者,已近三十年时间,真如弹指一挥间。

当年,我们都三十不到,如今却都是近杖乡之人。

侯总在繁忙的营商管理之余,仍然能潜心思考、觉悟精进、笔耕不辍,用几十年的感悟和经验,去成就自己,反哺行业,造福社会。他的韧性和心力实在令我佩服。

他是中国地质大学(武汉)宝石矿物学方向最早毕业的硕士研究生之一,早年是广东省地质局学位比较高的年轻人。

我记得,当年他研究的一个专题是"碧玺的宝石矿物包裹体",其时我也在做矿物及宝石包裹体的研究,视其为同道。在当年我们省地质学会青年工作委员会组织的全国学术研讨会上(95年广州全国非金属矿物材料学术研讨会),他极其认真的、有张力的学术报告引起了与会人员的注意,是当时真正做宝石学学术研究的学者之一,给我们留下很深的印象。

不久,听闻他被任命为广东省地质局广地珠宝的总经理,开始华丽转身,成为当时流行的学而优则商的先行者,在珠宝商场上长袖起舞。那时,经常听珠宝行家说起侯总营商的专业和执着,尤其对红蓝宝石和翡翠有深入的研究和心得。

20世纪90年代中期,正是中国珠宝产业风起云涌之际,广东珠宝产业迅猛发展,开始崛起并逐渐壮大成为中国珠宝产业的龙头,占据半壁江山。此时的广地珠宝,在省内大珠宝商场攻城略地,成为珠宝零售业一道亮丽的风景。而此时，我正好开始在中山大学地学院拓展"珠宝资产评估"的专业方向，和珠宝市场及产业有比较密切的联系，和广地珠宝及侯总有了更多的交集，经常听广州的百货集团和大珠宝公司的老总们提起广地珠宝专业营销的"故事"。21世纪初，广地珠宝在侯总的经营管理下，已然发展成为全国地矿行业有重要影响的专业珠宝品牌。

侯总的《老侯卖宝：有故事的珠宝才好卖》就是这样在商海博弈中凝练出来的心血之作，既有国际视野、中西比较，又有实战案例、深刻体会，是近三十年珠宝市场营商耕耘、纵横捭阖的总结，是潜心思考、上下求索感悟的记录，是经年累月专业营运心得的结晶。难能可贵的是，书稿还是侯总在纸稿上一个字一个字爬格子写出来，而不是键盘飞舞的联想和剪贴，可谓珠宝学人岁月与智慧之升华结晶。

市场营销，有人认为是一门学问，也有人误认为是"骗人"的功夫。但是无论我们怎么看，事实上，市场营销无处不在，小至柴米油盐，大至家国文化，营销可谓深入社会的每个细胞，可居庙堂之高，可达江湖之远，是现代商业营运非常重要的学问和润滑剂。

市场营销的确是国外管理学中一门很有分量的学科分支，其重要性可以从市场上众多"砖头"般厚重的著作及营销总监的收入可超公司总裁收入而略见一斑。我国大学的本科专业中，市场营销是管理学科门类（12）工商管理学科（1202）下的一个分支学科专业（120202），也是大家熟知的商场精英们的必修之学。

《老侯卖宝：有故事的珠宝才好卖》，第一章，从珠宝商如何建立信誉开始，以心为旗，显然不是教人如何巧辩；第二章，阐述珠宝价值，则是通过深入理解珠宝蕴含的意义，以物为证，指出珠宝要有亮点要有故事，才能卖得好；第三章，从市场营销专业入手，通过对珠宝需求理论和交易价格策略的分析，从理论到实践，探索珠宝"锚点"的影响，提醒珠宝营销者如何通过消费者关心的"焦点"，去和顾客进行深入的沟通交流，把握消费者的心理需求，以提升营销业绩；第四章，融汇国内外经典的营销理论，从故事营销的思考出发，分析如何才能真正建构出对消费者有影响的珠宝故事；第五章到第七章，系统专业地从钻石、红蓝宝石和玉器的物性、产地、品牌和历史等多个维度，讲述了钻石、红蓝宝石和玉器文化营销的技巧，阐发珠宝文化营销的魅力，强调有故事的珠宝才好卖，探索创造营销佳绩的奥秘。

《老侯卖宝：有故事的珠宝才好卖》既洋洋洒洒，又深入浅出，融会贯通了著者近三十年珠宝营商的理论思考和实践经验，体系完整、逻辑清晰、能量饱满，相信会成为珠宝市场营销人员重要的专业营销指引，从而受到市场的广泛关注。

　　毫无疑问，这也是一部消费者深入了解珠宝市场营销运作秘诀的宝典。

中山大学地球科学与工程学院　丘志力
2019年8月26日于康乐园

序四

　　珠宝的珍奇瑰丽一直令人着迷，从王室的独尊到普通百姓的配饰，珠宝市场经历了时代变迁，无一不饱含着人们爱宝寻宝的历史文化，无一不在诉说着人类不同历史时期的故事。如何向人们讲述这些故事，展现珠宝的美丽稀有，让普罗大众认知这一美丽的自然宠儿？珠宝营销将为我们打开这扇窗，带我们徜徉珠宝世界，领略珠宝的美丽及文化内涵。

　　《老侯卖宝：有故事的珠宝才好卖》是作者多年遨游珠宝市场的切身体会及研究成果，凝聚着作者珠宝营销实践的结晶与深入研究探索的心血，是当代难得的珠宝市场营销实践系列之作，对做好珠宝营销工作具有现实的指导意义。书中着重阐述了老侯卖宝的内涵，从珠宝商如何建立信誉、阐发价值、制定价格策略，到故事营销技巧，并具体就市场常见的红蓝宝石、钻石、翡翠、和田玉这些品种如何做好文化故事营销进行叙述。一句话，有故事的珠宝更好卖，这是珠宝营销的箴言。侯舜瑜先生在书中深入浅出地说明了这一主题，把销售的秘诀无私地展现出来。消费者购买珠宝，不仅仅是作为美丽的佩饰，还需要情感的倾诉，而有故事的珠宝才能满足他的诉求，这样的珠宝在消费者心目中才有价值。如何讲好珠宝的故事是营销成功与否的关键，正如妇孺皆知的钻石广告词"钻石恒久远，一颗永留传"，展现了钻石珍稀、美丽、耐久等物化的特性，赋予爱情以美丽坚贞的文化内涵，以此打动了多少男男女女的心!这是有文化有内涵的钻石故事营销的成功范例。

侯总的《老侯卖宝:有故事的珠宝才好卖》无疑是这样一本好书,带您追寻珠宝历史,探究珠宝文化,讲好珠宝故事,阐扬珠宝情感,可以让您的销售更加红火。它值得我们认真研读。

桂林理工大学珠宝学院院长　李东升
2019年9月于桂林理工大学珠宝学院

目录

1 第一章　建立品牌信誉

一、展现实力 / 003

二、公共关系及顾客管理 / 010

三、树立专业权威 / 016

四、质量保证及售后服务 / 023

五、讲好故事 / 033

2 第二章　阐发珠宝价值

一、从"万足金"谈起 / 042

二、消费者的需求及市场定位 / 054

三、激发消费者的购买欲 / 068

四、提升珠宝首饰价值 / 081

五、制造稀缺 / 085

3 第三章
珠宝交易价格策略

一、珠宝的价格属性 / 090
二、影响价格的外在因素 / 093
三、影响价格的心理因素 / 099

4 第四章
珠宝的故事营销

一、为什么故事打动人 / 117
二、故事营销的方法 / 120
三、网红经济——讲好自己的故事 / 129
四、故事来源 / 132
五、故事的传播方式 / 138
六、宝玉石名字的威力 / 140

5 第五章
红蓝宝石的文化营销

一、红蓝宝石的历史文化与传奇故事 / 147
二、寻找宝石亮点,提升价值 / 150
三、红蓝宝石也讲血统 / 156
四、有烧无烧的红蓝宝石区别大 / 165
五、红蓝宝石的营销 / 167

六、通过首饰设计注入故事 / 176
七、环境影响宝石的观感 / 181
八、中国市场的消费习惯 / 184
九、如何消除售后顾客的反悔 / 192

第六章
6 钻石的文化营销

一、钻石文化 / 198
二、钻石分级提升价值 / 205
三、讲述钻石的特性 / 209
四、如何把品质不高的钻石销售出去 / 214
五、钻石首饰注入文化元素 / 219
六、如何寻找爆款 / 223
七、塑造品牌形象 / 225

第七章 玉器的文化营销

一、玉石材料的特性 / 232

二、玉石的文化属性 / 234

三、玉器的价值构成 / 236

四、常见玉器款式的文化营销 / 237

五、和田玉子料的营销 / 242

六、传世概念的营销 / 247

七、养生概念的营销 / 249

八、稀少性概念的营销 / 252

九、如何寻找新玉种品类 / 261

十、工艺营销——玉雕师的营销 / 262

十一、玉雕件的故事营销 / 267

参考文献 / 272

跋 / 275

老侯賣寶
有故事的珠宝才好卖

第一章
DI YI ZHANG

建立品牌信誉

第一章　建立品牌信誉

20世纪90年代到2000年前后，正是珠宝行业发轫兴起的时候，市场非常活跃，许多人想进入珠宝行业谋发展。经过20年时间的淘洗，如今有的幼苗已长成参天大树，有的还在苦苦挣扎，有的则退出了珠宝行业。这其中有什么成功的秘诀与失败的教训？

那个时期进入珠宝行业谋生的人大多资金匮乏，有来自农村的人，有城市中的待业者，通常带着寥寥无几的资金，甚至空着双手入行。在中国，珠宝行业是个古老的行业，门槛不高，都是家庭式的手工作坊经营模式，靠的是父亲带儿子、师傅带徒弟、老行家带新伙计的文化。这样的文化使中国的珠宝行业以一定的亲缘脉络关系渗透发展。以广东揭阳阳美、肇庆四会、佛山平洲珠宝玉器行为例，先是个别人进入玉器行立足谋生，逐渐带动亲朋好友进入，亲朋好友又带着新的亲朋好友进来，由此扩散开来。发端于番禺的珠宝首饰加工企业也是如此。

珠宝行业毕竟是一个特殊的行业，因为珠宝不是大众日常生活所必需的物品，消费它的毕竟是少数人。对于普罗大众而言，珠宝玉石行业显得"水很深"。但当一个人进入这个行业谋发展，也就是销售珠宝时，这些珠宝卖给什么人，有没有销路，就是需要回答的关键问题。

要回答销路的问题，还必须从珠宝商的对象——消费者身上找答案。一个消费者要购买珠宝，必须满足两个条件：一是信任，二是有价值。消费者对你越信任，他们的担忧就越少，他们认为出错的可能性就越小。消费者常通过对珠宝商"信誉"的判断来解决他们购买行为中的各种疑虑。"信誉"是解决购买时的押宝，珠宝商面临的第一个问题就是信誉问题。

本章侧重介绍商家怎样建立品牌的信誉。

一、展现实力

（一）消费者的困惑

目前，珠宝的购买渠道非常多，线上有淘宝、天猫、京东等购物平台，有现场直播货品的网店等；线下有各种批发交易市场、专卖店、百货商场中的珠宝柜台、品牌连锁店等。大多数的货品同质化现象严重，货品类型款式大同小异。许多消费者购买珠宝前会向购买过的亲友咨询，也有向行家打探应到哪里购买。每年的"3·15"消费者权益日，在消费者协会服务台前，总是挤满了咨询的人群，有鉴别珠宝的，有维权的，也有咨询到哪里购买珠宝的。消费者关心的重点就是货品的真假、质量、价格、售后服务、保值增值等几方面。

宝石有天然的、人工的、人工优化处理的，翡翠有真假货、天然A货、人工漂白注胶的B货。各种宝石钻石有天然品、合成品。各种宝玉石的性质不同，价格完全不一样。虽然珠宝商给宝石贴有标签，甚至附有各类第三方的证书，但可信度有多高呢？近年来各种宝玉石新品种不断出现，各种优化处理品日益增多，如绿松石、琥珀、天河石、斜红磷铁矿等，消费者对珠宝的真实情况不了解，只能听商家的介绍。有的诚实商家会提供珠宝的真实信息，有的选择性或者扬长避短地披露信息，有的甚至披露假信息，消费者只能根据自己对商家的印象，对这些信息进行评判。

有的商家不明码标价，采用议价的方式交易，这在批发市场比较普遍。有的商家标价但可以有适当的折扣，有些则采取实价销售模式。不同的消费者对此有不同的喜爱。

同样是红蓝宝石、祖母绿，是否经过优化处理，以及产地的不同，价格相差会很大。现在的红蓝宝石，通常需要经过热处理（俗称"烧"，低温烧800℃以下，高温烧1750℃左右）。干净、透明度高、没有瑕疵，无须热烧即可加工成首饰的宝石少之又少，这种纯天然的宝石显得格外稀缺。拥有这种稀缺原料及成品的人，当然不忘稀缺性所附加的价值。随着宝石规格的增大，稀少性越明显，纯天然无烧的宝石越难得，其附加的价值越大。颗粒越大，无烧与有烧的红蓝宝石价差越大。像红宝石大于3ct（克拉），蓝宝石大于5ct，达到"鸽血红""皇家蓝"以上的高质量宝石，价差可达3~5倍，甚至更高。祖母绿普遍天生裂纹棉絮发育，需经浸油注胶处理，纯天然的无油祖母绿非常稀少。稀缺性就是宝石价值的重要决定因素，当然这些未浸油（胶）的祖母绿价格要较浸油（胶）的高出许多。在国际珠宝检测界享有盛誉的权威检测机构瑞士Gubelin、SSEF实验室，给红宝石"鸽血红"、蓝宝石"矢车菊""皇家蓝"品名证书的前提条件是无烧的纯天然红蓝宝石，"矢车菊"要求产自克什米尔，对红宝石的荧光也有要求。这些反映出这两个实验室对"鸽血红""矢车菊""皇家蓝"品级要求的极度严格，对这些品级的看重，折射出附有这两个实验室"鸽血红""矢车菊""皇家蓝"证书宝石的稀少与珍贵。国际两大知名的拍卖行佳士得（Christie's）与苏富比（Sotheby's）所拍卖的有色宝石，除了质量顶级、粒度稀少之外，还要求宝石有着高贵的出身（即产地）。如缅甸抹谷红宝石、克什米尔蓝宝石、斯里兰卡蓝宝石、哥伦比亚祖母绿，特别是木佐矿区的祖母绿、巴西的帕拉伊巴碧玺都具有极高的产地价值。

面对珠宝市场纷繁复杂的状况，消费者在做购买决策时往往犹豫不决，有的为购买一件珠宝跑十几家店，甚至同一家店也跑好几趟，最后才下手。消费者的购买决策主要是基于对珠宝店的信任以及营业员的介绍。

（二）商圈的档次突显品牌档次

中国城市与外国城市最大的不同是商业中心常在转移。200年前伦敦的高档商业中心在邦德街（Bond Street），200年后的今天还是在邦德街；200年前巴黎的珠宝店集中在芳登广场（Place Vendme），200年后的今天还在此地。中国则时移世易变化万千。时代变迁，许多传统的老商业中心没落了，新的商业中心兴起，取代了老的商业中心。以广州为例，清朝时的商业中心在十三行，1950年之后主要在长堤、北京路，1970年之后主要在人民南路、西堤二马路（南方大厦）、上下九。20世纪七八十年代流传着这么一句话，"未到南方大厦，不能说到了广州"，可见当时南方大厦在人们心目中的地位。2000年之后，天河商业中心兴起。上下九、北京路、中山五路一带老商业街虽人流仍然不少，但经营的商品档次已大大降低，营商环境远比不上天河珠江新城一带，人流的购买力也逊色不少。

图 1-1　珠江新城钻石世家店

在消费者心中，不同地理位置的珠宝店其档次是有差别的。比如广州的天河城、正佳广场、太古汇、天环广场、万菱汇、高德置地、西塔、东塔（周大福金融中心）等楼宇规模大，周边写字楼高档，设施齐全，交通等配套设施完好，位于这里的珠宝店让人感觉规模大档次高。一些购物广场娱乐、餐饮、儿童活动中心等配套齐全，购物中心货物品种众多，到这些购物中心逛街既是购物也是娱乐，更是快乐生活的活动中心。新区附近的居民普遍是在广州奋斗的成功人士，自然收入普遍较高，购买力较强。

老区消费力的降低，使一些原本在老商业区开设珠宝专卖店的商家难以经营下去（一些珠宝品牌连锁店除外，连锁店的设置自有其道理，强大的品牌号召力及实力是其优势）。例如，20世纪90年代在北京路开业的明星珠宝金行、广州市工艺美术金店如今皆关门大吉；中山五路与北京路交界处原是全广州黄金商业区中的钻石地段，在此处的黄金珠宝城现也以歇业告终。究其原因主要是商业中心在转移，消费模式在发生变化。所以珠宝商总结经验，开店的首选是"地头"（开店的地段），就算在同一个商业广场中，也有黄金位置。广场的中庭是人流汇聚的地方，是最佳位置，特别是一楼，因为一般顾客不愿意多走一层，况且人们认为一楼是最金贵的地方，自然是知名品牌、销售额大、档次高的货品占据。一楼临街的位置未必人流量最多，但最显眼，带有广告宣传功能。许多国际品牌如蒂芙尼（Tiffany）、卡地亚（Cartier）等多占据门口、临街位置，高高的墙壁是这些品牌展现其豪华奢侈的最佳条件。这些带有广告作用的临街铺面，是大家争抢的黄金位置，唯有实力强的大品牌才能拥有，消费者自然也知道这一点。

一方面，高档的商圈名牌荟萃，衬托出该商圈的高档次。若自己的品牌置身于大品牌之中，也能提高自己品牌的形象。另一方面，具备一定档次的购物广场通常设置门槛，只有达到一定的品牌知名度方能进场，有些要求是国际品牌，有些要求是国内知名品牌。而品牌知名度与信誉度息息相关，通常品牌的档次反映着信誉度的高低。换句话讲，广场方已帮顾客把好信誉度的关,消费者通过广场的档次,能够感知珠宝品牌的档次、信誉度的高低。

(三)店的历史是最好的招牌

我们常说某店是百年老店,那是对该店(品牌)的认可与信任。时间的积淀是品牌最有价值的资产,时间越久远,价值越大。通常一个零售品牌都是从某一个具体的店开始的,假设这个店在这里已存在上百年,说明该店经历了上百年时间的考验,经历了上百年的风雨而屹立不倒,说明得到了消费者的信任。从品牌老店购买珠宝,更有安全感。一个店若缺乏信誉,是很难长时间生存下去的。

一个店在某地生存的时间越长,说明当地的消费者越信任该店,越愿意在那里购物。店的历史越长,老居民们越了解该店的底细,不仅仅是货品,甚至店的员工、老板,老居民们也熟悉。店的职员、经理、老板的品德被居民们所认可,也有助于提高信誉,促进销售。加上店的职员、老板在当地的人脉,往往当地的老牌店比外来的知名品牌更受当地居民的欢迎,销售也比外来品牌更好。例如,惠州西湖边的惠艺珠宝,在惠州已有30多年的历史,是当地的老店,销售情况比许多外来的知名品牌要好,这是因为当地的居民长期在惠艺珠宝购买黄金珠宝,了解她、信任她,已养成了消费习惯,需要购买黄金珠宝,首先想到该店。

店的历史就是最大最宝贵的财富。

(四)货品档次展现实力

通常一个珠宝店的档次越高,消费者认为其越有实力,信誉度就越高。消费者对店的实力认知来自店的规模、装修、货品等。一个较知名的品牌在选择珠宝店的位置、规模上是有要求的。店的规模通常要求实用面积在80平方米以上,这样柜台可长25米左右,柜台少于25米摆不了多少货品,店也显得小气。

装修是珠宝品牌形象的呈现,珠宝商非常重视。一方面,要突出自己的风格,有辨识度,给人留下印象。另一方面,装修还要传递品牌的定位形象。装修档次折射出珠宝店的品位与档次。珠宝店销售的是高价值的珠宝,装修要与高价值的商品相匹配。在装修方面,珠宝商从来就不吝啬金钱,"不怕做不到,就怕想不到"!

货品的档次是珠宝店展示实力的另一方面,也是更为重要的方面。一般消费者是从橱窗开始了解店的货品的。橱窗引人注目，也许路人就会因此进店，有人进店才有机会销售。橱窗就是珠宝店的一个缩影，非常重要。珠宝店的经典货品、新推出的款式通常陈列于此，有些高档货也摆放于此。

许多珠宝店都有镇店之宝，或大粒优质钻石，或高档翡翠，或红蓝宝石、祖母绿等。有的品牌常将高档精品在各连锁店巡回展览，特别是新店开张之时，向市民展示罕见的精品珠宝，既彰显公司实力，有时还会引来媒体宣传报道，进一步扩大知名度。例如，七彩云南就在各门店间巡展价值3亿元臻品"绝代风华"翡翠套链，以此彰显公司实力。总之，一个知名品牌总是会在店中陈列高档的货品，以提高品牌的档次。

（五）销售渠道背书

珠宝销售，其实质是信誉的销售。那么多的珠宝店，消费者为何要选择在你这里购买，而不选择在其他地方购买？关键是看谁更可靠、更信得过。解决信誉问题就是销售成功与否的核心。有些珠宝商选择在自己生活或熟悉的地方开专卖店。事实证明，大部分生意并不理想。虽然地理位置不错，不缺人流，货品质量也很优秀，但就是销售不理想。究其原因，实际上就是品牌缺乏号召力，也就是品牌信誉度不高。

20世纪90年代初，许多人刚入珠宝行业时，不知做何选择。就当时业态来说，有以下四条路子供选择。一是开工厂，如镶嵌厂、黄金加工厂、玉器加工厂等；二是做批发，批发各类宝玉石；三是自己开店零售；四是通过百货商场铺货（设专柜）。开工厂需要懂技术，上手较慢，很多人没有选择这条路。做批发需要货源优势，要懂货。零售的路子较易切入，市场也较大，许多人选择零售或自己开专卖店。有的则选择到百货商场中设专柜。

那些在90年代选择百货商场渠道的珠宝商大都发展得很好，生意兴旺。虽然在百货商场中同款货品售价甚至比专卖店高，但是销售就是比专卖店好。许多珠宝商由此发展成为大企业、知名连锁品牌。之所以获得成功，实质上是选择的销售渠道能为自己提高信誉。在这一时期，中国的珠宝品牌尚未茁壮发展，其他销售渠道也未形成，人们普遍信任百货商场，习惯于在百货商场购物。百货店有信誉，人们明知价格会高些，也要多花钱买个放心。珠宝商借助百货店的信誉提升了珠宝品牌信誉。

有的专业批发市场，对商家有一定的要求。例如，20世纪90年代的广东揭阳市阳美村，原本是揭阳县城榕城镇郊区的一个小村，交通不便，是偏僻的小村落，但却非常有名气，吸引全国各地的客商乃至国外的华侨到此购买翡翠。除了阳美货品档次高、工艺好之外，很重要的一点是这里不卖假货。因为该村的村民都是同一家族的人，他们深知，卖假货会损坏阳美的信誉，砸了自己的招牌。村里禁止售卖假货，若发现哪个人卖假货，必遭谴责，卖假货在阳美没有市场。由于注意维护市场的秩序，阳美声名大噪，四面八方的人都喜欢到此采购翡翠。若是珠宝商选择在此经营翡翠，翡翠的真假信誉方面，阳美可以为珠宝商背书。

和田玉子料与山料，与其他产地的和田玉（软玉）价格相差悬殊，而子料的鉴别是目前珠宝检测的一个难题。子料的销售，信誉是首要问题，顾客或行家不认可你的货品是子料，根本就谈不上交易。苏州的相王路、十全街、园林街聚集着一大批行家，专门经营子料，在这里已形成了经营子料的文化传统，知名度很高，吸引了全国各地经营子料的珠宝商到此进货。如同揭阳阳美，这个地方实际上是为经营子料的商家信誉背书。

参加一些有影响力的团体和机构举办的活动，也能宣传品牌，增加信誉。像2002年、2003年戴比尔斯（De Beers）钻石推广中心（中国）（DTC钻石咨询中心）组织的"煽动系列""惹火系列"钻石推广活动及钻石首饰设计大赛，国际铂金协会主办的铂金饰品推广活动等，主要参加的珠宝商有周大福、谢瑞麟等珠宝大牌，参加这类活动与这些大牌比肩，无疑能提高自己品牌的价值。政府行政机构如技术监督局主办的有关质量活动，工商局消费者协会的消费者权益日活动，或宝玉石协会主办的一些公益活动，积极参加配合这些活动，也有助于树立形象，提高信誉。

（六）加盟著名珠宝品牌

加盟著名珠宝品牌连锁店是近十几年来许多珠宝商采取的经营方式，是非常热门的销售方式。经营珠宝的核心是品牌要有信誉，这离不开品牌建设。珠宝商建设品牌通常有两种方式：一是自创，二是加盟。前者需要时间积淀及超凡的运作能力。后者是销售珠宝赚钱的一条捷径。20世纪90年代，许多珠宝商自创品牌，除了极个别发展成为知名品牌外，95%的自创品牌逐渐在市场激烈的竞争中消失了。事实证明，自创品牌不容易成功。进入21世纪，许多珠宝商纷纷转向加盟。

加盟品牌，实际上是借助品牌的知名度（信誉）做珠宝营销。品牌是珠宝商最大的资产。著名的品牌具有渠道销售能力，具有上游供应商、各种服务商的资源优势,以及营销管理能力,还有关键的品牌信誉。事实证明,加盟知名品牌,大部分加盟商能够盈利。当然,品牌不属于自己所有,发展自然会受到品牌所有者的制约,导致加盟商始终是品牌商的"打工者"。

（七）证书

几乎全世界的珠宝品牌所销售的珠宝都附带第三方的检测证书。珠宝是专业性很强的产品,需要专业机构为消费者认证。公正的第三方检测证书能够为珠宝首饰的质量背书,提高商品的信誉,有助于销售。作为消费者,购买珠宝时,需要了解珠宝首饰的真实情况,由公正的第三方出具的检测报告更有公信力。珠宝首饰每件货品不同,所以一件货品配备一份检测报告（证书）。

珠宝鉴定（检测）证书由珠宝检测（鉴定）机构出具。凡在中国大陆为社会提供公正数据的机构,实行强制的计量认证,由国家质量监督行政管理机关认证并发给合格证。经过计量认证合格的机构,发给计量认证合格证书,方可为社会提供具有法律效力的检测报告,在报告上标识经计量认证合格的标记"CMA"。除了CMA认证,还有中国合格评定国家认可委员会的认可评定。经该委员会的评定认可,发给认可证书,可在检测报告上印有"CNAS"标志。国家质量技术监督管理机关对一些实验室进行授权,承担市场监督抽查及检验任务,经其检验合格的产品可在检验证书上印有"CAL"标志。这些能出具证书的珠宝检测机构是第三方的质量检验机构,也即独立于买卖双方的第三方,是中立、独立的机构,与买卖双方没有经济利益关系,以科学、公正、准确、高效的原则披露产品信息。

出证机构的历史、能力、信誉不同,在消费者心目中的公信力也不同。出证机构繁多,品牌的影响力悬殊,珠宝商在选择证书时要有所选择,要选择有助于提高品牌公信力,提升货品形象档次的证书。知名品牌对出证机构有严格的选择,像六福、周大福、钻石世家等品牌就选择公信力强的出证机构。著名电商平台淘宝、京东及对庄翡翠平台等对出证机构也有严格的要求,仅认可广东省省检GTC、NGTC等少数几个检测机构的证书,而且做数据对接,证书的数据网上可查询。

出证的第三方机构只有做到公平公正且具有技术能力才有权威,才会被社会所认可。权威的证书有助于提高珠宝品牌的信誉,有助于销售。

二、公共关系及顾客管理

品牌形象如同一个人留给社会的印象一样，良好的口碑和形象，能取得消费者的信任，使得消费者愿意购买该品牌的货品。反之，社会形象差，人们则不愿意购买该品牌的货品。品牌为维护其良好的社会形象，一般都很注重公共关系及顾客管理。

（一）良好的社会关系

媒体是社会公共关系重要的一环。报纸、杂志、电视台、电台等主流媒体，公信力强，老百姓相信这些媒体，并从这些媒体中了解社会信息。与主流媒体建立良好的关系有助于品牌宣传及产品推广。例如，2004年、2005年，戴梦得推出"东方玉人"系列翡翠手镯，相应制作《翡翠物语》等系列玉文化内容的宣传片，推广中国玉文化。相关媒体进行了报道及宣传，非常有价值。赞助一些公益、慈善事业，对品牌的推广也极有帮助。如钻石世家设立"慈善基金会"，启动长期公益项目"蒲公英计划"；周大生设立中国地质大学珠宝学院奖学金等，这些活动树立了企业的良好形象。企业积极参加慈善等公益事业、文化活动，协助政府相关部门开展社会工作，例如积极配合消费者协会做好"3·15"活动，这些都有助于推广品牌。企业有了新发明、专利、新技术、新工艺，吸引媒体对其发展趋势、动态、市场热点进行报道，无疑是宣传推广品牌的好机会。一些珠宝品牌非常重视新产品发布会，就是利用新产品上市的机会，做好宣传工作。深圳珠宝产业区的IBC环球商务中心就设有新产品发布会大厅，方便企业新产品发布。大公司一般设有公关宣传部门，可见公关工作的重要性。

投入资金做广告，那是硬广告。良好的公共关系，特别是媒体的正面报道以及良好的口碑，那是软广告。这些"软广告"的作用比"硬广告"更大。广告大师大卫·奥格威曾说，普通文章的读者数量约为普通广告读者数量的6倍，编辑传播信息的能力远胜于广告制作人。通过对读者与观众感兴趣的话题进行新闻报道、讨论等，你的形象（品牌）就会被他们记住，成为有效的品牌曝光。维护好社会公共关系，善用媒体是树立良好形象的重要措施。

（二）顾客管理

如果说良好的社会公共关系活动在于影响潜在的客户，那么曾经到店购买的顾客，是实实在在与品牌发生经济往来的人，这些亲身体验品牌的消费者，他们的口碑更有说服力。与顾客的关系既关乎顾客是否再次、多次购买，他们对品牌的评价也影响着周围的人。在当今信息扩散快速简便、传播手段先进高效的信息时代，顾客对品牌的影响也越来越大。良好的顾客管理能大大促进销售，不良的顾客管理不仅会降低销售，严重时还会损害品牌形象。几乎所有的品牌都越来越重视顾客管理，对于主要依靠口碑销售的小公司来说，良好的顾客关系尤为重要。

1. 与顾客建立友谊

商家与顾客的关系一般有三个层次：买卖关系、朋友关系、顾问关系。买卖关系是最初级的，即顾客进店选购货品，店方完成销售。也许顾客还会再次光临，但店方与顾客没有更多的交流，也不记得顾客曾经买过什么货品，顾客身上的价值未被充分挖掘出来。

与顾客更进一步的关系是朋友关系。在一个具体的珠宝店，也体现着"二八"原则，即少数营业员往往完成了大部分的销售额。店方最喜欢这类营业成绩优异的营业员，招聘或培养出这样的营业员是店方的愿望。这类营业员有以下几个共同特点：在个人素质方面，渴望销售成功（进取心强）、责任心强、业务精熟，有良好的沟通能力，能获得顾客的好感。在与顾客的关系方面，愿意与顾客建立友谊。有了友谊就有了信任的基础。建立友谊一般要在四个方面下功夫：真诚、关心、体谅（同理心）、礼貌。凡是与顾客建立了友谊的人，这四方面都做得很出色。对顾客真诚是赢得友谊的前提。对顾客关心就是把顾客当朋友对待，力所能及地提供帮助，做一个热心的人。这种关心遵循罗伯特·B·西奥迪尼（Robert B. Cialdini）的"互惠原则"，你付出了，就会有回报。这当然不是指损害店方的利益以换取与顾客的交情，而是在顾客有需要时，关心顾客的工作、生活和学习，以朋友之心对待顾客（客户）。体谅（同理心）则是要站在顾客的角度理解顾客的行为，以豁达宽容的胸襟看待顾客对货品、价格的挑剔。例如，顾客对一件翡翠手镯有纹理瑕疵以及价格不满意，你要理解她（他），换成是你购买，你也会有这样的质疑，要根据顾客的真实需求做好沟通工作。如果顾客确实在意这些瑕疵，不妨换一只手镯。若正因有这些瑕疵，手镯才定这样的价格，则可以向顾客解释。又例如，顾客看中了一个I色的克拉钻戒，但又嫌颜色不够白，可向顾客解释，正是这样的I色级别，她没有G色白，价格也比G色的钻戒便宜不少呀！同时建议顾客对钻戒的颜色、净度、切工、款式及价格等进行综合考虑，这就是体谅与同理心。礼貌是一个人有教养有素质的体现，礼貌使人舒服，人们乐意与有礼貌的人交往。

总之，能做到真诚、关心、体谅和礼貌，以及具备良好的沟通能力，顾客一般都愿意与你建立友谊。友谊能促进交易，是商场上成功的关键所在。巴尔加瓦（Rohit Bhargava）曾说，"喜好与信任是一个人成功的决定性要素"，"魅力"产生经济效益。

顾客与店方的关系达到顾问关系，就是最高程度的关系，是信赖的关系。顾客信任你，购买珠宝甚至离不开你的指导，达到了一定的信赖程度。她（他）购买什么珠宝首饰，什么合适她（他），会信任你，咨询你的意见，让你给她（他）拿主意，做参谋。特别是收藏投资，购买高价值的货品，顾客信任你，征求你的意见，说明认可你的为人处事，你的专业水准在顾客心目中是权威，你们的友谊达到了较深厚的程度。做到这种顾问关系的程度，当然就容易交易了。

如果你是批发商，客户是零售商，客户与你达到了顾问关系的程度，则这种关系最牢固，能共赢。批发商的专业程度、市场眼光、资金实力往往较客户强。客户在批发商的指导下业务发展顺利，在批发商的帮助下成长起来，客户把批发商当成顾问和老师。买卖双方互利互惠，共同成长。这在许多彩宝批发、玉器批发、钻石批发商那里不乏范例，主顾双方不仅仅是买卖关系，更是合作伙伴，是好朋友。

2. 联络顾客

俗语说，亲戚不走不亲。店方与顾客的关系也是如此。店庆、新品发布会、文化艺术节等各种活动均是与老顾客联络的好时机，这个时候既可以把店的发展情况、发展远景介绍给顾客，同时也是进行促销的好机会。当然，店里举办的各种活动，要给老顾客带来实实在在的好处（价值），顾客才愿意参加，即要站在顾客角度思考问题。例如，促销应是实实在在比平常优惠，受邀参加活动者有礼品，有为顾客提供换款式、首饰翻新等增值服务。明星莅会、大咖光临、免费的珠宝咨询鉴定等，这些都是吸引顾客的方法。

3. 顾客价值

（1）开发顾客的重复购买价值。博恩·崔西（Brian Tracy）在《高绩效销售》一书中论述，再次销售给对你产品满意度较高的客户，比找一个陌生的客户要简单15倍。和第一次寻找新客户相比，创造出一个再次销售的机会或者推荐的机会，只需要首次销售1/15的时间、精力和花费。

（2）顾客是传递口碑最有力的声音。你自己认为产品好没有用，顾客认为你的产品好才管用。曾经购买你的产品，拥有佩戴体验的顾客，他们的评价才有价值，他们才是最真实的度量仪、最响亮的传声机，其宣传价值是难以估量的。卡耐基在其《口才经典（全集）》中讲了一个亲身经历的故事。有一次，他打算到纽勃伦斯维克划船钓鱼，便写信给旅行社打听相关情况。许多野营处与向导处寄来了几十封信件、小册子和印刷品，也就是有许多人在向卡耐基做销售，卡耐基也不知选哪一家才好。其中有一位野营处的主任做了一件很聪明的事，他送给卡耐基几个他曾经接待过的纽约人的姓名及电话号码，请卡耐基给他们打电话调查营中的情况。卡耐基向其中一人打电话，了解他对这家野营处的印象和感受。当得知曾经体验过的客户的好评时，卡耐基最终选择了这家野营处。由此可知，老顾客的推荐是最好的营销推广，难怪许多网络平台都设有网友评价的栏目。消费者的评价影响购买者的决策。

（3）从老顾客口中了解本店（品牌）的货品和服务等真实情况，以改善本店的营销。体验过本店产品的客户最有发言权，他们代表着市场的需求。

（4）贵宾客户创造销售业绩。顾客的消费也遵循二八定律，少量的大客户带来大的销售额，对高档的珠宝来说尤其如此。著名的蒂芙尼（Tiffany）品牌非常重视挖掘大客户，每月在全世界不同地点举办精品贵宾销售会，根据贵宾客户反馈的信息准备货品，由世界各地的店经理专程陪同贵宾出席精品销售会，提供免费的交通及五星级酒店等接待服务。2018年蒂芙尼在上海、北京的这种私人精品销售会，据说每次的销售额超亿元！可见挖掘老客户所带来的巨大效益。

4. 顾客管理的办法

首先，登记好客户的资料，尽可能收集齐全，如表1-1所示。

其次，分类管理客户，根据消费金额、品种等，按钻石客户、白金客户、贵宾客户、普通客户等进行分级管理。也可按消费金额、消费品种、顾客偏好等进行管理。

再次，建立联系方式。如关注公司微信公众号，建立微信群、QQ群，存入公司的贵宾服务电脑档案。

对客户进行分级管理，建立会员关系，发展贵宾（VIP）客户，对贵宾客户按分级的不同采取不同的优惠政策，使贵宾客户有尊贵感。

顾客在你这里购物，传播你的品牌，也为你推荐客户。《30秒广告之后的人生》的作者约瑟夫·贾菲说，"最让人信服的代言人，就是你的员工，最有影响力的销售员,就是你的顾客"。"顾客是上帝",不仅仅是对买卖关系而言,也适用于品牌传播,所以很多公司非常重视顾客管理。

最后,通过各种方式与客户保持联系。

表1-1 贵宾客户资料表

姓名	×××	性别	女	联系方式		VIP 号码:	
地址				E-mail		微信号	
职业及职位	都市白领、银行职员						
爱好	旅行、阅读、品茶						
购物地点							
购物时间	金额/元		货品描述		备注		接待员
2018年9月30日	18000		18K钻石吊坠,钻石30′、H、VVS		价值点:时尚新颖 款式关注:简约流畅、重钻石切工		×××

(三)参加各类竞赛、评比以及社会活动

按照广告界的通常说法,一篇软文至少是6倍广告的效果。不管怎么说,纯广告没人愿意看,那是因为没什么信息,也没法带给读者以娱乐,读者(观众)对广告有本能的拒绝。新闻报道及各种文章、节目中植入品牌营销的内容,不知不觉进入读者(观众)的头脑中,推广效果更好。各类公共事务活动,如质量评比活动、安全活动、交流会、商协会等,都是新闻事件,媒体通常会进行相关报道,这些报道中提及品牌,有助于增加品牌曝光率,提高品牌知名度。

1. **各类竞赛活动**

竞赛是常见的群众性社会活动,视其规模大小,影响面的宽窄,媒体有不同的反应。竞赛分行业性与社会性两大类。

社会性的竞赛有马拉松活动,不同机构主办的书画、诗词、歌咏、登山活动等。企业参加这类文体或者赞助活动,能够融入社会,接触更多的市民,提高企业形象。

行业内的竞赛活动影响更加直接。珠宝行业类竞赛通常有以下几方面。

专业技能比赛,如由教育部门、协会、政府部门、机构、个人赞助的钻

石分级、宝玉石鉴定比赛等。积极参加这类比赛，既可促进企业员工提高技能，也可增加品牌知名度。

广东省珠宝玉石首饰行业协会每年举行的玉雕比赛，一些玉雕师、玉雕作坊、玉器公司的名字由此进入公众视野。许多参赛的得奖者从默默无闻到一夜成名，作品大受欢迎，身价因此提高。例如，广东四会的廖先生，参加广东省玉雕大赛，获得银奖，技艺为业内所认可。他的玉雕加工厂的收费也水涨船高，工厂的玉雕产品随之畅销。广东省珠宝玉石首饰行业协会除了举办玉雕比赛外，每年还举办玉魂奖评比，像魏烈锋、董健章、黄日富等玉雕师都由此脱颖而出，他们的技艺及作品受到行业内的关注，提升了知名度，有益于他们开展业务。同时，台山玉、广绿玉的作品获奖及展览，让台山玉、广绿玉为人们所知，有助于这些品种的营销。

珠宝首饰设计大赛是行业内常举办的活动，许多大公司、大工厂也积极参加比赛。像20世纪戴比尔斯推广中心就常举办钻石首饰设计大赛，目的在于推广钻石首饰。他们推广的系列产品就从设计、加工工艺比赛得奖的作品中选取，并指定其生产厂家为加工厂。生产商及零售商参加这类在行业中有影响力的竞赛活动，能够提高知名度和身价，展现良好形象。同时，也能提高镶嵌工艺水平，也是寻找畅销款的渠道。事实证明，经评比选出的作品若销售成功，成为当年流行的钻石款式，即是"爆红"款。

潮宏基从20世纪90年代开始就非常热衷珠宝首饰设计大赛，设立"潮宏基"杯设计奖，提供奖品、奖金、旅行等奖励，还举办婚纱、首饰摄影比赛。这些活动为潮宏基带来不少声誉。

2. 各类评比

由社会机构组织的各类评比活动，有上述的设计加工评比，也有服务技能方面的评比、顾客满意度评比、热心公益事业评比等。关键是在这类事件中找到新闻价值，以吸引媒体的报道。公司应评估这些活动能否提升品牌形象，以确定是否参加。

3. 各类社会活动

在各类会议、论坛、聚会场合，巧妙回答记者提问，发表演讲，发现和创造与公司、产品、员工相关的有利新闻，推动媒体报道，可提升公司形象或促进销售。例如，广地珠宝的专家参加省总工会妇女委员会举办的活动，以及工商银行、建设银行、共青团举办的各种聚会，并做珠宝鉴赏讲座、珠宝咨询鉴定，提高了公司的形象。媒体在春节、情人节、国庆节就珠宝的消费热点问题采访广地珠宝相关负责人，广地珠宝借此提高知名度，并有效促进了珠宝销售。

（四）事件营销

总有些大事件会受到人们的普遍关注，这些大事件也是营销的好机会。

2008年北京奥运会，是中国首次主办奥运会，是全中国人的大喜事，受到全国人民的关注。北京奥运会采用昆仑玉（青海产的和田玉）做奖牌、纪念徽章，弘扬了中国的玉文化，造就了和田玉市场的兴旺。提供奖牌、徽章昆仑玉用料以及制作的公司，因参与北京奥运会的活动而声名远播。在人们心中，能被选为提供原料、参与制作的公司必定是有信誉的大公司，他们的知名度、信誉度得到大大增强，带来巨大的商业价值。奥运会的纪念银条，由中国人民银行指定厂家生产，指定销售商销售。有资格生产及销售奥运会产品的厂家和商家，并不特别在乎这一项目能带来多少直接的经济效益，更在乎的是营造品牌形象，增加品牌的信誉度。

2010年广州亚运会，主办方指定一些纪念品生产经销商，入选的商家无疑提高了公司品牌的信誉。

三、树立专业权威

广东移动通信公司的广告语是"移动通信专家"，格力空调品牌的广告语是"空调专家"，医药品的广告常常用"医生"的形象讲解药品的功效。这些做法无非是说自己是某个领域的技术权威，或被专业权威所认可。既然是专业权威，自然值得消费者信赖。人们相信著名的品牌货品，实际上也是相信该品牌在这一领域技术领先，质量有保障。

现代的工业产品几乎离不开技术、工艺。技术先进、工艺好，质量就有保障，人们就可以放心购买。社会的分工越来越细，越来越专业。专业的事情由专家说了算。人们喜欢依赖专业权威，用罗伯特·B·西奥迪尼的话说，"在大多数场合，用我们自己欠缺知识和信息的判断来替代专家权威的判断，未免太过自不量力"。

珠宝是复杂的产品，需要专业的知识才能认知。如果某品牌拥有珠宝行业权威地位，人们就愿意信任。树立权威能提高珠宝品牌的信誉度。树立权威可从以下几方面着手。

（一）创新珠宝首饰工艺

蒂芙尼（Tiffany）是铂金镶嵌首饰的发明者。铂金的灰白色非常典雅，能衬托宝石钻石的美，且铂金是惰性金属，性质稳定，与人体接触，不会损伤皮肤。但铂金的熔点很高，硬度较K金软，制作镶嵌工艺复杂，蒂芙尼第一个使用铂金镶嵌宝石，创新铂金制作工艺。

现在钻石最经典的款式是六爪皇冠，爪镶单颗钻石，突出钻石的火彩，镶嵌牢固。这种款式也称为婚戒款式，是求婚、订婚、结婚最常选用的钻戒款式。单颗美钻，代表一心一意，牢固的工艺，象征着爱情的稳定。实际上，不仅情人互赠、结婚用戒指首选此款式，作为佩饰的钻戒，人们也喜欢这种款式，因为这种款式简单大方，突出钻石。在钻石饰品中，该款式是最受欢迎的，是最经久不衰的常见款式，所以称经典款式。这种款式因为是蒂芙尼发明的，所以还有一个古老的名称——蒂芙尼款。由这种六爪镶的款式衍生出许许多多的变款，主要由爪的形状以及戒壁的造型与曲线变化而成。

蒂芙尼创新铂金镶嵌工艺，发明蒂芙尼款式，这为蒂芙尼带来不小的声誉。人们会认为蒂芙尼的镶嵌工艺技术专业权威，珠宝首饰款式引领潮流。

周大福首创999.9‰高纯度金生产工艺，"周大福四条九的金饰"在消费者心中刻下烙印。实际上目前这种工艺并不复杂，许多工厂都能生产四条九的金饰。金饰品的四条九与三条九（999‰）工艺，在金的纯度、金的价值上没什么区别。因此，国家标准规定不允许标识"千足金""万足金"的名称，统称足金，因为金含量到了99.9%以上，成色再纯也没有太大的意义。但是，在消费者的认知中，"周大福"代表着金的成色更纯，更有保障。尽管目前许多品牌的金饰品成色与周大福的一样，有些还是同一个工厂出产的，人们还是觉得购买周大福的金饰品放心，更信赖周大福，认准周大福，认为周大福是金饰品第一品牌。

"首创"给品牌带来极大的声誉。尽管经过一段时间后这种工艺已很普通，大家都能做到，但人们认为首创者更权威，甚至是这种工艺的代名词。

"首创"为品牌带来价值，所以许多公司重视创新。

近年的硬金、古法金，表面晕彩工艺都是金饰品的创新工艺。许多品牌设计新的珠宝首饰款式，并进行外观造型专利登记，以保护自己的知识产权，也为这一款式进行命名，以传播品牌的名声。

图 1-2　千禧工宝石台面—拍摄于兰亭珠宝

图 1-3　千禧工宝石背面弧形刻面—拍摄于兰亭珠宝

（二）钻石切割新工艺

宝石切割工艺的"千禧工"于1999年由罗吉奥·格拉卡首创。"千禧工"的特点，一是突破传统宝石切割中刻面固定的工艺，大大增加宝石的刻面数；二是亭部刻面由原来的平面改为凹弧面，使内反射光、散射光极大增强，宝石能放射出最大量的光及色散。"千禧工"琢型的宝石放射的光芒及闪耀的色彩是传统工艺的好几倍，使宝石如烟花般灿烂，所以也称"烟花工"。"千禧工"一经面市，深受消费者青睐。目前，中低档的宝石几乎都采用"千禧工"，突显宝石的璀璨。

珠宝首饰除造型的设计加工工艺外，能够创新的就是宝石琢型。自从钻石"八心八箭"营销取得巨大成功之后，许多珠宝商把目光投向了钻石的琢磨工艺，试图寻找新的更加璀璨而又能赋予其文化意义的工艺。钻石首饰是珠宝首饰中的主流品种，占据首饰品种的绝大份额，有许多品牌专营钻石饰品。不少公司推出新琢型工艺的钻石。

周六福推出的"一心一爱"切工钻石，用切工镜从冠部垂直往亭部（底尖）观察，可见十二支箭围绕中央一颗心形的现象。底尖切磨成心形轮廓，箭形则是亭部主刻面在冠部风筝面上的影像，与"八心八箭"中的"箭"成因相同。一颗心形，代表情感中的"一心"，感情专一，也与"一生"谐音，寓意"一生一心一意只爱一人"。"箭"则寓意爱神丘比特之箭，是爱之意。十二支寓意一年十二个月，十二个月也就是整年，代表一整年，也就是每天的意思，是每天都爱着伴侣。"十二"就是"12"，在广东话中，谐音"一意"就是专一，一心之意。总之，此琢型的钻石寓意"一生一心一爱"，真爱永恒专一。

一心一爱是周六福的一种专利钻石切工。

用切工镜观看钻石结构，由冠部观察，可见明显的十二箭围绕一颗爱心效果。

"一心"指的就是中间被围绕的那颗心。

"一爱"则是围绕心形的十二箭，数字"12"的谐音。

"一心一爱"，指的就是"从心出发，真爱表达"。拥护真心，承载一生挚爱。

图 1-4 周六福一心一爱钻石切工

"一心一爱"打动了年轻婚恋群体，销售畅旺，周六福由此发展为年轻时尚品牌"OHOL"（One Heart One Love）。

图 1-5 周六福一心一爱钻石切工

钻石世家推出"极慕之星"（Shining Star）切割钻石，新的切割工艺突出钻石的光芒，将钻石的光芒发挥到了极致。八边形轮廓形成独有的三芒汇聚，呈现360°全景璀璨。八边形的美学灵感及文化寓意，源自佛罗伦萨百花大教堂的八边形穹顶，代表着宇宙无限。每个人就是一个小宇宙，你就是我的世界，一份爱延续

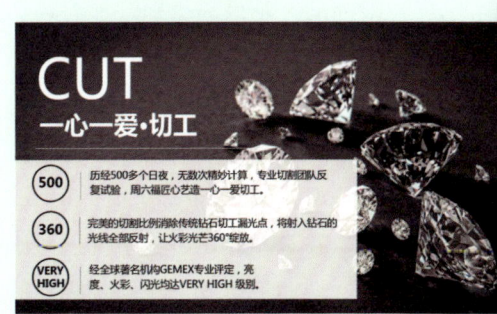

图 1-6 周六福一心一爱钻石切工

图 1-7 周六福一心一爱钻石切工首饰

图 1-8 钻石世家"极慕之星"切工钻石

图 1-9 钻石世家"极慕之星"钻石八心八箭效应

无穷无尽。"极慕之星"创新的八边形轮廓，每条边都蕴含着独特的情感寓意，代表爱的八个维度——勇气、珍惜、承诺、宽容、责任、信任、永恒、感恩。"极慕之星"中文名字也非常文雅有内涵。"极"是顶点、尽头、最高的，是最高级别的形容词；"慕"则有钦佩、羡慕、仰慕之意，含有依恋、思恋的文化层次。"星"即天空中光芒闪耀的天体，带给人类光明的星体。"极慕之星"是人们追逐的光芒，带给我们光明的星星。名字给人以美好的联想。

Allove的"十心十箭"切工，赋予"十全十美"的文化寓意。

各个品牌之所以重视创新工艺和款式，一方面在于新工艺新款式新的钻石琢型为传统珠宝注入一股新的潮流，引领新的时尚，可作为新的卖点以吸引消费者。更有价值的是，创新代表着一个公司拥有技术权威，展现了品牌的活力。

图 1-10 钻石世家"极慕之星"切工钻石

图 1-11 钻石世家"极慕之星"切工钻石首饰

（三）树立权威形象

产品制作工艺的创新代表公司的研发水平，公司中团队人员的技术权威代表着品牌在此领域的专业地位。广地珠宝自1990年创立开始，就以"专家珠宝"形象面世。广告语"天然珠宝，专家经营"，不但是广地公司的理念、广地品牌的定位，也是公司不懈追求的宗旨。塑造品牌形象不仅仅是宣传推广，更重要的是采取实际的行动，以符合这一形象。要树立"专家"的形象，就要做名副其实的事情。广地珠宝多年来致力于珠宝的研究，20世纪90年代初，进行过翡翠A、B货的鉴别研究，天然红蓝宝石优化处理、合成红蓝宝石的鉴别研究，2009—2012年进行翡色翡翠处理工艺及其鉴别的研究。公司除了辟有专题的科研项目，平常对市场上出现的热点难点、珠宝鉴别方法、鉴别技术也进行研究。公司设有鉴定研究部门，有专人从事珠宝研究工作。广地珠宝形成了一个专家团队，珠宝鉴别专业技术在行内知名。珠宝专家形象得到广大消费者认可，使消费者在广地购买珠宝时，买得放心。

欧阳秋眉女士多年来潜心研究翡翠卓有建树，已出版《秋眉翡翠》系列图书多部，是翡翠研究专家，在行业内享有盛誉。因为有了高的知名度，故而创建了秋眉翡翠品牌。

通灵珠宝、浙地珠宝、七彩云南在树立专家形象方面，也做得很好。古法金、硬金的生产厂商，精密微镶工艺的厂家等，都是该领域的权威。

树立专家形象要从专业科技研究入手，做到实至名归。有了技术进步，是某领域的权威，还要善于包装、宣传推广，扩大知名度。发表专业论文、出版相关图书、进行各种学术交流等，都有助于提升专家形象。拥有创新产品、发明专利，更是硬实力的体现。

（四）参加国家标准的制定

在营销界流传着这样一句话，"一流企业做标准，二流企业做品牌，三流企业做产品"，由此可知做标准的重要性。企业制定标准，显示出企业在行业内某些领域如生产工艺、产品质量、检测技术、管理规范等处于领先的地位。这种做法是将自己的产品技术或质量要求以官方的规范文件形式公布，使竞争对手难以达到标准要求的水平，从而阻止竞争对手的进入。我国的珠宝检测机构制定有国家标准，如果国外的检测机构没有采用我国标准，他们的检测不符合我国的国家标准要求，其检测结果就不具有法律效力。

标准分国家标准、地方标准、行业标准。企业也可以制定标准作为组织生产的依据。从法律效力来说，有强制性标准和推荐性标准。

制定标准彰显企业在行业内的地位。近年来，许多企业积极参加国家标准的制定，例如，周大福参加GB/T 36128—2018珠宝贵金属产品质量测量允差的制定，显示了在贵金属制造方面的技术优势；北京博观国际拍卖有限公司参加GB/TY 36127—2018玉雕制品工艺质量评价的制定，显示了在玉雕制品工艺评价方面的权威。

（五）与学校及科研机构合作

大专院校及科研机构、检测机构技术先进，具有一定的研发能力。大专院校及科研院所也要与企业合作，为生产企业服务，才能将科研成果转化为生产力。科研单位是技术权威，企业加强与他们的合作，有利于研发新产品、新工艺、新检测技术。生活中许多产品，尤其是技术含量高的产品，如医药用品，若是与科研机构合作，由这些机构监制，产品质量的信誉度无疑会提升。联合研发、优势互补是目前许多技术型生产企业采取的做法。消费者对这种产品会简单理解为两个品牌的关联，信誉会有所提高。

现在有的珠宝生产企业请检测机构作技术指导，对生产质量进行监控。目前市场上的珠宝贵金属产品附有检测机构的证书，且每件产品一份证书，证书与具体的产品相对应，这就是为了提高产品的信誉，有利于销售。

（六）市场领先者

领先可以是技术工艺、产品品种，也可以是服务、营销、形象等。不断展现新面貌让人耳目一新，就会被消费者认为是有创新力、有活力的品牌，也会联想到技术进步，在这一领域是权威。

就产品而言，首创能带来极大的声誉。当市场在经营K黄金镶嵌珠宝时，某品牌率先经营白色K金；当市场在流行白色18K金镶嵌珠宝时，你先经营铂金镶宝石首饰；大家在经营Pt900镶嵌饰品时，你率先经营Pt950镶嵌饰品；这些都能成为赢得声誉和市场的关键。黄金饰品方面，从含量99%的足金到999‰的千足金，再到999.9‰的万足金，及至999.99‰高纯度金、硬金、古法金、5G黄金等，率先制作、经销的品牌，通常被消费者认为是该产品技术的领先品牌，在这一领域就是权威。即便是管理、营销方面也是如此，在这方面领先，通常具有权威优势。所以许多企业重视创新，勇做第一个吃螃蟹的人。

市场还有一种现象，有些珠宝品种没什么大起大落，在市场上反应平平，有的则受消费者欢迎，市场发展很好。市场发展前景好的珠宝品种，畅销的货品，一般经历市场初期价格低，之后逐渐走高的过程。对于企业而言，能抓住珠宝品种的发展趋势，立于潮头，定能大有斩获，赢得市场。对于消费者而言，所购的该品牌珠宝有所升值，当然是值得欢喜之事。这种情况也会增加消费者对该品牌（店）的信任，购买珠宝时会想到该品牌（店）。

2003年左右，企业率先经营和田玉、和田玉子料、翡翠饰品，特别是翡翠冰种、玻璃种、紫罗兰等以前不大畅销的品种，能带来不少利润。2008年前后，有些品牌率先经营祖母绿、高档红蓝宝石，而这些珠宝品种随后价格上扬，近几年市场畅销。这些率先经营者被消费者认为是能够切中市场脉搏的品牌，跟着这些品牌走就没错。投资收藏型的消费者，尤其钟情于具有专业素养和前瞻性的这类品牌。

四、质量保证及售后服务

做好珠宝产品的质量保证及售后服务，目的就是提高品牌的信誉度，提高消费者的购买信心，从而促进销售。越是复杂的产品，如玉器类、高档彩宝，消费者越不敢轻易下手。若是不能亲身体验，如网络平台上、微信微店、直播平台上售卖的货品，消费者越担心质量价格问题，销售商越需要采取质量保障措施，以提高产品的信誉。

（一）退换货的质量保障措施及售后服务

能否退货、换货，以及退换货的难易程度是商家信誉的"温度计"，影响着消费者的购买信心。人们之所以对旅游购物缺乏信心，其原因之一就是退换货程序复杂，距离遥远不易办理。

不同的珠宝公司有不同的退换货政策。对宝玉石品种，有的规定一个月免费退货期，超过一个月收取手续费，并视时间的长短收取不同比例的手续费。黄金铂金通常一经售出，退货则以原料回收，或以旧换新，工费不退（金饰品加工费普遍不贵）。这是因为，黄金铂金饰品花样较多，材质硬度软，一经佩戴容易变形，或者花纹受损，饰品表面刮花。总之，货品没法再次销售，凡经退货的货品，须重熔再加工。这是基于实际的情况，行业内的普遍做法。宝石玉石的硬度高，耐用性好，只要没有损坏，饰品通常经翻新后可再次销售。

珠宝公司的退换货政策一般会在质量保证单中注明，或在店中明示。但为了表示郑重，让消费者放心，销售商的承诺通常以文字的形式写出来，盖上印鉴，形成具有法律效力的约定，会更有效消除消费者的顾虑。有时售货员为了销售当前货品，口头做出一些承诺，但由于口头的承诺比较随意，反而给消费者留下不好的印象，带来不必要的争执。

售后服务周到细致，体现的是一个珠宝品牌对消费者负责的态度。珠宝商都非常重视售后服务，因为这是联络老顾客的渠道、展现信誉的方式。老顾客的光临为店增加人流，更是再次销售的好机会。顾客送货到店做维修翻新，存在很大的再购买机会，特别是当店里有新货品时更是如此。上市珠宝公司周大生发展迅猛，在消费者心目中信誉很好，这与其重视顾客管理及售后服务不无关系。

贵金属饰品的售后服务是以旧换新、焊接、抛光、翻新、清洗，手镯项链必要时换零部件、换配件等。

镶嵌首饰的售后服务主要是清洗、抛光、焊接翻新、检查宝石的牢固性、维修重镶、改圈口、换零配件，甚至宝石修改重新琢磨，换款式重新加工镶嵌等。

玉器类的售后服务主要是清洗、重新抛光、破损花纹及崩口的维修。玉器镶嵌饰品的维护同前述。有的玉佩在消费者佩戴过程中被碰伤或跌损，玉

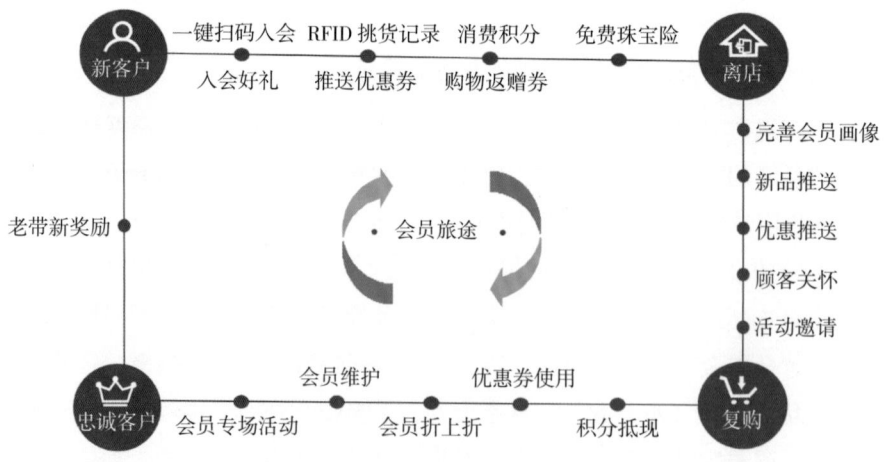

图 1-12　周大生 CRM 营销体系。资料引自郑闵钢等在《宝创家》微信公众号文章

器需要重新加工。例如，手镯碰伤有裂纹，可用黄金镶嵌保护连接；破碎成两段则可加工改成小鲶鱼、虾、戒面等。雕花玉佩的售后服务有重新抛光、维修、改款雕刻、重换佩件的配珠、穿绳等。摆件主要是底座的维护以及摆件的重新打磨抛光，因底座为木头制作，日久收缩，摆件安放就不牢固，所以要进行维护。

珠宝店一般设有维修部，或由店送返工厂进行维护。贵金属饰品珠宝首饰、玉器、宝石的维护对珠宝商来说并不复杂，但对非专业的消费者来说却是复杂的事。商家把消费者的珠宝翻新、维修后亮丽一新，消费者高兴，说不定当场又会购买新货品。

钻石世家品牌推出的"时光银行"则是非常有创意的售后服务，更是联络客户的好办法。"时光银行"传递着爱的相知相守，见证爱的永恒，"是对一段感情的见证、鼓励和祝福"，钻石世家董事长陈小凤女士如是说。

具体的做法是，购买"极慕"系列钻石的顾客，签订一份《时光银行服务合约》，即可开启专属的时光账户，参与"时光银行"计划。每一年钻石世家将投入1分钻石至顾客的"时光银行"账户，有效期长达60年。每年累计1分钻石，5年起兑，最高可兑60分裸钻。提钻当日，钻石世家将免费为客户设计专属款式。当然，镶嵌加工是要另外收费的，这是新增加的业务。这种对顾客的售后增值服务，是主动维系顾客的有效做法，是售后服务的创举。客户购买钻石，见证着爱情；男女双方共同维护，厮守着爱情。在购买之后，还有增值的机会，你的钻石在专属于你的银行账户中，每年有1分钻石的利息，这也昭示着你的钻石随时间一直在升值——在你的"钻石银行"账户中悄悄地积累着利息。这种互动式的营销是现代营销中最受欢迎、最具创造价值的营销手法之一。

与客户互动，客户会传播品牌。联络客户，会增加客户再次光临的机会。挖掘再销售给客户的机会是营销中非常重要的理念，既可提高品牌信誉，也能达到增加销售的目的。

（二）定价与折扣

价格体系是珠宝商重要的营销内容，体现品牌的定位、竞争策略、盈利模式、发展规划等。这里探讨的是价格与品牌信誉度的关系。就售价方式而言，有以下几种。

1. 定价（实价，一口价销售）

所有产品实行定价销售，也称一口价销售。不论何人购买何产品，购买的金额多少，一视同仁，公平对待，以明码标价的金额销售，童叟无欺，大小客户一样。实行这种价格策略的通常是大品牌，有众多连锁店的品牌，市场上的领导品牌，占市场份额较大的主要品牌。实行定价销售的价格体系可为品牌带来信誉。

定价销售的长处是公司立足于长远发展，不为一时一地的销售所左右。带给人们的印象是品牌价格是铁价，没有商量的余地。这种价格体系的信誉度最高，利于长远发展，管理较为简单。清朝的胡雪岩开的药店"胡庆余堂"就实行定价销售。"真不二价"的招牌誉满四方，生意兴隆。胡庆余堂打出"真不二价"的招牌以招徕顾客，说明当时的药店普遍不是实行定价销售。

这种一口价销售的短处是，中国是人情社会，不讲价、没有任何优惠的做法使亲友、老顾客觉得店家没有人情味，购买金额大的大客也不爽，买多买少不区别对待！有时因为没有任何优惠而不高兴，取消了交易，店方失去了生意。同时，由于定价销售，对有的产品而言，本来可以售高些的价格，由于不能标高价，减少了应有的利润。一般地方性的本地小店不敢完全采取这种价格体系，因为店老板在当地总有亲友，再者客人购买的货品种类、购买的金额也不同。

2. 部分优惠，基本实价销售

采取部分优惠的灵活措施是为了克服定价销售的不足。对上述所说的购买金额大或者购买一些价格较有弹性的品种的客户，进行适当的优惠。有些品牌针对不同级别的贵宾客户，采取不同的折扣率优惠政策。一些大牌如蒂芙尼（Tiffany）等，常举办贵宾客户看货会，这时一些未上柜台的高档货品亮相，平常定价销售的品种，这时有一定的优惠，以突显贵宾客户的尊贵感，同时促进高价值货品的销售。有的高档商场在店庆或会员活动日，也有特定的优惠。

实行这种价格体系的公司一般规定最低的优惠底线，不同的职位有不同的权限，如营业员只有九折权限，店经理有八五折权限，总经理有八折权限等。这类适当优惠的品种通常是珠宝玉石。这种策略照顾了一些顾客的面子，有利于当时做成交易。但因为价格可以松动，会给交易带来谈价的麻烦，增加了平均每单交易的时间。因为有了顾客谈价的阶段，顾客常常要见经理、总经理，以求得最优惠的价格。顾客的要求有时是无止境的，你让步他又有更高的要求，你给他八五折，可能他要八折，以至最后谈不成。价格的松动，也带来其他问题。

3. 不同产品有不同的优惠价

这种价格体系，一是可以有人情味，照顾特殊客人，二是有时可以获得较理想的利润。例如，将金饰设为定价，对钻石饰品实行九折优惠，宝石翡翠、镶嵌饰品八折优惠，玉器类七折优惠等。因为有了折扣销售，商家在标价时已计算在内。也就是说，预计七折销售的货品，那么其标价会略高一些。所谓折扣优惠，是部分特殊客人找了上司申请或谈价才获得的，通常营业员在销售中，对普通客人还是以标价售卖。那么，就商家而言，高出最低优惠价的那部分，可当成是多出来的利润。但当有些全价购买的客人知道货品可以优惠时，就认为自己吃亏了，该品牌的信誉就会随之打折扣。

这种价格体系的弊端是，品牌的信誉度受损。另外，由于不同产品实行不同的优惠政策，给管理及营业员带来一定的麻烦，会增加交易的谈判时间。消费者也会质疑，为何同一间店里的产品折扣会不同，进而会要求按最低折扣的优惠率购买其他产品，甚至还会怀疑这些能打折扣的产品"水分"很大，从而对该品牌失去信心。

4. 折扣价销售

以折扣价销售，当然商家会内部规定折扣底线。这条底线只有商家知道，消费者不知情。这种做法灵活，不同客人、不同货品、不同时间采取不同的折扣政策。这种政策有时能给商家带来超额的利润，因为预设了以折扣方式销售，所以标价会高些。对于不善谈判、较随意不计较的客人，可能买了高价。对于讨价还价能力强的客人，可能得到的优惠最多。商家最喜欢这类不善讲价的客人，他们喜欢就买，往往能售出高价。商场上有句俗话，越软的泥挖得越深。

折扣价销售会给商家带来一些不良后果。商家往往在店庆、节日、搞活动促销时优惠较多，购买的人就多。促销期的销售额上去了，促销过后商场冷清，销售额直线下滑，客人即便有购买意向，也要等到商家搞活动时再购买。促销变成一种萃取，把顾客的消费在短时间内集中实现，消耗后期一段时间内的销售，而且还会造成恶性循环，你不促销他不买。为了促销，商家往往制定有吸引力的价格，减少了必要的利润。当然，促销的收获之一是增加知名度，增加人流量。

采取这种价格体系有损商家的信誉，不利品牌的长远发展。

5. 议价销售

有一定规模的珠宝商一般都不会采取议价销售这种价格体系，因不利于管理，也是商家缺乏信誉的表现。议价销售方式多存在于批发市场，以及一些零售小商户。这种方式最大的特点就是灵活。价格有弹性，可为商家带来额外的利润，同时可处理一些积压货品。有句俗语，没有卖不出去的货，只有还不够低的价格。商家可根据客人及实际需要，制定灵活的价格，利用价格杠杆以销售不同的货品。难找的货品要价高，易找的、积压的、低档的货品价格低，以快速处理这类货品。

议价销售模式不会为商家带来信誉，销售对象以行家为主。消费者到这些议价的商家采购珠宝，要衡量自己的懂行程度，以及对质量价格的熟悉程度。

价格影响着消费者对产品及服务的看法，人们容易把价格与档次等同起来。一件产品或服务（这里指珠宝玉石的加工、镶嵌服务等）价格高，人们有时会联想到高档次。许多品牌的产品、知名首饰厂、玉雕师加工费定价高，且不轻易降价，至少明面上不会降价，原因就在于此。产品或服务升价，会让购买的人感到自己的行为是正确的，为自己已购买该货品而欣喜，促动着人赶紧购买的动机。"升值"是许多人购买的心理愿望之一。像劳力士、宝格丽、江诗丹顿等名牌手表，蒂芙尼、卡地亚等首饰，这些品牌把手表及珠宝定位为奢侈品，限量供应。在二级市场，建立旧货交易的评价标准，可活跃旧货交易。在旧货市场中，某一个别类型、某一款升值了，对这一品牌的新货市场都有极大的促进作用。这是奢侈品品牌偶尔推出特别限量款的原因。某一款升值了，带给人该品牌的产品都能升值的印象。二级市场的活跃能推动一级市场（新货市场）的繁荣。中国未形成二级市场的珠宝评价体系，交易不活跃，也许与中国人不愿意购买旧货的消费观念有关。

降价可能会一时拉动消费，却影响消费者长远的信心。铂金首饰销售最旺的时期是2000—2008年，原料交易价每克从100元左右升到550元，一度逼近600元；饰品价每克从150元上涨到800元。这期间铂金饰品几乎是黄金饰品价格的一倍。许多珠宝店推出消费者2克黄金料换1克铂金饰品的业务，业务还挺红火。铂金自2011年之后，价格狂跌，市场销量不升反降，可见消费者的追涨心理。

对于价格低的货品与服务，人们会将其与低劣、低档联系在一起。

（三）赋予技能、培养爱好

有些珠宝商不乐意培训顾客的珠宝知识和技能，担心顾客熟悉了，懂鉴赏了，自己就不容易售货了。戴比尔斯与此相反，总是开展推广培训活动，推广钻石4C知识，免费向珠宝店派发4C评价标准宣传品。消费者熟悉4C分级，钻石的销售也直线上升。凡是钻石知识普及的地方，如上海、北京、南京、杭州，钻石的销量就大。钻石知识贫乏的中小城市、边远城市，销量就小。消费者越缺乏鉴赏技能，越不敢购买。

其实，翡翠、和田玉、红蓝宝石、祖母绿，以及其他玉石、彩宝，更应该培养消费者的品鉴能力，懂得品鉴，才会形成爱好，才敢消费。亚当·费里尔（Adam Ferrier）、珍妮弗·弗莱明（Jennifer Fleming）在《如何让他买》一书中引用福格（BJ Fogg）的理论，认为行为改变有三个要素：动机、能力和触发。《如何让他买》将行为改变简化为动机与容易度两个维度。动机是一个内在指标，又可分为个体激励与社会常规。容易度是比较客观的指标，也就是根据实际状况与这个人的能力，这项行为容易做到的程度。在珠宝方面，就是品赏的技能。按照这样的行为理论分析，一个人购买珠宝，首先是社会鼓励他买，个人有动机拥有，简单讲就是有需要（有动机）；其次是支付得起，并懂得欣赏（有能力）。要为珠宝某些特性支付金钱，消费者必须认为值得。例如，人们要支付高色级钻石比低色级多出的那部分金钱，消费者要认为支付这部分金钱有价值。消费者要认可支付的合理性、必要性，就必须学会欣赏，掌握品赏技能，明白高色级的钻石比低色级的更有价值，理解高色级价高的原因。

许多消费者在购买翡翠饰品时，选择绿颜色的，认为这是漂亮的颜色，懂得欣赏紫色的人才会购买紫色翡翠。一般而言，中国台湾人、日本人喜好紫色货品，这类紫色翡翠在中国台湾、日本的市场大，价格高。普通的消费者常把颜色放在价值的第一位。但是，行家在评价翡翠时，却是"一种、二色、三工艺"，把"种"摆在价值的第一位。这是基于长年的经验与对翡翠原料高品质"种"的稀少性认识所得出的结论。所以商场的普通翡翠饰品通常以带颜色的"色货"为主，偶尔有不带颜色的玻璃种、冰种的货品，因其标价高而鲜有人问津。要让客人欣赏，接受不带颜色的冰种、玻璃种货品，唯有宣传推广这一品种，培养消费者的品鉴能力，所以许多公司经常开展翡翠品鉴会，以提高消费者的品鉴能力。

消费者面对琳琅满目的珠宝不敢购买，其原因之一是缺乏品鉴能力。

没有这种能力，对陌生的货品，就会产生恐惧感，影响消费行为。许多公司非常重视珠宝鉴赏的推广，以各种形式推广珠宝文化，提高消费者的鉴赏技能，培养他们对珠宝的爱好。这方面以会所形式销售为主，私人定制的商家、经营收藏类货品的商家，他们做得很好。因为这类珠宝商经营的是有差异化、有特色的货品，更需要培养消费者的鉴赏能力，培养他们的爱好。通过与消费者的交流，建立良好的关系，也是发展客户的一种途径。

（四）营业员的素质要求

消费者是通过营业员与公司接触的，营业员的形象代表着公司的形象。所有公司都非常重视遴选营业员及培训工作，以树立良好的形象，取得卓越的销售业绩。

1. 营业员与公司的关系

营业员是销售业绩的直接创造者，是公司文化的传播者，是代表公司与消费者接触的人。消费者通过与营业员的具体接触了解品牌，感受消费体验。而品牌对于营业员而言，是薪水的提供者，也是自己发挥聪明才智的平台。

从自我意识方面，营业员要重视自己的工作，要有敬业精神，要有进取心。销售是一件很锻炼人的工作。据博恩·崔西（Brian Tracy）介绍，有5%白手起家的富翁是从最底层的销售工作做起的。所有的产品都离不开销售，有了第一线的销售经验，对一个人的职业生涯非常重要。

2. 营业员的素质要求

（1）良好的语言表达与沟通艺术

第一，获得顾客的信任与喜爱。能与消费者良好沟通，理解消费者的需求，让消费者喜欢你，建立友好信任的关系。融洽的关系是触发客户购买的关键点。当顾客信任你时，会缩短评价货物与考虑的周期，相信你的介绍，然后做出决策，有时还会让你帮他（她）做参谋。曹华宗在《销售攻心术》一书中引用美国纽约销售联谊会的统计，"70%的人之所以从你那购买产品，是因为他们喜欢你、信任你和尊敬你"。善于与人打交道，让客人喜欢你、信任你是做好销售工作的第一要素。当然要让客人喜欢与信任，是一个综合素质的体现，有外表形象、礼仪礼貌、语言艺术、专业素质等要求。

第二，站在顾客的立场上思考问题。取得顾客的信任，要学会站在顾客的角度思考问题，了解顾客的价值需求，理解顾客，为顾客推荐货品。例如，一个顾客为孝敬母亲想选购一件翡翠玉器作为生日礼物，你在大概了解顾客的预算后有针对性地进行推荐，而不要一味地介绍高价格的货品。

第三，专注倾听顾客的需求。专注倾听顾客的讲话是对顾客最好的尊重，是最佳的沟通艺术之一。相反，若是一味对消费者讲个不停，不仅不清楚顾客的需求，还会引起顾客的反感。专注的倾听就是最好的沟通艺术。

第四，清晰介绍产品。把产品的特点以及由此所产生的价值介绍给顾客，讲好货品的故事，打动消费者。语言要清晰简单平实，重点突出，逻辑性强，让消费者容易理解。简单使人快乐，唯有语言简单、程序简单、性格简单才会使别人喜欢你。

第五，消除顾客的疑虑。顾客的疑虑可能来自对价格和货品的不满意。价格方面可以理解顾客的感受，但不必认同顾客的异议。公司是根据成本、竞争和市场行情定价的，是合理的。你要对这个价格自信，坚定对公司定价合理性的信念，不随意松口降价。即便是为价格作辩护，也要保持冷静和自信，或者把话题引导到货品的"价值"上来。顾客对货品的疑虑，营业员要从特点、优点、价值三方面对货品进行介绍以消除。特点区分了产品，并使之与众不同，这正是其价值所在。优点可能是品质优秀，或者是罕见、新颖，抑或是文化寓意、故事内涵等。发现并突出货品的价值，看是否与消费者的需求相吻合。例如，有消费者购买祖母绿饰品，非常喜欢该款式及祖母绿的颜色，但就是对祖母绿宝石的裂纹瑕疵不满意。你可从祖母绿宝石的天然习性，佩戴时肉眼不易看见裂纹来打消其疑虑。作为装饰的首饰，价值点在于其美丽性、首饰款式、宝石颜色的艳丽这些主要方面。你可为客户介绍，该款的设计取材于自然界的花卉，给人以自然清新的气息，与绿色祖母绿相和谐；该件珠宝的定价已考虑了宝石的实际情况，货品漂亮，物有所值。在介绍完这些特点、优点、价值之后，最后要反问顾客，让顾客自己肯定，取得顾客的认同。

消除顾客的疑虑，必要时可讲货品的故事。例如，这件款式受许多人喜爱，是设计师从兰花那里得到的创作灵感，造型清新优雅，与优雅斯文的您非常般配。

第六，鼓励顾客试戴。试戴是一种"已经拥有"的体验，按照心理学的说法，凡是自己接触、参与、拥有某件物品，就对它产生价值认同，这就是"禀赋效应"。所以化妆品店鼓励顾客在脸上试用，汽车行鼓励顾客亲自驾驶，让你产生已经拥有的认同，于是把它看得更有价值（禀赋效应发挥效果）。只有让顾客试戴首饰，在镜子前炫一炫，她（他）才会更喜欢这件珠宝。试戴是珠宝销售中不可或缺的环节，营业员要主动热情地帮顾客佩戴装饰珠宝。

第七，包装货品，开单交易。营业员要懂得珠宝必要的搭配知识。例如，为一件玉挂件配K金链或吊绳以及配挂件的顶珠等。最后，准确迅速开单完成交易。客人交款后，在把货交给客人时，要打开首饰盒，让客人核对货品无误后，再关好首饰盒，双手递给客人。

第八，告知顾客有关珠宝的保养维护事宜。

第九，记住顾客名字，请求顾客推荐其他朋友光临。

（2）要有责任心

责任心是做好工作的前提。在客人未光临前要摆货、搞卫生、清点货物，做商场经理安排的工作，在销售中与其他同事相互配合，默契协作，要有团队精神。尽责做好营业员的职责工作，有目标有激情，全身心地投入到销售中。饱含热情、勤奋积极、谨慎细致地开展销售工作就是责任心的体现。

（3）业务精熟，掌握珠宝专业知识

珠宝首饰销售是专业性的工作，要求营业员懂业务，掌握珠宝知识，能够把珠宝的特点、优点、价值介绍清楚，并掌握一定的珠宝鉴定技能，能讲解珠宝真假的区别，了解具体宝石品种的性质、质量评价及鉴赏，懂得珠宝首饰设计的美观欣赏、市场流行的款式、设计理念等。此外，宝玉石相关文化、市场发展状况、珠宝首饰的维护及保养等，也应熟练掌握。

营业员还要了解国内外时事，有一定的文化知识和高雅兴趣；性格要豁达开朗，待人真诚友善，给顾客留下好的印象；要善于与人沟通，能与顾客融洽交谈，获得顾客的好感。

3. 营业员对自身要严要求

营业员仪容仪表要整洁端庄，待人接物要优雅有礼貌。要爱岗敬业，树立工作目标，有激情地工作。要有持续学习的精神，不断提高自己的素养和专业知识。注意向身边的优秀人员学习，特别是向销售业绩优秀的人学习，提高自己的销售能力，创造卓越的销售业绩。

4. 树立形象，传递品牌信誉

营业员要自信与自尊。自信是发自内心的自我肯定与相信，只有自己相信自己，他人才会相信你。只有你对自己公司、货品有信心，顾客才敢购买。自信是销售成功中重要的决定因素。你有自信时，就有发自内心的一股无可阻挡的力量。相信你所从事的工作是好的，是重要的，会直接影响到你在介绍和演示产品时的说服力。以自信的语言和姿态推介产品，认为这件产品对顾客有价值，这样才会感染顾客。如若不然，你对公司（品牌）没有信心，对产品没有信心，很难相信顾客对你的品牌、你的货品有信心。直白地讲，只有你爱这个品牌，喜欢这件产品，才会把它介绍给客户。你若不信任这个品牌，不喜爱这件产品，如何推荐给别人呢？

营业员的良好形象、自信与自尊，传递着品牌信誉。

（五）参加珠宝展销会，展示形象与实力

珠宝展销会是交流的平台，是行家荟萃的舞台，当然也有众多的消费者参观购买。珠宝展会是商家销售珠宝首饰产品、展示企业形象、了解行业发展动态、熟悉市场行情的重要渠道，在珠宝行业中具有重要的作用。中国最为著名、规模最大的展会要数每年三月、六月、九月的香港珠宝展及深圳珠宝展。许多知名品牌在这些展会上亮相。为展示形象和实力，企业往往连租十几个展位，请专业设计装修团队设计形象。展会不仅是为了卖货，还要展示形象，推广产品。一些行家也是通过展会熟悉珠宝品牌，了解其风格、定位、产品、销售模式，以寻求合作。开展加盟业务的品牌以及批发珠宝业务的公司是珠宝展的主角。他们在珠宝展上展示形象与实力，延揽业务。

展会上的论坛、珠宝拍卖、设计展、珠宝秀等活动，既吸引消费者眼球，也传播了珠宝文化，传播了品牌声誉。

五、讲好故事

中国有许多珠宝企业非常优秀，提供了非凡的产品，真诚服务大众，履行社会责任，但就是声名不显，货品的售价也高不起来。究其原因，就是营销较落后，许多企业是在卖产品而不是卖品牌，不善于讲故事，没有体现品牌的附加值。故事是传播品牌、推广产品的最好方法之一。

（一）品牌营销是什么

品牌是营销中出现最多的词汇，是人们购物时常挂在嘴边的词。品牌是产品个性化的表现，是产品特性的浓缩，代表着货品的质量档次和商家的信誉度。人们认牌子购买珠宝，是对牌子有一定的感情和认知，相信牌子。通过认牌子购珠宝，减少自己对珠宝质量真假、特色等的分析，减少对比研究

所必须花的时间与精力，这是人类一种使行为简易的"懒惰"办法。举个例子，你想买999‰的千足金手镯给女儿，到哪里买呢？有两种途径，一种是到你陌生的金店挑选，这时你要对手镯的工艺，金的成色研究一番，可能还会想到万一买错了如何维权保障自己权益，直到确认没问题了，才会下手。这时你会花不少时间和精力。也许周边的亲友问起来，听说产品是在不知名的店中购买的，周围的人还会觉得档次低。另一种途径，你会想到几个品牌的名字，最终走到六福珠宝店选购，这时你只需找到自己喜欢的款式与大小重量合适的货品，价钱符合预算，其余如成色、工艺等不用去细细考虑，购物非常简单。品牌是一种名字、符号、标记、图案，彰示着产品特色，区别于竞争对手。当人们熟悉某品牌，认同某一品牌，并与该品牌发生情感时，在准备购买这类货品时就会想到这一品牌。品牌带给消费者以尊荣感，也使购物活动简单愉快。

品牌是由金钱和时间堆积而成的。珠宝产品同质化严重，实际上不同品牌产品大同小异，但在消费者的认知中却有着不同的地位。品牌的传播一是靠广告宣传，这需要大量的资金；二是靠扩大接触品牌的人群范围和提高接触频率，这需要时间与规模。这么说吧，假设一间六福珠宝店一天被1000个过路的行人所注意到，一年就有36万人次看到六福珠宝。2000间店呢，一年就有7亿2000万人次看到过，10年就有72亿人次注意到！所以许多企业强调规模效应，店的数量越多，实际上也是一种广告推广。当然时间积淀越久，知道的人也越多，体验的人越多，口碑的传播越广，人们对其印象也会越深。

现在传播渠道多，信息传播快且广泛。品牌营销渠道也越来越多，手法越来越高明，难以尽述。作为品牌，最关键的是要把品牌的特色、核心价值镌刻于消费者心中。最有效的方法是讲好品牌故事。

（二）讲好品牌故事

品牌营销是很高深的课题，不是笔者能够讲得清楚的，这里只是粗浅介绍市场上见到的一些珠宝商以讲故事的方式营造品牌形象的事例。

1. 批发生产企业

突出一手原料资源及生产加工能力。像百利钻石、永恒钻石、六福珠宝，是DTC的看货人，看货人的资格说明拥有稳定的钻石毛坯货源，而且资金实力雄厚，一般都有自己的钻石切割工厂。带给客户及消费者的信息是钻石质量可靠，货品价格有竞争力。

在揭阳、佛山平洲翡翠批发市场上做翡翠批发业务的商家，以到缅甸公盘购买原石，自设工厂树立一手货源形象，使购买者相信他们的货品质量有保证，价格有优势。在市场上，有时商家会摆上翡翠原石，以提醒购买者他有一手货源。最常见的推销方法是，告诉购买者这个手镯（其他货品也一样）是用什么原石开出来的，一共加工了多少货品，并津津乐道购买原石及切料加工的故事，带给顾客一手货源印象。

经营红蓝宝石的，则突出在斯里兰卡、泰国尖竹汶设有加工厂或公司，也就是货品源头的光环。在公司、展厅显眼的位置宣传这些内容，借助各种渠道，传播这类故事，带给客户一手货源的信息。

祖母绿宝石也一样，要讲好源头矿山的故事。哥伦比亚祖母绿享誉世界，在珠宝市场上售价最高，成为祖母绿的名牌。这与拥有哥伦比亚祖母绿资源公司的推广有着重要的关系。对于新产地的祖母绿，尚不为人们所了解时，也要大力推广，并与哥伦比亚祖母绿进行比对。阿富汗祖母绿矿山是近年出现的祖母绿新产地，人们对这一产地的货品不熟悉。阿富汗潘杰希尔峡谷（Panjshir Valley）的祖母绿矿山与毗邻的巴基斯坦祖母绿矿山同属于一个成矿带，成矿地质条件相同。这两个地方所产的祖母绿颜色极佳，SSEF实验室评价说，颜色的浓郁、化学微量元素组合的绝佳平衡，是阿富汗潘杰希尔祖母绿的特色。内中含有气液固三相特殊包裹体，呈现柔美丝绒状的"蝴蝶效应"。这些原本是哥伦比亚祖母绿典型特征的标志，在阿富汗祖母绿中也可见。正是其极度的相似性，甚至著名的实验室Guild曾把阿富汗的祖母绿错鉴定为哥伦比亚祖母绿。究其原因，源于阿富汗祖母绿矿与哥伦比亚

图 1-13　阿富汗潘杰希尔（Panjshir）祖母绿矿

图 1-14 阿富汗祖母绿"蝴蝶效应"

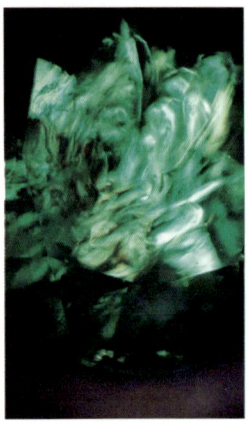

图 1-15 阿富汗祖母绿"蝴蝶效应"

（图 1-13~图 1-16 由广州奔云珠宝公司提供）

木佐矿的地质成因相同。所以美国宝石学家Gary W.Bowersox曾说，阿富汗潘杰希尔祖母绿与哥伦比亚祖母绿最为类似。

阿富汗的祖母绿这几年在珠宝市场崭露头角，为珠宝商们所青睐，为消费者所追捧，这一蕴藏于深山幽谷中的"兰花"逐渐走进闹市。实际上，阿富汗、巴基斯坦的祖母绿并非新秀，早在2000多年前的古罗马时代，这一地区的祖母绿曾被大量运到古希腊及后来的罗马帝国，被欧洲的皇室所拥有，受到古罗马人的高度赞赏与喜爱。当时就是沿着丝绸之路传播的。后来不知什么原因，潘杰希尔峡谷的祖母绿开采活动骤然终止，直到20世纪70年代，才重新被俄罗斯的地质学家发现。

只有讲好这些源头矿山的故事才能让珠宝商、消费者了解你。讲好开矿的艰辛，获得宝石不易的故事，往往比直接讲价格更能打动消费者。讲价格会把消费者的关注点引向价格方面，讲故事则会调动消费者感动、好奇、向往与珍惜的情感。

2. 零售商突出自己的特色

零售商品牌定位就是突出自己的特色，要传递

图 1-16 阿富汗祖母绿

自己品牌的特色就要有好的故事。潮宏基这一品牌在人们的概念中是时尚珠宝品牌，以经营K金饰品为特色，这与其多年举办各类K金设计比赛活动、用流行的卡通形象元素注入设计有关。

（三）样板人物的作用

餐馆经常贴有名人在此就餐并评价菜好的图片，就是在树立样板，让食客也在此就餐。珠宝商也常利用样板人物的示范作用，为店里带来声誉。北京某知名翡翠品牌，因与某明星关系好，明星常购买该店的翡翠，店家就在店中显眼位置挂上该明星在此品赏选购翡翠的照片。明星的光顾让来店客人、远近居民知道了，他们也乐意选择该店的翡翠。该店的生意红火，明星的样板作用功不可没。

宝玉石交易市场，使用样板示范作用的推销手法最为常见。货主会告诉你，某某人也看中了这批货，出价多少。如果出价人是买家知道的知名人物或公司，这个示范作用更有效。例如，你正在交易市场看一批玉雕花件，你出价30万，正犹豫买或不买时，货主告诉你，昨天某公司出价40万呢。货主想传达两层意思，一是这批货卖相好，是适销对路的货品、畅销货（有公司看中）；二是别人的出价已到40万了，他还不卖，你应该出价比这还要再高些。货主的这一招往往有促进作用。对于购货的人来讲，最主要的是要冷静，不要被货主的故事所影响。也许这就是一个虚构的故事，即便是真实的故事，也不要受它影响。毕竟货品适合别人却不一定适合你，别人的给价不等于你的出价，你出的价格要基于自己的评判。

现在求婚、订婚、结婚习惯送钻戒的习俗就是因为部分贵族、富翁开了先河，被逐渐模仿、追捧而形成的。

知名收藏家、名人喜欢和田玉子料，许多人跟风收藏和出土子料。和田玉虽然没什么颜色，不如其他宝玉石艳丽，但历史上太多太多人喜爱，这个欣赏和田玉的习俗就被流传下来。现在有不少人在模仿古人欣赏和田玉。和田玉被誉为中国的国玉。

（四）形象代言与关联

品牌选择影视明星做形象代言就是一种名人的示范作用。有一幕熟悉的镜头，在都市繁华的高楼中，走出一位摩登女子，时髦、干练、潇洒，看起来是白领职业女性形象。靓丽的女子因为颈间悬挂了一颗钻石而更加自信，特地走到有玻璃窗的地方照镜子，欣赏颈间的闪耀与美丽。路过的行人因见窗中闪耀的钻石，以为是靓丽女郎在对面，不觉被吸引向前而撞在玻璃墙上……这是戴比尔斯钻石推广中心制作的经典广告——"都是钻石惹的祸"。2002年在中国大陆推出的"煽动系列"，美女胸颈间的钻石，煽动着女性表现魅力的欲望。广告片中代表白领的女主角因钻石而充满活力和自信，使刚富起来的中国都市女白领争先效仿女主角的行为，抢购这款钻石吊坠。当时钻石的营销对象正是大都市的女性白领，她们有了购买力正想好好装扮自己，这一批与广告代言中有着共同身份的人最容易被打动。

影星关晓彤是90后新一代少女的代表。除了电影明星的光环，她知性有学识，是学霸更是美丽智慧的化身，代表着时尚潮流。这种知性美少女，与时尚饰品钻石代表爱情的文化非常契合。90后是未来消费市场的主力军，抓住90后就是抓住市场。以时尚文化、爱情文化为内涵，专营钻石饰品的钻石世家，选择关晓彤做形象代言人，是非常适合的。她的代言对女性，尤其是90后女性有很大的号召力。

形象代言人与品牌形象要相符，因为代言人代表着品牌的形象。品牌的潜在消费群体因相信代言人而效仿其行为，因喜爱代言人而喜爱品牌。人们看到代言人的形象就会联想到其代言的品牌形象。假设这两者不契合，就达不到推广品牌的效果。假设关晓彤代言的是经营和田玉的品牌，效果会大打折扣。和田玉文化底蕴深厚，特别是和田玉子料，消费的人群是对和田玉文化有较深了解并喜爱的人，而且和田玉的主流品种是"手玩件"，即供把玩的玉雕件。这一消费群体主要是中老年的男士，很难相信中老年男士会效仿一个美少女的行为。

在形象代言中，有故事更能打动人。蒂芙尼品牌的《蒂芙尼的早餐》形象代言中，女主角是一个叫霍莉的乡下女孩，到曼哈顿来谋生，她追逐名利，整日周旋于富商巨贾、政界名流之间，梦想灰姑娘变成公主。霍莉戴着假珠宝拿着早餐袋，捧着咖啡，站在蒂芙尼的橱窗前说："我不想拥有任何东西，直到我找到一个地方，我和我喜欢的东西在一起。我不知道这个地方在哪里，但是我知道它像什么样子，它就像蒂芙尼。"女主角的扮演者是大名鼎鼎的演员奥黛丽·赫本。这位优雅美丽的女士，在影片中把主角霍莉演绎成一个极其迷人的、精灵般的流浪者。可想而知，多少少女也做着如"霍莉"一般的梦。故事打动无数少女之心，引起共鸣。人们因为对角色的喜爱，进而接纳她的"价值观"，也喜爱蒂芙尼。蒂芙尼的故事广告给人们留下了深刻印象。故事营销正是蒂芙尼的拿手好戏。蒂芙尼的品牌形象是"知更鸟蓝"。知更鸟是忠贞的鸟,在西方文化中,知更鸟的蓝色蛋被用来比喻幸福。在蒂芙尼的门店中,总会在显眼的位置摆放知更鸟蛋,似乎一直在诉说着这样的故事:人们希望遇到如知更鸟般忠贞的伴侣,走向美满的婚姻,组建幸福家庭,而蒂芙尼的珠宝会成为这份幸福的信物和证明。

带着感情的故事打动人心,这是极妙的品牌推广方式。

(五)店的故事

许多人熟悉广地珠宝的创业故事。1990年,几个岩矿鉴定室的技术人员在做珠宝鉴定时,了解到许多人有意向购买宝玉石。这几个人白手起家,靠借货代销,从摆地摊做起,逐渐发展起来,成立了广地珠宝。人们喜欢到广地珠宝购买珠宝,是因为买得放心。有一位知名医生,在她还未结婚时,就常到广地挑宝石。2000年初,她移居美国。以后每年回家探亲,总要到广地找找心仪的珠宝,见见熟悉的营业员,聊聊天。2017年,她的女儿在美国准备结婚,她特地带着女儿到广地珠宝挑金镯子和翡翠手镯,"不要忘了中国文化,不要忘了老朋友",她一边帮女儿戴手镯,一边叮嘱女儿。这是广地珠宝在"传承·焕新"纪录片中的故事,记录着一位客户两代人对广地珠宝的情缘。这个故事传递着这样的信息:广地珠宝发端于地质人的艰苦创业,是有着专业技术背景的珠宝公司,其产品质量有保证,两代人对广地珠宝的产品情有独钟。广地珠宝有一群忠诚的消费者。

老侯賣寶
有故事的珠宝才好卖

第二章
DI ER ZHANG

阐发珠宝价值

第二章 阐发珠宝价值

消费者购买珠宝，主要基于两个因素，一是对品牌的信任，二是该珠宝的价值。价值可以是有功效的实用价值，如黄金、钻石等能换成金钱或装饰扮靓；也可以是情感需求，如这件首饰代表"爱"，可赠予夫人或情侣。作为商家，要把珠宝首饰的价值充分挖掘出来，消费者才会购买。珠宝的价值越大，消费者越愿意支付更高的价钱。如何提高珠宝的价值是珠宝商日思夜想的事情。

一、从"万足金"谈起

（一）从"足金""千足金"到"万足金"

虽然国家标准不允许标称"千足金"，但带有"千足金"含义的标签还是随处可见，几乎充斥所有的金饰卖场。"千足金"的字样是没有了，但在"足金"的字样下往往加注"成色999‰"，意指"足金"的金（Au）含量为99.9%，其实还是千足金的意思。为何要如此呢，一是因为消费者追求金的纯度；二是表明金的加工工艺技术成熟，能达到这一金含量的要求。实际上，目前珠宝检测实验室常用的无损检测仪X射线荧光光谱仪（X-ray）的检定精度达不到这个要求，需要借助ICP进行分析。也就是说，若要判定这个"99.9%"的金含量是否正确，必须把金破坏溶解进行检测。通常消费者对成色有怀疑，除了需要仲裁，一般还是采用无损的X射线荧光光谱仪进行检测，这个检测结果只能作为参考。

消费者的需求促使商家在工艺上进行改进，以满足市场需求。因为影响金成色的关键是焊接的焊料，许多珠宝商开始在焊料宣传上做文章。由于上交所交易的金料就有99.9%的料（通常是99.95%），行业内称一号金料，若是焊料成色也能达到此含量，且制作过程没有污染，则金饰品99.9%的成色（以前称"千足金"）就有保障。许多工厂在进行研发，甚至研发出"无焊料"金饰，或者焊料本身就是纯度为99.9%的金，像赛菲尔（Sunfeel）就以"无焊料金饰"打招牌。"无焊料"的潜台词就是焊料都为99.9%的高纯度金，金饰的高纯度更是有保障的，从而增强消费者的信心。

继99.9%的千足金之后，还有99.99%"四条九"的"万足金"，更有甚者打出99.999%"五条九"极高纯度的金字牌。这些极高成色的金饰，虽然工艺上做得到，但是提纯及为保证此成色的工艺成本大大提高。实际上无论从饰品的工艺美还是保值功能，足金、千足金、万足金的饰品都相差不大。从成本上讲，纯度为99.99%以上的金饰生产工艺成本大为增加，产品的功效却未必同步加强。从某种意义上说，生产高纯度金饰品没有必要，但许多珠宝商还在追求着这一噱头。之所以珠宝商不遗余力地研制并推出高纯度的金饰品，不是说这些饰品能提高多少价值，而是为这些饰品增加"卖点"，增加"纯度"的招牌以打动消费者，促进销售。零售商清楚，当店中有99%的金（足金），又有99.9%（千足金）的金饰时，哪怕足金售价低些，消费者往往也不会选择足金，成色低的货品根本卖不动。珠宝商提升金成色的目的是提高消费者的价值感。

（二）金的价值从何而来

我们的祖先最初使用的货币是海贝，之后是铜。春秋战国、秦汉时期流行的货币是铜，那时称"黄金"。唐宋则以金银为货币，特别是银，有各式各样的银锭。金、银直到现在还是货币，是受政府控制的贵金属，有货币的功能。金银制品的加工、生产、销售是受政府管制的，行政管理单位是中国人民银行的货币发行司（处）。

金银是货币，代表着财富。中国与印度是世界上黄金消费量最大的两个国家，2017年中国黄金年消费量是950吨，印度为727吨。中国的老百姓之所以喜欢黄金，与中国的文化有关。历史上由于战乱、饥荒，导致生存环境恶劣，人们常常颠沛流离。迁徙途中最易携带并能在异地换取各种生活物质的就是黄金。动荡的生存环境也使中国人养成积蓄的习惯。积蓄财富，是对未来的担忧所采取的一种保险行为，积蓄也可留传给儿孙。目前我国的黄金饰品畅销，消费者的需求主要在其"货币价值"上。当金价突然下跌时，就会出现抢金潮。黄金越纯（成色高），价值越高，"纯"与金饰品的价值点相关联。作为黄金销售者的银行、珠宝商等，也以保障金的成色等高纯度概念打动消费者。

（三）中西方珠宝市场的差异

中国的珠宝市场以黄金为主，人们习惯称珠宝店为金店，金饰品（含铂金、K金）的销量占市场份额70%以上，这与西方珠宝市场形成明显的差异。在英国、法国、荷兰、比利时、丹麦等西方国家，几乎见不到专门售卖黄金的珠宝店。西方的珠宝店售卖的是各种镶嵌钻石宝石、少量K金饰品等扮靓的装饰品以及彰显地位的奢侈品。这些货品讲究文化艺术品位，在宝石的镶嵌首饰设计方面，西方比我们更先进。以美国为例，其珠宝市场的产品结构为：钻石、黄金、珍珠宝石分别占比52%、12%、10%，其他占26%。

1. 西方有使用宝石及宝石镶嵌首饰的悠久历史

早在2000多年前的古埃及时期，宫廷就大量使用镶嵌宝石首饰。埃及艳后克娄巴特拉就拥有以自己名字命名的祖母绿矿山，对祖母绿十分痴爱，有大量使用祖母绿饰品的记录，有些饰品现藏于博物馆中。古代西方皇室用

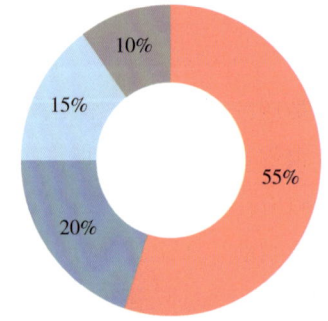

图2-1 中国黄金珠宝行业构成
资料来源：《2017年黄金珠宝行业深度分析报告》，引自中信证券研究部
注：估算黄金55%份额中约3%为硬金类饰品

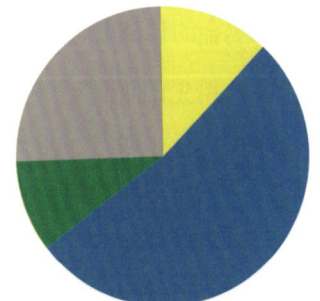

图2-2 美国珠宝产业结构
资料来源：De Beers，Bain & Company，Euromonitor International，国泰君安证券研究

各种宝石镶嵌饰品，冠冕、凤冠、宝座、权杖等无一例外地用宝石作为装饰品，代表高贵与权力。西方有使用宝石、镶嵌宝石的传统。

西方的镶嵌工艺较先进。例如，铂金（Pt）作为镶嵌托料的工艺是1898年由卡地亚发明的。现在包括微钉镶、无边镶等工艺也是西方首先发明的。皇冠款式是蒂芙尼于1886年发明的。

2. 各种宝石、钻石的切割工艺是西方人率先发明的

目前应用最广泛的57切割面标准圆钻型切割工艺，就是1919年由比利时数学家和钻石切磨师马塞尔·托考夫斯基（Marcel Tolkowsky）发明的。公主方切工、加布里埃尔切工（105个刻面）、龙力之星切工、百合花琢型、皇家阿斯彻切工（74个刻面）等，无不是由西方钻石切割大师发明的。有色宝石的各种切工款式及切磨工艺也是由西方发明的。最著名的"千禧工"是1999年由德国人罗吉奥·格拉卡首创，因其使宝石发出如火焰般灿烂的光芒，也称"火焰工""烟花工"。

相对于西方的宝石文化，中国则在玉雕工艺以及金银制作工艺方面有着深厚的积淀。金银饰品、玉器在中国有着传统的消费文化，这点与西方不同。

3. 艺术欣赏程度不同

西方更侧重于珠宝的艺术及文化，注重设计美学。中国重视材质的价值，也就是重视材料本身的珍贵程度和货币功能。可以说，中国重"实"，而西方重"虚"。一个普通低档材质的紫水晶、孔雀石K金镶嵌首饰，材料的成本仅几百元，在中国珠宝市场上，也就销售上千元，加价率不会太高，而在西方珠宝市场上，可以卖几万元！因为这些珠宝首饰加入了艺术文化的成分，他们卖的是艺术价值。蒂芙尼的老板路易斯·康福特·蒂芙尼曾说："我们靠艺术赚钱，艺术价值永存。"他强调，珠宝首饰的价值来自于艺术，无关材质，也不以克拉数计价。紫水晶在我们中国的市场作为最普通装饰物，经常出现在低档的饰品店，较为知名的珠宝品牌通常不以之制作珠宝首饰。孔雀石是一种低价的观赏石，是绿色的铜矿表生矿物，莫氏硬度低至2，常为3.5。在中国市场孔雀石以观赏石面貌出现，或做大型玉雕件，有时也做手链、吊牌等低档装饰品。但国外的著名品牌梵克雅宝却多以孔雀石设计珠宝首饰，且售价不菲。中西方的珠宝消费理念不同，导致珠宝产品价格千差万别。

4. 营销理念有差别

中国的珠宝店千方百计吸引人流，希望店堂人气火爆，最好是常年人头

攒动，恨不得敲锣打鼓把人招呼进来。西方的珠宝店完全是另一幅景象，就算在世界著名的伦敦邦德街（Bond Street）也常是店门紧闭，须得保安许可方可进店逛逛，不像是客人选择店，倒是店在选择客人。一楼是黄金地带，一些珠宝店不摆货品，摆的是招待客人的桌椅。珠宝店的货品摆放也不多，款式寥寥无几。这与中国珠宝店一楼货品琳琅满目、款式众多让人目不暇接，形成鲜明的对比。

西方的珠宝店不多，就算是国际大都会的巴黎、伦敦等地，也是集中分布于几个古老的街区及百货广场中。这些地方售卖珠宝已有几百年的历史，几百年来珠宝店都集中于这些地方没有迁移过。中国的大城市甚至偏僻的小县城也随处可见珠宝店，几乎有购物广场的地方就有珠宝店，且珠宝店的分布随城市发展的迁移而变动，几十年前珠宝店集中的地方，现在已很难找到原来的身影了。

西方重视艺术的营销，他们的品牌注重注入艺术元素。几乎知名的品牌都有设计大师加盟，旗下拥有著名的珠宝设计师。例如，蒂芙尼就拥有专属设计师帕洛玛·毕加索（Paloma Picasso）。帕洛玛·毕加索的父亲正是20世纪现代艺术的主要代表人物——艺术大师巴勃罗·毕加索。她设计的"Zellige"系列，灵感来源于其父亲在摩洛哥一幢拥有几个世纪历史的别墅墙上的马赛克图案。卡地亚拥有艺术家和设计师彼得·勒马尚（Peter Lemarchand）。勒马尚把猎豹设计为三维立体造型，赋予猎豹灵动的生命，每只豹根据造型的不同调整双眼的比例与位置，体现猎豹的性格。宝格丽在珠宝设计中融入古罗马文明、波斯文明、东方文明、波普艺术、意大利的享乐主义风尚元素，非常注重彩色宝石的搭配，以及珠宝首饰的文化艺术。西方中世纪的文艺复兴，推动西方科学技术的迅猛发展，促进文化艺术的繁荣，居民普遍有着良好的艺术鉴赏力和文化素质，再加上国家富裕，工业发达，没有储蓄的传统，作为财富储蓄的金饰品也就不流行，而带有艺术内涵的珠宝首饰却受到追捧。

中国的珠宝市场以黄金饰品为主。黄金公开透明的市场交易价，使得黄金生产厂家的竞争异常激烈。厂家的利润来自加工费，但厂家之间的货品同质化严重，你能生产我也会，市场的加工费几乎是一个价，已到无利可图的地步，大家靠批发量赚取极为微薄的利润以维持工厂的运转。零售商竞争更加白热化，金饰品已到无利润可赚的地步，仅作为吸引顾客流的产品，指望有了顾客，带动其他珠宝玉石的销售。如何给黄金饰品增加附加价值，是令

图 2-3 精工金饰

生产厂家、零售商绞尽脑汁的事。这就需要求变求新求突破，要在工艺上下功夫。

5. 玉器饰品是中国珠宝市场的特色货品

西方的珠宝市场几乎见不到玉器，而中国的珠宝市场，玉器占有相当的比例。玉器品种主要是翡翠与和田玉，以翡翠为主，有各种翡翠雕刻佩件及镶嵌饰品。

（四）精工金饰、硬金、古法金、彩金、5G硬金

金饰品市场的庞大，竞争的激烈，促使金饰工艺不断进步。

1. 精工金饰

精工金饰品的特点为精、新、轻。

"精"。精工金饰是在普通大众化的金饰品上，加工工艺更精细，需要的人工更多。主要突出这几个"精"：工艺精细，款式精美，重量轻巧。由于金饰品加工费不高，为追求生产量，许多工厂减少设计款式的程序，用普通常见的款式加工，不特别起版，金饰的纹路线条粗疏，款式的加工工艺成熟，容易制作。同时抛光程序减少，多数不用人工抛光或抛光不够精细，金饰表面粗糙，光泽不够靓丽，往往货品较粗大笨重，单件的重量较大，整件货品售价较高。精工改进了这些普通的工艺，在加工流程上更精细更考究。首先

图 2-4 精工金饰

图2-5 普通金饰与硬金对比

是设计师设计新款，对独特的款式起版。款式有些部位要抛光，有些部位要磨砂，增加人工制作工夫，使款式更准确地呈现设计师的要求。特别注重细微之处，使花纹图案更精细，抛光质量更高。例如，牡丹花是富贵之花，代表富贵，是结婚新娘喜欢佩戴的颈饰。由于花的造型要做到逼真、精细、靓丽、安全，许多地方需要加工师傅高超的技艺、细心的雕琢制作和抛光。精工金饰所花的人工成本要比普通货品多，造型、线条、抛光要更精美。

"新"。精工金饰的另外一个特点是款式新。因为在工艺及款式上下功夫，能收高些的加工费，使厂家有利润设计新的款式，这些款式要增加不少工艺流程，有了足够的利润，厂家才有动力推出新的产品。

"轻"。线条及造型精细使产品更轻。由于加工费提高了，为了更好销售，使受众更广，要降低单件货品的售价。降低售价的办法就是减少货品的用金量，使饰品更轻，成本降低。即便繁缛华丽的货品，外观大方但重量轻。例如，有的精工花牌仅几克重，手链10克左右。

2. 硬金

硬金工艺是一种电铸工艺，目的是提高金的硬度，使金饰品的花纹更细，耐磨性更好，饰品更不易变形。硬金的制作是起模后在模具上电镀，使

图2-6 硬金饰品，重2.55克（不含配件）

金在模具上沉淀，金堆积到一定厚度即告成形，具有立体效果，也称"3D硬金"。硬金工艺类似黄金摆件的工艺，首饰是中空的。硬金的制作过程采用K金的倒模方式，能够设计出各种款式，雕成蜡模后经倒模制作出造型。由于硬度提高以及采取K金的倒模方式，这就大大增加了金饰品的款式类型、花样品种，也使单件金饰品重量变轻。这是因为硬度提高，花纹及壁、形体可以更细更薄。原本只能用K金制作的饰品，现在千足金也能制作，而且货品越来越轻，有的单件货品仅0.2~0.3克。例如，菠萝珠造型变化多，花纹精细，重量不到1克，若是普通的千足金，同样大小的货品重量常在2~3克之间。

图2-7 硬金饰品，重1.70克

近年硬金产品销售畅旺，在黄金饰品一类产品中，它的市场份额越来越大。有的零售市场硬金按件售卖，大部分按重量金价加加工费的方式销售。不管以何种方式销售，相对于传统的金饰品，工艺的附加价值有所提高，占整件货品的价值比例增大。例如，一件佛公吊坠，传统金饰重量9克，金料按300元/克计，在零售商场中的加工费通常为40元/克，货品总价为3060元，工费（含艺术）的总价值为360元，占整件货品总价的11.7%。若是用硬金制作佛公吊坠，同样外观大小，每件吊坠重3克，零售商场一般硬金工费为100元/克左右，金料300元/克，货品总价为1200元，每件可收工费300元，占整件货品总价的25%。9克的黄金料可制作3件硬金佛公，总共可收工费900元，大大提高了黄金的加工工艺价值。

3. 古法金

古法金是近年来市场出现的流行金饰，采用古老的铸金工艺打造，这种工艺出自宫廷造办处——以前专门为皇家贵族制作金器、金饰的地方。古法金强调传统手工制作，突出金饰的厚重古雅。古法金有一种古韵，多采用哑光工艺，颜色略带暗褐黄色，比市场上流行的金饰暗淡，显得内敛浑厚。中国古代八大制金工艺"鎏金、花丝镶嵌、锤鍱、金银错、掐丝、炸珠、錾花、累丝"在古法金中均有呈现。古法金饰品古朴厚重，例如，普通手镯一只10~25克，古法金一只40~60克。造型与花纹模仿古代的金饰，古韵盎然。

图2-8　门神花纹玉璧造型古法金，重40.24克

古法金近年悄然兴起，2019年后大热，市场畅旺。古法金之所以畅销，有几个方面的原因。第一，创新的工艺。古法金的工艺克服了目前流行金饰的弱点，它厚重不变形、不变色，饰品佩戴耐久而花纹形状不会改变，颜色不会改变。甚至可以盘玩，越盘玩光泽越靓丽，越有韵味。第二，古法金注入文化元素。由于厚重，在金饰的造型花纹上，引入古董、玉雕的文化元素，故事性强。造型可以是古玉的造型，以及各种有文化故事的造型图案。例如，古玉璧造型，上饰门神图案是良渚文化古玉的神人纹（饕餮纹），边缘饰以卷云纹、云雷纹，整件金饰犹如汉代玉璧，古色古香。在古代，只有豪门望族、富贵人家的高门大院才有高高的大门，大门上饰有守门神，守护一家平安，锁住一家财富。中间的圆环，如大门的门环，是开阖门的把手，寓意握住了富贵庭院的门手，能进入富贵之门。各种宗教题材、历史典故、人物、花卉、山川景色、亭台楼阁均能刻画表现，通过这些造型、花纹图案，展现各种故事，表达情感，打动消费者。第三，与文化潮流中逆方向的支流（也称亚文化）相契合。在流行花俏轻金、精制轻巧这种主消费潮流中，它的反方向必定是厚重古朴。反方向的消费文化也是不可忽视的消费支流，古法金呼应了这一支流，迅速在市场上风行。第四，与社会文化共鸣。古法金是传统金制作手工艺的再现，是地道的传统文化，有利于弘扬工匠精神，传承优秀传统文化。第五，

图2-9　古法金手镯，重61克

商家大力推广以及销售人员的积极推销。有大牌珠宝公司对古法金市场进行积极推广，引导消费人群。在珠宝店中，因为古法金的单件价格远超其他金饰，能为销售人员带来较高的业绩，他们推销的积极性较高。同时，古法金因为有故事，也使营业员容易推销成功。

古法金的销售也是一门艺术，除了营业员要懂得讲故事之外，营销环境的配合也有助于销售。既然是古代宫廷富贵人家的生活方式，就要营造出这种场景氛围。在柜台、橱窗设计中，通常可布置古代大户人家的案几、屏风造型、青花瓷瓶插花、古玩摆设，嵌入传统中国窗花、剪纸的元素，再现富贵人家的生活情趣。在首饰的包装上，要配合古代意境，首饰盒要做到古色古香，比如用绸锦缎制作如香囊的布袋，避免用现代的弹簧盒子，而要用上下嵌盒。总之，古法金突出传统的古代金饰概念，销售环境、配套包装盒也应与此相协调。

4. 彩金

彩金是在金饰品的表面上形成赤、橙、黄、绿、青、蓝、紫等多种颜色的晕彩，如同彩虹色。彩金的制作工艺是在金饰表面贴上薄膜，然后用专用工具刀刮拭，类似人体文身的过程。当光照射到经刮拭的表面，白光线发生衍射，形成如彩虹般的七色光，彩色的表面增加金饰品的五彩缤纷。

此外，还有珐琅、推砂、钉砂、飘砂、拉丝等各种新工艺。这些新工艺为金饰品增加附加价值，满足消费者的需求。

图 2-10　彩金，重 7.11 克

图 2-11　彩金，重 2.70 克
（图 2-3~图 2-11 为金久缘提供）

5. 5G硬金

自进入2019年，在黄金生产基地深圳水贝，黄金生产厂家谈论最多的是5G硬黄金。对于什么是5G硬黄金，不同人给出的答案不同。不过，大家共同承认的是更硬、更新工艺的千足金，可以替代18K金镶嵌宝石。有人说"5G硬黄金"是5个"Good"的金，即1G：纯度999‰，成色好；2G：韧性良好；3G：永不褪色，颜色好；4G：重量轻，硬度高，硬度好；5G：工艺先进，款式时尚，工艺好。总之，5G黄金既然大家都说不清楚，又没有具体的技术指标，说明它并不是一种新产品，更多是一个营销的概念。用5G的名称给人以最新黄金制作工艺的概念，是未来黄金首饰的发展趋势。把黄金工艺用电信行业中的术语5G来表述，人们会联想到是最新的工艺，是更新换代的产品，提高人们的价值感，是非常有创意的营销。

（五）金与玉石的结合

金与宝玉石的结合主要是镶嵌成首饰，通常有7K、12K、14K、18K、22K成色的金料作镶嵌托材。这是珠宝首饰普遍的制作方式。

金与玉石都是名贵的材料。"金""玉"是高大上的名字，在人们心目中与高档名贵连在一起。红楼梦中有"金石之盟""金玉良缘"。金与玉结合在中国人的心目中是高档的珠宝。在玉雕中的金银错工艺还是非物质文化遗产，是中国特有的手工艺制作遗产。和田玉玉雕中的错金工艺世界知名。这些独特的手工艺能为玉雕制品带来不小的附加价值。

七八年前市场上流行一种"金镶玉"的珠宝饰品，是用普通的低档翡翠或和田玉，镶上（贴上）很薄很薄的一层金箔，组合成"金镶玉"饰品。这种"金镶玉"饰品一经推出，非常畅销。销售的渠道主要是电视购物、旅游商场、超市以及一些低档的珠宝商场。

金镶玉的成本来自金、玉、加工工费。金以金箔形式粘贴于玉件上，重量在0.1克以下，成本也就20元甚至不足10元。玉件用低档的玉石材料，利用机器雕刻成佛公、观音、花草人物图案，成本低廉，通常也就几十元。"镶"则采取金箔压出图案造型后，用胶水粘贴于玉器上。工艺简单，加工费用不高。虽然这种加工手法能否称为"镶（嵌）"值得商榷，但不管如何，外观看起来像镶嵌工艺。一件货品的成本不足百元，可零售几百元或几千元，利润非常可观。

在几年前市场火爆的时候，有几百家工厂（作坊）在加工制作金镶玉，

图 2-12　西方品牌紫水晶首饰

有些公司专门生产批发金镶玉产品，规模较大的工厂有几百名工人，月产货品几万件。据不完全统计，仅华林批发市场年批发量就有400万~500万件，说明该产品非常受欢迎。市场热销的原因是批发价低，零售价高，零售商有着丰厚的利润，有动力推销该商品。

产品是低成本的货品，却有高贵的名称，给消费者以高档有价值的珠宝首饰印象，这不能不说是金镶玉营销的过人之处。有哪些过人之处呢？第一，有高大上的货品名称——"金镶玉"。第二，货品是美的装饰品，是外观很美、有档次的货品。第三，像金镶玉佛、观音、平安扣、桶珠、如意等，带有宗教文化的元素，迎合了中国人祈福保平安的文化心理。第四，货品成本低。我们知道消费者购买的价值=满足需求/价格，价格越低，在消费者的心目中价值越大，就越有购买欲望。这些就是金镶玉热销的原因。

金镶玉市场的畅旺说明中国珠宝商的聪明。金镶玉市场的衰落反映出中国珠宝市场消费者过分注重材料的价值，属于理性消费，强调"物有所值"，关注"功能效益"，也即产品有什么功能、有什么效益要卖这个价格。这与喜欢就是价值的感性消费相矛盾。实际上，珠宝玉石是无价的，仅凭材料成本认定它应该的售价这种观点是有失偏颇的。在西方的市场上，一两百元成本的低档宝石紫水晶饰品售价几千元，施华洛世奇的一件玻璃饰品还卖几千几万元呢，也没听说有什么不合理的地方。

金镶玉的成本低，但零售价高，受到许多人诟病。但从另一角度看，正说明金镶玉货品打动了消费者，阐发了金与低档和田玉、翡翠结合的价值。

图 2-13　金镶玉

二、消费者的需求及市场定位

消费者为什么购买珠宝，珠宝对于他们有什么价值？了解这些才能有针对性地生产珠宝首饰产品，做好营销，满足消费者的需求。

（一）消费者的需求

珠宝是一类特殊的产品，是蕴含文化艺术的装饰品，价值较高。消费者购买珠宝，其需求大体上分为：情感传递、馈赠、纪念、信仰、祈福保平安、彰显地位、保值增值、装饰、收藏、传世，等等。

1. 情感传递

情感传递的范围很广，最主要是爱的传递，婚嫁市场对珠宝馈赠的需求非常大。《2017年黄金珠宝行业深度分析报告》称，中国婚嫁市场钻石饰品份额占50%以上（见图2-14）。美国珠宝市场中，年轻人的珠宝消费，婚嫁市场销售额占50%（见图2-15）。有的珠宝公司以婚戒为主打产品。根据草根问卷调查，购买珠宝的主要原因是婚嫁需求（见图2-16），有关中国消费者珠宝消费行为驱动因素（见图2-17）的研究也得出了相同的结论。购买婚戒的习俗自古有之。据传，15世纪时，奥地利国王马克西米连一世为法国玛丽公主的美貌所倾倒，后来送了一枚钻戒给她，她才答应了婚事。马克西米连一世将一枚钻戒戴在玛丽公主手上，自此开了订婚、结婚送钻戒的先河，结婚新人之间互赠钻戒成为结婚仪式的一部分。钻戒成为爱的誓约、感情的信物。除了求婚、订婚、结婚钻戒，情人之间为表爱意，夫妇之间为表达爱也互赠钻石饰品。结婚送钻戒的文化经戴比尔斯、卡地亚、蒂芙尼等有影响力的国际大品牌宣传引导，以及明星、富人示范，使订婚、结婚送钻戒成为

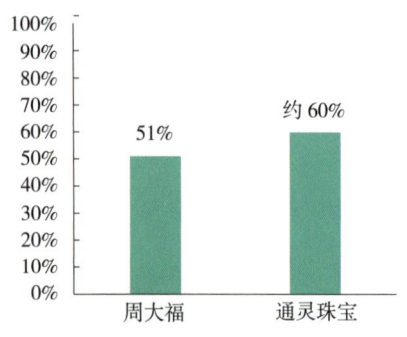

图 2-14　中国钻石饰品消费需求中婚嫁占 50% 以上
资料来源：《2017 年黄金珠宝行业深度分析报告》
注：其中周大福按产品系列统计，通灵珠宝按消费者反馈调研统计

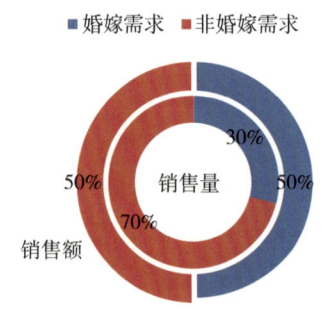

图 2-15　美国 18～34 岁人群钻石饰品需求结构拆分
资料来源：《2017 年黄金珠宝行业深度分析报告》

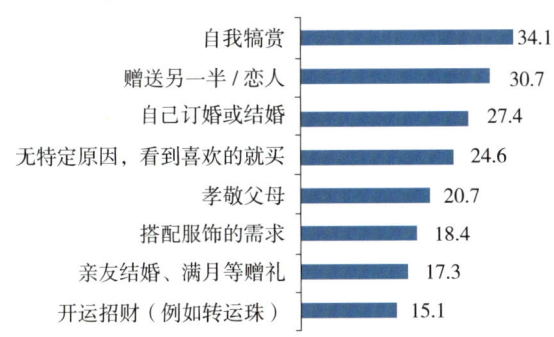

图 2-16 购买珠宝首饰的主要原因（%）
资料来源：草根问卷调查，长城证券研究所

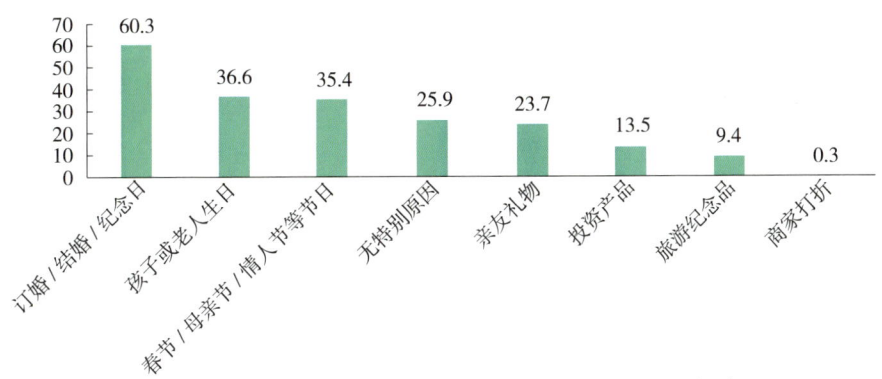

图 2-17 中国消费者珠宝消费行为驱动因素（%）
资料来源：2013年中国黄金珠宝行业消费者研究，中信证券研究所

一种习俗。

结婚送钻戒赋予了钻石文化情感，并成为习俗，所以市场很大。钻石的纯洁、高硬度的耐久与爱情的恒久被联系在一起。在具体的钻石切割工艺中如"八心八箭""十箭一心""一心一爱"等光学图像被赋予了情感的文化内涵，打动了消费者的心，激发了消费者购买的欲望。有的款式以设计中带有心形造型、丘比特箭的造型，把"爱""忠贞"等文化概念具象化，通过造型、图像、光影、文字等方式来表达爱的情感。

结婚钻饰不仅限于戒指，各种钻石首饰如手链、吊坠、吊牌、耳环等都是情感传递的饰物。钻石较彩色宝石、翡翠等，其价格较容易估算，也就是有一定评价标准及市场交易价，作为情感传递物，容易使消费者了解钻饰的价值。

2. 馈赠

在人际交往中，少不了互相馈赠礼物，这是一种文化习俗。中国的馈赠习俗较现实，往往讲求实用与价值。不同时期"实用"的含义不同。在20世纪六七十年代，人们来往馈赠最受欢迎的是食物，因那是一个食品匮乏的年代，食物之于人们是十分珍贵的。20世纪80年代后，人们馈赠的多是与金钱相关的物品。在人际交往中，馈赠礼品被视为是一种礼貌的行为，是对朋友亲戚的尊重。人们习惯称之为"手信"，随手携带的礼物，古代称"贽"。

珠宝玉石体积小价值高，适于人们往来馈赠。

3. 纪念

人有各种重要的日子、重要的场合，有关于自己的、家庭的、亲戚朋友的、团体的、国家的。总之有些时间和事件是需要记住和追忆的，是有意义的。通过珠宝玉石纪念这一重要时刻，从中体会到幸福，或者希望这些珠宝玉石与自己的重要日子相结合，带给自己幸运和平安。

结婚周年纪念、公司店庆、自己及亲友的生日，以及春节、情人节、母亲节等各种重要的日子，珠宝玉石作为记录时光的载体，传递着美好的寓意。

Pandora正是抓住了每个人都有值得纪念的日子与事情这一点，用一颗珠子记录一件事，把生命中有意义的节点连成一串。女孩子到世界各地旅行，喜欢每到一个地方，用一颗珠子记录自己的足迹，一边旅行一边在朋友圈晒图打卡。款式多样的珠子有不同的记事功能，由佩戴者选择并组合成独一无二的珠串，满足消费者"不撞款，有个性"的要求。这种特殊的纪念重要日子、事件的方式，彰显个性的珠串，一经推出，即风靡全世界。

4. 信仰需求

信仰是人的精神寄托，每个人的信仰不同。最普遍的信仰是宗教信仰，信仰的力量是无穷的。珠宝玉石通过特别的工艺，传达人们的信仰。在中国，佛教流行，玉雕的弥勒佛、观音、释迦牟尼饰品占玉雕件的半壁江山，就是消费者以具体形式表达崇拜佛祖的信仰，通过玉雕的观音、佛雕像，礼拜佛祖，祈求佛祖保佑赐福。平洲合喜公司在2018年9月份曾售卖一件紫罗兰的手玩件佛，以280万元成交。按照这样的质量大小，市场批发价不值这个金额，购买者刚好看中了这件货品，请回家礼佛，用的是虔诚的"请"而不是"买"，没有讲价就把佛请回家。

在四会有名的艺心玉雕厂，2005年曾接到某房地产老板下的订单，订购"马上封侯"摆件。这本是常见的题材，但订购者对尺寸大小要求严格，造型也有特别规定，要按照他提供的图纸雕刻，马身上的猴要求是紫色的，以求紫气东来的蕴意。既然要求苛刻，玉雕厂也就要价较高，达到普通此类货品价格的3倍。

中国的玉器市场在很大程度上是一种宗教信仰的消费市场。在广州荔湾的华林市场，五楼的商场就定位为宗教用品专业批发市场，可见珠宝的宗教用品市场之大。挖掘到人们的信仰需求，把珠宝玉石与宗教信仰联系在一起，就开发了珠宝玉石这方面的市场。

5. 祈福保平安

幸福对于不同的人有不同的理解，但追求幸福之心则是相同的。人都有祈求幸福之心，平安是幸福的具体体现。人的幸福来自精神和物质两方面，有时精神更为重要。珠宝玉石若能带给人以心理安慰和满足，人们就会购买。像各种玉珠、琥珀做成的佛珠，在念经祈祷时捻动珠子或者佩戴时带给人安慰，这些产品就是人们在一定场合所需要的。人们佩戴珠宝时，普遍会有运用好的联想来祈福的心理。珠子被称为"路路通"，人们佩戴由玉石或金制作的桶珠，会联想到生活中"路路通"，各方面都畅通无阻，学习、工作样样顺利，这是人们追求的生存状态。货品被赋予了文化内涵，就有了生命力。

祈福保平安的心理需求表现形式是辟邪、家居风水、五行相生相克。传统习俗认为，之所以出现凶、灾，是"邪""煞"在作祟。挡去或避开了"邪气""煞气"，就没有"凶""灾"，会迎来吉祥。珠宝玉器基本上承载了这一理念。若在具体的造型工艺上能鲜明地突出这一点，文化含义越受认可，市场就越大。以玉雕的金刚杵、法螺为例，金刚杵也称降魔杵，原为古代印度的武器，由于质地坚固，能击破各种物质，故称金刚杵。在佛教中，金刚杵象征着所向无敌、无坚不摧的智慧和真如佛性，它可以斩断烦恼、摧毁恶魔，是佛教尊者的法器。对于信佛人士，金刚杵代表法力无边的宝

图 2-18　翡翠镶金金刚杵

图 2-19　翡翠法螺

器。佩戴金刚杵，能消除各种"邪气""煞气"，保佑自己平安。

西方的基督教没有金刚杵的文化，所以不能打动信仰基督教的人。大家都知道玉器在西方并不流行，其症结就在于西方不流行玉器文化。中国近年情人节、圣诞节的文化流行，在节日中购买玫瑰花、钻戒送情人，与情人共度欢乐的节日时光，表现出西方文化的渗透。若要玉器在西方世界中畅销，首先要传播玉器文化。

6. 彰显地位

皇室用珠宝是为了彰显其权力地位。珠宝是神奇和难得的宝物，谁的力量大谁才能拥有它。中国自古就有"普天之下，莫非王土；率土之滨，莫非王臣"的说法。天下万物都是属于皇帝的，这些奇珍异宝当然也是皇帝的。世界其他国家也如此，概莫能外。古代缅甸国王就规定10克拉以上的红宝石被列为国宝，任何人不得私自出售。最为名贵的珠宝被皇室所搜罗。现代的社会，这些名贵的珠宝成为皇室、巨贾、明星的囊中之物。富贵人士钟爱珠宝，珠宝成为身价地位的象征。珠宝的价值高，与名车豪宅一样，代表着财富。一个人佩戴1克拉的钻戒，大家知道市值是10万元，她（他）是想要告知朋友，她（他）买得起10万元的钻戒，她（他）有购买力。在社会活动圈中，她（他）有这样的消费能力，就有与这消费力相匹配的财力。有一定的财力地位的人在同一阶层中就交流畅通，生活及业务往来顺利。现代社会的人际交往，以形成各类朋友圈为特征。比如收入低的工薪阶层，欲跻身于富豪阶层，而在高尔夫球场的花销不一定经受得起，那么没能进入富豪们的消费场所就没法交际，没法交际就难以成为圈中人。

珠宝具有稀少、高价值、独特性、艺术性等特征，属于富裕阶层的生活方式。拥有珠宝的尊崇感来自于他人的看法，就像一群小孩想要一个玩具，而只有一个小孩有这个玩具，这个玩具是这群小孩羡慕的物品，拥有这玩具的小孩就有了尊崇感。珠宝加上品牌的标识符号，只有富裕的少数人能享用，如同名牌手表、服饰一样彰显了拥有者的身份地位，这个身份地位来自于其他人的看法。品牌商能够把珠宝首饰打造成彰显地位的奢侈品，受人追捧，珠宝就能售高价。

7. 保值增值

珠宝体积小价值大，携带方便。犹太人把珠宝作为移动的资产藏于身上，到世界各地漂泊谋生。珠宝的稀少特性使之具有保值增值的功能，一些人把金钱换成珠宝，是一种储存财富并希望财富增值的做法。许多人购买珠宝时买涨不买跌，当珠宝上涨时，人们担心以后购买会更贵，此刻购买有价值，以后能赚到钱，诱发了购买的欲望。比如2000年初，钻石、翡翠等开始涨价，激发了购买热潮。反之，若珠宝品种跌价，人们则对价格的再下跌有预期，持观望等待的态度。例如，近年无色冰种翡翠价格下跌明显，不仅没能促进市场的销售，反而导致市场萧条，销量锐减。品牌商深谙此道，他们的产品通常只有升价而不会降价，降价被认为是对购买者的一种背叛，使消费者失去信心。珠宝也是如此，打造珠宝的保值增值功能，能够有力促进销售。

8. 装饰

装饰是珠宝首饰最为主要的功能。马丁·林斯特龙（Martin Lindstrom）在《买》一书中说，一件商品你看的次数越多，就会越喜欢它。这就是经典款式经久不衰的原因。另外一个现象是，人们还有模仿的行为。明星时尚潮流人士的穿戴，时尚杂志上那些魅力四射的模特佩戴的珠宝，人们也想效仿。品牌在推广设计款式时，总喜欢让模特佩戴做形象代言。如果推广成功，往往模特所佩戴的款式在一段时间内流行，成为时尚饰品，人们会认为该款式是最美的，受到更多人的追捧。但是，时尚的美是有时效的，流行一段时间后会过期。而经典的美则是长久的。

作为装饰品的美，首先来自于宝玉石品质、首饰材料、设计款式、文化艺术内涵以及加工工艺水平，同时也受其他很多因素，如地域文化、文化潮流、人们的审美情趣以及服饰的流行变化等影响。应该明确的是，"美"是以消费者评价为标准的，消费者认为首饰美，喜欢购买，那才是真的美。珠宝商自己认为的美，不一定为消费者所认可。

9. 收藏

收藏是一种普遍现象，收藏珠宝也是常见的消费需求。人们为什么要收藏？马丁·林斯特龙说，收藏带来一种"征服、成就和控制"的感觉。珠宝收藏带给收藏者"欣赏、知识、财富、名望"。以收藏为目的购买珠宝是一种消费行为，许多珠宝商本身也是收藏爱好者。在开发满足收藏人士的购买需求时，要了解他们的需求，推出能满足需求的货品。收藏珠宝很重要的一个因素是对珠宝升值潜力的预期。所以，要把握珠宝品种流行趋势、价格的走向，做市场引导、领先者，立于潮头。珠宝商能为收藏人士提供货品，自然销路好。收藏类的货品是稀少、独特、有文化艺术品位的精品，未来具有升值的潜力。

10. 传世

希望珠宝能留传给后世子孙，这种消费带有纪念的性质。留给后代子孙以纪念，也有留传财富、传承家庭文化的意义。中国人家庭观念很强，将珠宝玉石作为传世之宝，也是人们购买的目的之一。研究传世需求的珠宝特点，阐发其价值就能开拓传世珠宝市场。

当然，消费者对珠宝的需求远不止以上这些。随着时代的发展变化，消费者的需求也会发生变化。另外，珠宝文化的宣传推广，也会创造消费者的需求，形成消费市场。

（二）市场细分

有需求就有市场，珠宝商根据需求设立品牌，占领市场。但珠宝市场那么大，消费者的需求那么多，没有任何一个品牌能满足所有的需求，也没有一家、几家能占领整个市场。品牌要有竞争力，只能通过细分市场，找准市场定位，占领某个细分的市场。

珠宝市场可根据地域文化背景、居民收入状况、人口特征、消费者需求等进行细分。

1. 地域文化背景

中国地域广阔，文化背景、消费理念存在差异。例如，北京、苏州、扬州、上海一带文化底蕴深厚，对玉文化有深刻的认识，所以和田玉、翡翠的玉雕作品能广泛被人们欣赏，这些货品较有市场。新疆是产和田玉的地方，和田玉有着7000年的历史，当地的人们有开采、加工、交易、佩戴、摆设、玩赏和田玉的历史传统，有和田玉文化的积淀，和田玉产业在新疆繁荣，人们的需求大，市场活跃。广东地处沿海，濒临港澳，开放包容，一些新产品受众较多。一般而言，大城市通常文化发达，对钻石、彩宝这些外国消费文化较易接受，小城镇则滞后一些。随着信息的传播越来越迅速，地域之间的差异也越来越小。

城市大小、文化背景、居民收入水平有差异，则消费水平不同。例如，高档的翡翠玉石及红蓝宝石在一些城市能销售，在一些城市则难以销售。珠宝商通过分析以上各种因素，把消费市场定为一线城市、二线城市和三线城市三种类型。不同类型的销售市场有不同的营销策略，包括货品配置、宣传推广等均采取差异化政策。

2. 居民收入状况

居民的收入状况影响着消费的档次。近30年中国珠宝市场蓬勃发展，人们购买力越来越强，折射出经济的发展，居民的收入越来越高。所以人们说，奢侈品是经济发展的温度计。居民的收入、层次不同，消费珠宝的档次也不同。珠宝品种众多，价格差异悬殊，价格的构成各不相同。越是名牌的商品，其品牌附加值越高。国际大牌卡地亚、蒂芙尼、施华洛世奇等进入中国，选择经济发达的大城市，在这些城市中选择消费档次高、消费力强的商场设店，如选择广州的丽柏广场、友谊商场、太古汇广场，深圳的万象城等。

居民收入水平不同，可以细分出不同的珠宝市场，珠宝商可针对不同消费对象进行针对性营销。

3. 人口特征

根据人口的特征，划分不同的群体，也是细分市场的需要。根据性别分为男性、女性；根据年龄分为少年、青年、中年、老年；根据受教育程度，分为中小学生、大学生、研究生等。在中国不同年龄层的消费者经历不同，成长环境、家庭背景不同，消费理念有别。许多品牌针对80后、90后这两大消费群体，一是这两大群体生长于改革开放后逐渐富裕起来的家庭，经济负担小，多为独生子女，懂享受敢消费。当然，这一群体也会逐渐变老。随着工作职位的升迁，个人地位提升，收入也会越来越高，消费力越来越强。抓住这两大群体以及更年轻的新生代就是抓住了未来商机。

4. 消费者需求

根据消费者需求细分市场，确立主要销售对象。例如，传统讲究"价值""实在"的黄金消费市场，拥有中国珠宝市场最大的消费群体，也是最多品牌抢占的市场。婚戒市场，以订婚、结婚、情侣赠送、结婚纪念等情感传递为需求的市场，这是钻石消费的主要市场。据相关资料，在中国有近1000亿元的规模（见图2-20），美国的钻石市场有410亿美元的规模（见图

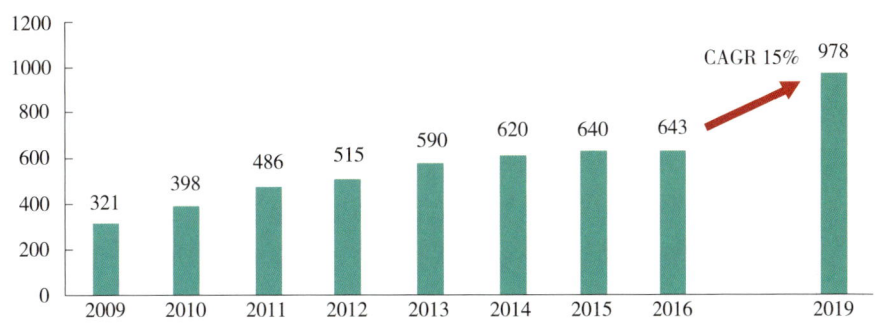

资料来源：De Beers，Bain & Company，中信证券研究部

图2-20 婚嫁与时尚需求驱动钻石市场CAGR15%+（单位：亿元）（中国钻石市场规模）

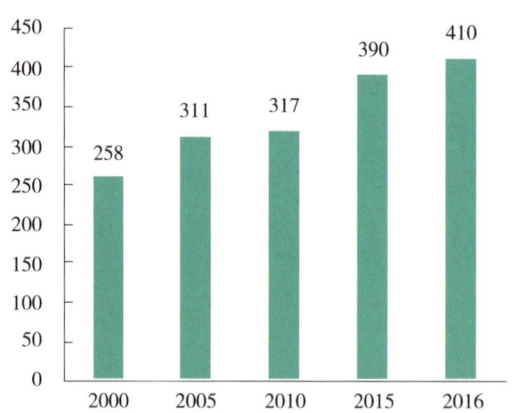

资料来源：De Beers，Bain & Company，中信证券研究部

图 2-21 美国钻石行业市场规模变化（亿美元）
（图 2-20~图 2-21 资料引自：《2017 年黄金珠宝行业深度分析报告》）

2-21），相比之下中国的钻石市场还有很大的发展空间。随着钻石文化在中国传播的深入，钻石被赋予情感传递功能，且钻石大小质量有标准，是规格化的珠宝，货源充足，这在珠宝玉石品种中是独一无二的，有利于珠宝店货品的快速复制，适宜于品牌连锁经营。许多珠宝品牌定位在婚嫁市场，以钻石为主打产品，实行连锁规模经营，像钻石世家、金伯利钻石、诗普琳、I Do、钻石小鸟等。以中华玉文化传统为消费市场定位的，有以经营翡翠玉器为主的七彩云南、昭仪翠屋、粤豪珠宝、东方金钰，有以经营和田玉为主的合和玉器等品牌。

不同的消费群体也有交叉，一个人可能需要购买高档的奢侈品，也可能会购买普通的装饰品；既可能购买黄金，也会买钻石、翡翠；既自己佩戴，也会买些礼品送人。总之，市场细分很难有清晰的界线。通常品牌定位于主要的细分市场，也兼顾其他需求。目前极少品牌经营清一色的产品，通常有主打产品，也兼顾其他货品。原本以时尚年轻人为目标消费群体的潮宏基、谢瑞麟品牌主打产品为K金、钻饰，不涉足足金饰品，后来增加黄金饰品以及各种宝玉石产品，成为综合的珠宝品牌。增加黄金饰品可提高销售额，增大现金流。这使得许多原本有鲜明特色的品牌，随后逐渐走向综合化、同质化。

许多地方小品牌，其目标是做连锁大品牌之间的补缺市场，在这些品牌之间的夹缝里求生存，提供差异化的产品与服务，有玉器店、珍珠店、地域性的珠宝金店、针对私人定制的会所式营销、礼品店，等等。

（三）定位及营销战略

近年笔者参加各种会议论坛，听到珠宝大咖们谈得最多的是"定位"。"定位"是1969年由杰克·特劳特（Jack Trout）首次提出的，被誉为"第三次生产力革命"。20世纪六七十年代，科学技术及生产力飞速发展，产品供过于求，而且新产品被模仿的时间越来越短，市场上出现一种畅销的新产品，用不了多久就有类似的产品出现。特劳特引述哈佛大学心理学博士米勒的研究，认为顾客心智中最多也只能为每个品类留下七个品牌的空间。而特劳特进一步发现，随着竞争的加剧，最终连七个品牌也容纳不下，只能给两个品牌留下心智空间，这就是定位理论中著名的"二元法则"。总而言之，"定位"是一种营销理论，让你的品牌在消费者心中留下深刻的印象，在细分品类中数一数二，如此品牌才有竞争优势。

珠宝首饰产品不是高科技产品，同质化非常严重，消费者购买谁家的产品，就看消费者的利益诉求，就看这一需求的品类产品品牌在他（她）心智中有哪些，哪个品牌是数一数二的。同为黄金饰品，成色、工艺甚至款式几乎相同，周大福门庭若市，而许多品牌则门可罗雀，问题就在于人们购买黄金饰品时，主要的利益诉求点是金成色可靠，更纯更有价值。周大福"首创9999"的品牌故事深入人心。"周大福"就是金成色更纯更有保障货品的代名词，是金饰品的第一品牌，人们购买这一品类——黄金饰品，当然是认第一品牌的。当新郎新娘怀着喜悦的心情，准备选购结婚钻戒时，他们第一时间会想到钻石世家、诗普琳……他们就是以婚戒为特色，有铭刻"爱"的极慕之光、时光印记系列钻石。

零售品牌需要定位清晰，形象鲜明地印入消费者脑海中。生产、批发企业更应该做专做精做特色，为产业链提供专业服务。人们采购钻石、红蓝宝石时，只会到专业经营钻石、专业经营红蓝宝石的厂家，采购珍珠则来到专业批发珍珠的厂家。现代生产企业分工越来越细，目的在于做精做细，而且专业能提高生产效率。

定位首先要分析市场需求，细分市场，分析市场中的竞争状况，结合自己的专长，选择产品、销售渠道及相应的营销方式。

营销思路也就是战略的选择。国际大牌如卡地亚等进入中国，他们的战略是在一线大城市的高档广场布点，他们也没有遍地开花的计划。与此不同的是，周六福以"农村包围城市"的战略模式首先瞄准了二三线城市，这里的竞争没有一线城市那么激烈，先在这里站稳脚跟，再向一线城市渗透，同时升级换代。先取得市场份额及知名度，有了品牌知名度，再催生品牌升级。周六福董事长李伟柱先生算过一笔账，每天路过一个店面的人有一千多人，每天路过周六福3000多间店的人就将近500万！基于先取得知名度的营销思路，周六福给加盟商非常优惠的条件，让加盟商赚到钱，周六福赚品牌知名度。在李董事长正确的战略布局下，周六福发展迅速，目前已拥有3200家门店，规模在本土品牌中名列前茅，是近年发展最快的品牌之一。有了规模效应，适应市场的需求，周六福经历了三次品牌提升。现在已推出四代形象店，货品档次也有大的提升，品牌影响力加强，成为中国驰名品牌。周六福的成功，归因于正确的营销战略。

（四）品牌形象的建立

有了定位，品牌就需要建立自己的形象，开展品牌营销。

1. 建立形象

设计品牌形象。当看到粉蓝色的方形首饰盒子，上面绑有蝴蝶结，你会认为是什么，许多人会说是蒂芙尼首饰。粉蓝色是蒂芙尼的专用颜色，被注册为专利，注册号是1837，是蒂芙尼创始的年份。不仅颜色被蒂芙尼注册为专有色，系着白丝带的小盒子也被注册了。哥伦比亚大学商学院教授伯德·施密特（Bernd H.Schmitt）在《体验式营销》中写道，"不止一次有顾客在送礼物的时候，把其他品牌的东西放到蒂芙尼的盒子里，来提高礼物的档次"。据说网络上拍卖一个蒂芙尼的盒子大约40美元，盒子越大，价格越高，可见蒂芙尼的形象深入人心。

任何一间蒂芙尼店都被装修为这种介于蓝色和绿色之间的特别的颜色，一种鸭蛋青色，被蒂芙尼称为"勿忘我蓝"或者"知更鸟蓝"。柜台橱窗中放有知更鸟蛋状的装饰物，蛋壳裂开在其中藏有戒指。知更鸟是一种忠贞的鸟，在西方文化中有许多象征意义，它的蓝色常用来象征幸福。人人都希望遇到忠贞的伴侣，走向美满的婚姻，如同知更鸟般对爱情忠贞不渝。

店铺的装修、广告、包装、各种宣传资料等，树立鲜明的形象，赋予一定的文化含义，同时又有辨识度，这些是极为重要的品牌营销。形象的设计也代表品牌定位，像周生生新一代的淡黄绿色店面装修风格代表着时尚年轻，意味着周生生品牌的定位是时尚年轻一族的消费群体。

2. 货品设计

品牌定位后，建立了形象，货品也要符合目标市场的需求。诗普琳针对年轻时尚消费群的情感需求，主打婚戒市场。产品以代表纯洁爱情的钻石为主，挑选30~50分这一市场最流行的规格，颜色级别在G色以上，净度VVS，切工完美，确保每颗钻石的高品质，毕竟代表爱情的钻石必须纯净无瑕。诗普琳在挑选钻石方面，已到非常严苛的地步。在款式设计方面，由珠宝设计师根据爱的演化，设计出一系列美好时光印记的钻饰。爱的每个阶段、每份美好的时光，都有不同钻石系列印记着，留住这一段美好。设计师融入不同时光的故事，加工厂精工制作。这些系列钻戒有"悸动""拥爱""灵犀""爱慕""星愿""凝望""盛放""信仰""真爱之约"。每一款爱的信物，都是美好时光的守护者。钻饰有了情感故事，货品的设计符合品牌定位，打动了目标群体，使诗普琳成为同类品牌中的佼佼者。

3. 营销推广

有人说20世纪最大的营销骗局是钻石的营销，把一颗石头神话成爱的信仰，让许多人为之倾倒。一句"钻石恒久远，一颗永留传"（A diamond is forever）深入人心。这其实说明戴比尔斯钻石营销的巨大成功。成功的推广包含四个要素：内容、方式、资金、时间。

（1）内容：指带给消费者的产品价值点。广告学上有两大类传播方式，一是讲故事，把产品的情感带入故事中，通过故事表达产品的情感，被称为故事营销。二是用数据说明产品的功能效益。许多广告专业人士认为，故事营销的效果远大于说理（数据说明）的营销。许多知名品牌善于做故事营销。2018年圣诞节前，蒂芙尼在上海香港广场做营销推广，巨大的粉蓝色盒子状的机器人以经典的Tiffany Blue Box为蓝本，幻化成机器人，倾情呈现Tiffany节日的主人公——机器人CL-T（蒂芙尼创始人Charles Lewis Tiffany的缩写）。这年的圣诞节，以"The Holidays Made by Tiffany"为主题，并用CL-T机器人和小银孩诉说Tiffany & Co.独特的蓝色世界。不难从造型、颜色、符号看到Tiffany品牌形象。在这一故事推广中，机器人是现在最为热门的科技，必受到许多人的瞩目，从而自然关注机器人与小银孩在讲着蒂芙尼独特的蓝色世界的故事。机器人的故事已经令人向往，与小银孩的对话，更是创造了一个如梦如幻的艺术空间。故事在告诉你，只要追梦，一切皆有可能。Tiffany就是让你追求心中的梦，就是一个现代的美妙精彩生活的梦。

再来看看诗普琳品牌如何把品牌定位转化成故事进行推广的。在购物广场门口，在充满紫色花、气球和紫色可爱小熊的背景中，紫色的基座台阶上，代表时光年轮古铜色的一组圆圈组成了时光隧道，在不同的时光年轮上有着爱的记忆，爱的表白。穿越这一组年轮，感受不同阶段诗普琳爱的见证。这是诗普琳的时光博物馆，诠释爱的旅程，感悟生命是由爱的记忆组成的。品牌推广内容无不围绕着爱的故事，让人感知爱的甜蜜与温馨。

（2）方式：现在传播的媒体众多，传播的效果难以评估，选择传播媒体是一件令老板们难以抉择的事。杰克·特劳特引述美国广告联合会的调查，公关比广告更为重要，广告的影响力在下降。虽然还是有品牌在做电视广告，这些品牌几乎是全国性的品牌，公司实力雄厚，他们一般选择有全国影响力的中央电视台或个别收视率高的省台做广告。选择在哪个节目中间播放也经仔细研究。珠宝品牌多在选美、相亲、美容这一类节目中做广告。香港六福珠宝就连续18年成为香港小姐竞选赞助商。一般公司没有这么大的资金实力，就要选择花钱少又有效果的广告推广活动。选择人流量多的广场做活动和自媒体宣传是惯用做法，就如上述讲到诗普琳的时光博物馆活动，以及品牌巡展、开业、店庆、节日明星见面会等。自媒体的宣传推广则是利用公司自有的网站、微博、微信公众号、微信服务号等进行传播，效果也不可估量。香港六福珠宝每年三月份都会安排加盟商看货会，同时举办春茗，款待加盟商和四方好友，来的宾客有2000人左右。在会场的各个角落布置可供客人拍照的景点，当然不忘嵌入六福珠宝信息，让客人拍照并发朋友圈。假设每人上传一张照片到朋友圈，每人有1500个好友，六福珠宝的信息将传播到300万人！这还不包括朋友圈中转发微信的。有趣味、有价值、有生活气息

图2-22 诗普琳时光博物馆

的信息推广转发量大，传播影响力广泛。

（3）资金：品牌是靠资金和时间垒起的大厦。戴比尔斯就专设推广中心，推广钻石文化。2008年前，每年投入全世界的推广费高达1亿美元。营销推广是一种影响力，能够影响消费者的行为。亚当·费里尔（Adam Ferrier）在《如何让他买》一书中，引用道格·基莫西（Doug Gimesy）的观点，认为影响力有四个不同的层次：强迫、操控、说服、教育。按费里尔的说法，营销完全能够影响消费者的行为，甚至不仅仅是说服的层次，还达到了操控的层次，因为消费者的购买许多时候都不是基于理性的判断。

费里尔说："多数消费者仍然相信，广告影响不了他们——其实答案不但是完全可以影响，而且有时你根本不知道自己看到了广告，它都在对你发挥着作用！"广告投入的资金与营销的效果呈正相关关系。

（4）时间：时间是把杀猪刀，能把幼嫩的脸蛋刻出凹凹凸凸的皱纹。时间也是催熟剂，能把青涩的水果催成红彤彤的果实。品牌积淀越久，矿层沉积越厚。经得起风风雨雨的淘洗，剩下的就是金子。人们之所以信赖百年老店，因为百年老店经得起时间和无数消费者的考验。任何品牌都得经过时间的考验，时间越长，经得起考验的品牌其知名度越高，信誉度越高。

4. 销售模式

网络发达的信息时代，网上交易异军突起，改变了传统的实体店销售模式，对实体店造成极大的冲击，许多小品牌被网络销售冲垮。许多人提出实体店+互联网的营销模式，即"互联网+"，既做实体店销售，也开展网上销售，或者至少会用网络促销宣传，为实体店引来人流量。营销模式的改变，使珠宝企业面临着前所未有的变局。实体店、网络销售模式的存在，各有其道理。

传统实体店可以带给顾客体验。所谓体验，就是亲身佩戴，直接感受店的服务，与店方工作人员面对面交流。实体店的不足是要亲临现场，不像网上轻点屏幕就可完成交易。

而网上购物的不足是缺少体验感受。未能亲自接触实物，对货物的观感和评判来自图像，这与实地观察还是有差别的。有些不良商家正是利用图像的局限性做文章。例如，外观种色大小一样的翡翠首饰，网上销售的货品，可以在镶嵌工艺上做假，用薄的翡翠玉件进行镶嵌，在镶嵌托架上涂色，使翡翠的颜色更加艳丽，这在网上的消费者是很难发现的，即便网上购物有退货期，货到手上，没经验的消费者也难以察觉。消费者因这些原因而退货，甚至已发生多起官司。实体店的老板也可能采取此种欺诈手段，但为何较少出现这种情况呢？原因有多种。其一，店方若作假，消费者发现上当受骗，会找店方麻烦。其二，店中的货摆上柜台，见到的人多，总有识货人，会给店带来不良的声誉。为保住自己的名声，实体店一般不敢做这种欺人的勾当。其三，消费者在实体店购货，可以向旁人包括店员咨询货品的真实情况。

网络销售珠宝以源头市场、工厂直销、价格优惠为主打优势。网络直播作为新业态，创造了不少就业岗位。但凡事都有正反两个方面，网络接通了源头市场，致使大量的中间商，包括批发、部分零售兼批发的商家无利可图。这些依赖渠道及懂货谋生的人相比从前难以生存。网络销售改变了几千年所形成的商业业态，工厂及源头市场货品的流转以前靠的是中间商的分销，工厂给中间商留利润，中间商能从中获利，所以有动力推广推销产品。现在没了利润，也就失去了推动分销的动能。也正是如此，有些市场发生过抵制直播的事件。新商业模式的发展如何，还有待时间检验。

三、激发消费者的购买欲

激发消费者的购买欲，关键是找到消费者的需求，甚至是创造消费者的需求，进而满足他们的需求以开拓市场。

（一）提高珠宝的价值感

消费者购买珠宝，其中一条重要的需求是珠宝的价值。什么是珠宝的价值呢？相当部分人认为"价值"等同于"金钱"，就是说，我购入了珠宝，它能变现为现金，那就有相应的"价值"。可见，想办法构建变现渠道就能体现这一价值感。

黄金、铂金、银等贵金属饰品变现没有障碍，金属可以锻造再作为原料售卖，自古就有许多打金店在收购旧金。自从2002年国家放开黄金回收业务，可以自由买卖之后，许多金店、金工厂都开辟了旧金回收业务。旧金饰品的交易活跃，大大促进金饰品的销售，因为购买金饰品的人明白，随时可将金饰品变成现钱，也可以以旧金换新的金饰品。但是，宝石和玉石就没那么容易兑换成现金了。

1. 完善变现渠道

20世纪90年代之后，邮票的收藏兴盛一时，邮票收藏爱好者自发形成了二手交易市场，在广州的人民公园、海珠路均有交易市场，邮票收藏者、爱好者在此交易，常有从全国各地来此买卖的收藏家。二手交易市场的活跃，促进了一手市场的繁荣。一手收藏的邮票是由当时的邮电部发行的。马丁·林斯特龙在《买》一书中指出，大约30%的美国人有收藏的癖好，并且这个数字还在增长，这大都归结于网络所创造的次级市场（二手市场）。他说，1995年eBay成立，同年，收藏业的销售收入达到了82亿美元。eBay拥有4900万用户，其中大部分为收藏爱好者。网络提供了次级市场交易的平台。总之，次级市场的活跃，交易变现渠道的畅通，促进新货市场的繁荣。

　　珠宝的变现难是人所尽知的事。之所以变现难是珠宝的价值不易评估，这是其弱点。但往往弱点之中藏有优势，困难之中隐含机会。国际两大最为知名的拍卖行苏富比（Sotheby's）与佳士得（Christie's）正是发现旧书籍、古币、瓷器、邮票、绘画、宝石、家具等各类物品无法定价，限制了人们的买卖。他们通过拍卖的方式，由购买者出价以定价格，购买者通过竞价获得购买权力，也就是把定价权交给购买方，由社会上有意购买的人出价。由于创造了拍卖的方式对难以定价（估价）的货品进行交易，这两家拍卖行成了全世界闻名的公司，对艺术品、珠宝市场的发展产生了巨大的影响。拍卖行从交易中获得丰厚的利润，也促进次级市场的活跃。实际上，著名的蒂芙尼公司也是从次级市场起家的。1837年创业之初，老板查尔斯·刘易斯·蒂芙尼（Charles Lewis Tiffany）从欧洲搜罗贵族的旧珠宝到美国售卖，赚得盆满钵满，蒂芙尼也从当初简陋的小商铺几经变迁，成为美国著名的高档珠宝商店——蒂芙尼珠宝首饰公司。

　　英国伦敦著名的邦德街南边街头，有一栋5层的褐红色砖楼，就是著名的grays古董及珠宝市场，几百年来一直售卖二手珠宝，尤其以二手名牌货为特色，吸引着全世界的人到此淘货。中国虽也有古董市场，但是失于管理，太多

图2-23　伦敦邦德街grays古董市场

假货，让人望而却步。

珠宝的变现渠道不是没有，而是少有人开发，同时也没有很好的监控与管理，使得变现渠道不畅，次级市场不活跃。建立二级市场的关键在于商家的诚信，市场的管理规范，使人们乐意到此交易。当然，中国人喜欢购买新货，不乐意购买旧货，尽管珠宝经翻新后与新货无异，人们也缺乏热情购买，这与中国人不戴别人戴过的首饰这种消费理念有关。

2. 设置旧货评价体系

著名的奢侈品品牌非常清楚，次级市场的活跃能促进一级市场的繁荣，他们纷纷制定旧货评价体系，按不同货品不同的损坏状况有不同的折旧，或者根据售出的年限进行折旧指引。当然，他们有时还高价回收某年某特制款。这些款极少，高价回收某年某收藏款的活动，无非给消费者造成一个假象，这一奢侈品品牌能升值，具有收藏投资潜力。他们的产品每年都会提价，这是提醒消费者，迟买不如早买，越早购买越能赚钱。像百达翡丽、江诗丹顿、伯爵、劳力士等世界名表就是如此。卡地亚、宝格丽这些珠宝品牌也常使用这种营销策略。这种策略带给消费者以价值感，增加消费者信心。

3. 国际奢侈品大牌回购自售名贵珠宝

著名的奢侈品品牌非常注重回购重要的古董珠宝，像卡地亚、宝格丽、梵克雅宝等早在20世纪80年代就设立有"传承典藏"回购部门。当然，他们回购的珠宝是有选择的，主要是皇室、名流、明星所定制购买的名贵珠宝，有历史、人文价值的珠宝。奢侈品品牌甚至跟踪这些名贵有古董价值珠宝的下落，通过各种渠道如公开拍卖会等回购这些珠宝。著名品牌回购名贵珠宝的目的主要是：①彰显他们的珠宝升值；②宣传制作工艺的精湛；③名人的珠宝本身就具有极大的营销推广作用；④进行展览宣传推广，将收集到的珠宝运往世界各地的店、博物馆做展览推广。卡地亚带着珠宝在巴黎小皇宫、纽约大都会博物馆、伦敦大英博物馆、北京故宫博物院等地展览，参观的人流以及媒体的报道，对品牌的推广有着极佳的效果。

4. 抵押、拍卖、典当的规范化与常态化

珠宝的价值高，有时消费者有意购买，但手头的现金不足，也会影响交易。有的珠宝公司与银行合作，推出分期付款业务，促进了消费。像通灵珠宝推出分期付款的消费模式，"先消费后付款"，提供这种服务能够刺激消费。

珠宝的抵押是价值体现的一种形式，为了抵押，首先得对珠宝的价值进行评估。我国从2004年开始，实施国家注册珠宝评估师资格考试，目的在于对珠宝价值评估人员的资质进行认证。培养珠宝评估人才，开展珠宝的评估工作，能够规范珠宝评估，体现珠宝的价值，盘活珠宝资产进行融资，从而促进珠宝的交易。

近几十年来，各种拍卖活动活跃，珠宝通过拍卖，实现套现。

典当也是珠宝套现的方式。小典当铺在澳门赌场附近星罗棋布，虽然典当的价格低，但也能够解赌徒燃眉之急。许多赌徒喜欢购珠宝，一方面是赌赢时，钱来得容易，花钱自然就大方，紧急时也能典当套现。有些赌徒还迷信珠宝有灵气，能给自己带来好运，他们钟情于珠宝。美国拉斯维加斯是世界著名的赌城，城中聚集了知名的珠宝品牌蒂芙尼等。在该城举办的珠宝展更是全球重要珠宝展之一。每年6月初在拉斯维加斯举办的JCK珠宝展是世界上规模最大、影响最广泛的珠宝盛会。典当行与赌城、珠宝密切相关。

（二）打动消费者

品牌营销把文化内涵融入其中，引起消费者共鸣，进而激发其购买欲。美国知名品牌Revlon化妆品进入中国，取了个非常有中国味的名称"露华浓"，出自耳熟能详的诗句"春风拂槛露华浓"，意思是美丽的牡丹花在晶莹的露水中显得更加娇艳，以此形容杨贵妃的妍丽姿容。女生见到露华浓化妆品，想到花染露水更娇丽，想到自己用上露华浓化妆品，也能像杨贵妃般靓丽，投入了情感，刺激了购买欲望。周大福的"双赢——鱼腾"足金摆件，鱼有化龙的形状，嵌入了鱼跃龙门的故事。中国古代神话传说中，黄河鲤鱼跳过龙门（黄河壶口的最窄处龙门，现称禹门口）就会变成龙，比喻事业成功或地位高升。这样的黄金摆件大方得体且价格不高，黄金又是贵重之物，寓意美好，非常适合作为贺礼赠送亲友、客户，传递着价值与美好祝愿。黄金摆件本身是摆设的工艺品，针对的市场主要是礼尚往来的消费，当购买者在思考如何为交际馈赠礼物时，这种摆件最能代表心意，勾起购买欲。摆件艺术造型理解为"年年有余"以祝贺生活富足，或贺人小孩升学也未尝不可。

（三）增加时尚感

1. 服饰文化的渗透

服装色调和款式是流行文化的主体，年轻人追求时尚，喜欢与潮流相融合。作为与服装搭配的珠宝首饰，也受其影响。2018年服装流行褐红色，红

图 2-24　旗袍搭配翡翠手镯

图 2-25　华丽礼服搭配晚装链—图片来源：奥斯卡官网

图 2-26　浅色毛衣衬托黑珍珠链

图 2-27　浅色毛衣衬托金黄色珍珠链

色系列的宝玉石畅销。2019年流行珊瑚色，橙红色类的宝石受关注。服装与首饰的搭配有协调性与衬托性两种风格。协调性表达的是一种和谐，没有突兀感，带给人一种平静和谐之美。简约的服装，搭配简单流畅的首饰，给人以清新的格调。旗袍作为传统中式的服装，配以传统的黄金饰品，或玉手镯，或珍珠，显得典雅而具有东方女性的含蓄温婉。简约的便装适宜搭配简单线条的珠宝首饰。华丽繁复的晚装搭配奢华艳丽的贵重珠宝首饰，凸显雍容华贵，也表达一种庄重的仪式感。

衬托性则是指用服装的色调、款式突出珠宝的艳丽与璀璨，服装与珠宝风格反差大。例如，浅色调的服装搭配黑色、金色的珍珠；素色服装搭配颜色反差大的彩宝；钻石首饰是白色的，与任何颜色的服装均能相衬，这也是钻饰使用广泛的原因所在。

每年佳士得香港拍卖会，很长一段时期都是关之琳做模特。关之琳的服装非常考究，既与华贵的珠宝特点相协调，又凸显珠宝的艳丽。2018年秋拍，一条21粒共重109.08克拉的印度克什米尔蓝宝石，当中硕大主石更重达10.56克拉，成交价1.015亿港元。如此奢华浓艳的蓝宝石项链，关之琳以深紫蓝色的简约背心装出镜，颈项中的紫蓝色蓝宝石艳光四射。深紫蓝色的服色与蓝宝石的色彩相谐和。简约的背心装又凸显蓝宝石项链的奢华。在模特形象、知名度、服装与珠宝的搭配上，融协调性于形象中，又衬托出珠宝的瑰丽。单一颜色素雅的服装不会抢夺宝石的色彩，又能衬托出彩色宝石的华彩，服装与珠宝互为映衬。

2. 影视文化的渗透

好莱坞大片《泰坦尼克号》剧中女主角露丝与杰克一见钟情坠入爱河，成为生死之恋。贵族女露丝抛弃世俗偏见，深深爱上画家杰克，在泰坦尼克号将要沉没的生命攸关时刻，杰克把生存的机会让给了露丝。具有贵族气质的露丝所佩戴的海洋之心宝石风靡一时，刮起了一股蓝色宝石的消费热潮，引起人们对心形宝石款式的追捧。像蓝宝石、坦桑石这些蓝色宝石，一时销售畅旺，价格飙升。影视文化传播迅速，年轻人有模仿追星之风，珠宝市场受影视文化影响明显。

3. 网络文化的渗入

网络文化影响我们生活的方方面面，从交流的词汇到生活方式无处不在显示着影响。每年的11月11日光棍节就是由网络巨头阿里巴巴公司引导的，已成为人们特别是年轻人拼购商品的节日。后来又有5月20日的抢购节。这些网络节日深深地影响着跟风潮的年青一代。周大福于2017年7月1日香港回归20周年、周大福走过88年历程的时候，推出"17916系列22K金饰"。"17916"寓意"一起走一路，有你陪伴，不畏人生路上的艰难与挑战"。"17916系列22K金饰"以简约、大气的几何形态，个性化单只耳线的设计等，打造年轻有态度、新而不贵的时尚。网络的主体是年轻人，他们易受网络潮流影响，网络聊天用数字、表情代替词语的交流方式既简单适应快节奏，又委婉能避免尴尬，所以非常流行。周大福及时抓住了这一流行网络文化特点，推出的系列饰品非常畅销。

4. 卡通文化

卡通影视、画册普遍受儿童喜爱，甚至许多大人也非常喜欢。之所以受

图 2-28　建行 2019 年麦兜金条

孩童喜欢是因为卡通人物有故事性，而且是一种纯真、轻松、风趣的故事。故事中不乏机智、善良和梦想，还有的是对过去、未来人类的思考，在童趣的故事中承载"纯真、乐观、自我、梦想"的理念。从迪士尼的卡通形象，到影视、画册的卡通人物，已成为几乎所有儿童生活的一部分。卡通形象像"Hello Kitty""米老鼠"等植入首饰中是目前流行的时尚潮流。时尚珠宝首饰的消费人群是年轻人，这些年轻人刚从儿童时代走来，卡通人物形象深深地植根于记忆中，勾起他们对美好童年生活的甜蜜回忆。卡通形象带给他们想追寻快乐的情感。

2019年是农历己亥猪年，中国建设银行推出猪年压岁金钞（金条），在金钞上印刻麦兜卡通形象。麦兜（Mcdull）是一只可爱的小猪，它是中国香港塑造的在全球知名的卡通动漫形象。麦兜的故事带给人单纯乐观却怀揣梦想的形象。希望—失望—希望—失望，在人生追求中屡屡失败，却屡屡尝试，它把生命过得自然轻松，像在做一件简单的事。麦兜凭借正直善良创造了美丽的世界，其形象深入人心。

1克的金条市场售价不足300元，中国建设银行的麦兜金钞（金条）售价418元，而且还非常热销。动漫卡通文化调动了人们的情感，对促进销售功不可没。

5. 广告推广促流行

品牌做广告，一是做形象营销，二是促销产品。成功的广告，给人留下深刻的印象，促发消费者的购买欲。例如，戴比尔斯钻石推广中心2002年推出"煽动系列"吊坠款式，模特佩戴该款钻饰优雅美丽，光彩照人。不少女性效仿模特，希望能与她一样有着迷人的魅力。按照马丁·林斯特龙的说法，一件商品你看的次数越多，就会越喜欢它。另外，模仿是购物的主要因素，当你看到街上很多人在佩戴某款饰品时，你也会想着拥有一样的货品。

许多品牌有其标志性的款式，像卡地亚的猎豹经典螺丝手镯，梵克雅宝的四叶草，蒂芙尼经典皇冠钻戒，国内诗普琳的天鹅吊坠等，作为具有辨识度的经典款，往往频繁出现于品牌宣传广告中，消费者熟悉了，就成为美的款式。

（四）增强互动性

在行为科学上，有一种被称为"归属感"的影响力因素。哈佛大学教授迈克尔·诺顿（Michael Norton）提出"宜家效应"（IKEA Effect），即当你参与创造了某件事物，它在你心中就会有价值。这属于归属感的行为影响力。潘多拉（PANDORA）就善用归属感的互动提升消费者对货品的价值感，从而促进购买欲。她的明星产品Moments手串由消费者自己挑选珠粒，自己搭配。无论是到向往已久的城市旅行，还是大学毕业，只要是让人难忘的事情，都可以用珠粒记录。这种消费者铭记重要时刻的方式，由于消费者的参与，提高了饰品的价值感，同时用不同珠粒铭记不同的重要时刻，似乎是自主创造，也与自己的感情紧密联系。潘多拉品牌由此获得世界各地女性消费者的喜爱。她每年不定期推出珠粒，使消费者在等待与追逐中产生对品牌的依赖与价值感，从而促进销售。

又如，邮票的生肖纪念版，集邮者由于希望能凑齐整套生肖，于是产生了不停地购买的欲望。儿童吃的爆米花中有玩具，每包爆米花随机放入一套小玩具中的一件，儿童为凑齐成套的玩具，喜欢不停地购买该品牌的爆米花。

（五）与流行文化密切关联

流行风尚就是流行的社会文化，社会文化影响价值观，影响人们的消费方式。

1. 传统文化的回归

随着中国人经济富裕，社会和谐安定，传统文化逐渐得以回归。抓住这一文化潮流，提供与文化潮流相适应的珠宝玉石，就能找到市场。2000年之后，人们非常重视清明节，每年清明节纷纷回乡祭祖，国家甚至把传统的清明节定为法定节假日。城乡各地重视婚礼，传统的迎娶、拜堂习俗又得以再现。还有丧礼的习俗，重视学习国学经典，重视过年的风俗……这些过去的老传统又重现于人们的生活中，与此相关的、代表传统文化如玉器、印章石工艺品等也必然与之呼应。所以这一时期和田玉、翡翠玉器畅销，寿山石工艺品流行。

2. 社会流行文化

自20世纪90年代之后，社会经济蓬勃发展，社会交往活跃。中国是人情社会，自古讲究礼尚往来，能够作为礼品的货品必然畅销。作为礼品既要显得大方得体，有时还要显眼，因为有些用途的礼品要让人记住，供亲朋观赏，还要有价值感。近年小罐茶的销售成功，其原因之一是把小罐茶打造成有一定价值感的礼品。有几百几千元不同的礼品装，这使收到礼品的人能够获知其价值多少。又如，玉器摆件有一定的大小，有中国人喜欢的好意头，又是名贵的玉雕工艺品，名贵而有价值，且价格高低齐全可供选择，正适合用作礼品。在玉器最为畅销的2003—2013年，在华林、四会有专营翡翠摆件的批发城。

3. 彰显成功的潮流文化

自改革开放搞活经济，市场经济催生人们自主创业、发家致富。新店开张、大厦落成、公司（厂）成立周年庆、新产品上市、项目签约或楼盘（厂房）奠基等，人们重视这些值得纪念的日子，由此衍生出各种纪念品市场。黄金白银加工制作的各类纪念品风靡一时，既有价值感，礼品又显得贵重。礼品纪念品上可镌字刻LOGO，可表达各种内容，贵金属还可锻制各种造型花纹图案。公司的各类活动也以金银制作各种纪念品馈赠宾客，彰显成功。

（六）做好升值文章

购买珠宝后若涨价，会给人以信心与安慰。若是货物跌价了，购买的人对货品就会失去信心。当然，像黄金这类有标准的货品，平常价格涨跌无常，临时的跌价对一些人来说是购入的时机，可以节省成本。但若进入熊市，人们也会对金饰失去信心，影响人们的投资购买欲望。

钻石毛坯寡头戴比尔斯深谙此道，总是千方百计控制市场，调节毛坯价格。当市场毛坯供过于求时，就减少供给量，甚至自己到比利时市场购入毛坯。毛坯短缺时，就增大供给量，如调节水龙头般平衡市场的供需关系，稳定市场。影响着市场的钻石报价系统Rapaport总体上也是逐步调高价格，给市场以信心。

做好升值文章一般从以下几方面着手。

1. 原料供应

宝玉石原料产地的政治经济环境如果恶劣，就会造成钻石等货品供应短缺、原料上涨。例如，十几年前，戴比尔斯推出金伯利认证计划，凡原钻坯的供应要实行金伯利认证，方可推向市场。针对非洲产钻石大国安哥拉和塞拉利昂、刚果等地的内战，各路军阀以钻石换取武器的不道德行为，提出钻石毛坯要经金伯利认证。军阀为抢夺钻石资源发生流血战争，为开采钻石强迫童工开矿，实行惨无人道的压榨，采矿条件极其恶劣，常有死人的事件发生。这些钻石是"滴血钻石"，钻石的拥有者是没有道德的。戴比尔斯呼吁珠宝商不要购买这些毛坯钻石，购买钻石要认准金伯利认证。戴比尔斯在2001年签订《金伯利进程协议》，呼吁世界不要购买战乱国的钻石，买他们的钻石只会让钻石的争夺更加惨烈。

电影《血钻》就描述过非洲某些内战国家军阀对钻石的掠夺。金伯利推出的认证带给人们几个信息，一是产钻大国发生内战，钻石的正常开采必受影响，毛坯供应量减少，涨价是情理之中的事；二是开采钻石不易，得到的一粒钻石可能是用生命换来的，可见钻石的珍贵；三是封杀军阀的钻石毛坯出售渠道，钻石还是牢牢掌控在戴比尔斯手里。缅甸作为翡翠的原产国，政局情况也是行家们所关心的。每有内战的消息，供应原料的行家们就涨价。

2. 产品的独特性、唯一性

虽然说每一件珠宝玉石都是独立的个体，都是唯一的，但相似的货品还是不少。营造珠宝首饰的稀缺性、唯一性是提升价值的有效途径之一。宝玉石的分级文化、建立特殊品种标准实质上就是划分一些高档精品，营造独特品种，以提升宝玉石的独特性及稀少性。

知名的奢侈品品牌深谙此道，产品产量是有严格控制的。爱马仕的前总裁帕特里克·托马斯甚至说过，当一个产品销路太好时，我们会马上停止出售。中国则是另一番景象，柜台及仓库摆满了货品，当顾客提出要多件货品以供挑选时，总是热情地捧上许多货品，让顾客左挑右选。大名牌通常不采取这种做法，而是一款首饰只提供一件货品，该货品是唯一的，没有挑选的余地。一个朋友到某韩国品牌店，看中一件银镶石榴石耳钉，提出有没有同款或类似款以供挑选时，店方的回答是"没有""我们每一款只做一件，这是唯一的"。后来店方说因为她是VIP客户，这件货品按贵宾客户的优惠价八折优先照顾她，还有许多顾客看中这件货品呢！一件银镶直径5毫米的石榴石耳钉，简单的爪镶款，实售价500多元！顾客还美滋滋地炫耀是唯一的款式，因为她是贵宾客户，才拥有该件首饰。对比该品牌，中国许多珠宝店以真材实料微利的价格销售，提供大量货品给顾客，还让顾客挑三拣四，把购买的主动权交到消费者手里，非常不利于销售和品牌建立。

图 2-29　单颗美钻钻戒

图 2-30　伴碎钻钻戒

3. 有关销售价格的艺术

我们都知道，奢侈品品牌是不会轻易降价的。市场变化复杂，货品有升就有跌，有时公司也许想降价促销以提高销售额，但降价促销实际上是饮鸩止渴。许多营销专家指出，降价吸引的主要是老客户来购买，降价对于未曾在你这里消费的人吸引力不大。一则他（她）未必喜爱你的品牌；二则他（她）也不知道是真优惠还是商业营销。降价促销后必出现销售的萎缩期，这是人尽皆知的事。降价促销实质上是一种萃取式的销售，让一些有意购买者提前消费。像一些货品推出一口价、提供赠品等都是降价销售的婉转形式。

货品的标价要尽可能让消费者不易对比，单颗大钻容易对比价格，所以许多品牌在钻石镶嵌中，配上碎钻，使消费者不易比较。总之，制定销售价格是一门艺术，目的是不让消费者有货品跌价的感觉。

4. 回购

在2005—2010年的钻石涨价期，许多公司推出钻石回购业务。有的甚至做广告，承诺几年后回购钻石，还可以付上同期银行的活期利息。推出此业务是基于当时钻石的涨价潮，更重要的是给消费者钻石保值增值的明确信息，以促进销售。当然，顾客既然购买了钻石，而且许多是与婚嫁有关的钻石，退货的毕竟是少数。公司推出回购业务，更多是起宣传作用。在翡翠、红蓝宝石、祖母绿的销售中，向消费者灌输最多的也是保值增值的理念，以增强消费者信心。

（七）国外及港澳台流行的影响

在国外市场流行的品种，也可能会传到中国市场，从而推高这些品种的价格。这是这些品种潜在价值所在。以前几年中国大陆热销的碧玺、红纹石为例。1993年，中国台湾地区的碧玺市场开始升温，持续热销至2000年，达8年之久，价格涨了好几倍，销售畅旺。2000年前后，台湾地区的碧玺市场热转移到了祖国大陆，祖国大陆的碧玺热销从2005年到2014年，持续10年时间，与台湾地区热销的时间长短相若。红纹石（菱锰矿）因为质地柔软（莫氏硬度为4），以前只是偶尔出现在宝石爱好者经常光顾的岩石矿物展外围。菱锰矿原来常被用作球、蛋、雕花等的装饰物，后来用于珠宝首饰中，先于美国珠宝市场兴起，后于2008年左右开始在中国流行。近日在中国珠宝市场崭露头角的海纹石，也许今后会热销一段时间。海纹石的矿物构成为含铜针钠钙石，在蓝色基底上有白色条带，在光照下，呈斑块格纹的几何美，犹似海水的波纹，给人以平静、清新、蔚蓝的感觉。此种宝石在中国市场上熟悉的人甚少，也暂未流行。据2014年11月15日《羊城晚报》记者许悦报道，此种宝石在欧美市场非常流行。每年的慕尼黑珠宝展，海纹石的销量非常好，特别是德国人和美国人都非常喜欢海纹石。既然在德国和美国有市场，在中国未来也可能有市场。还有20世纪六七十年代在西方流行的钻石，90年代中后期在中国开始热销，这为当年许多珠宝商所预料。通过对目前境外珠宝市场的仔细观察，可以了解流行的宝石品种，也可通过观察各种展销会上流行的趋势，发现新情况新信息，从而找到未来珠宝市场发展的端倪。据胡葳的《碧玺鉴定与选购：从新手到行家》介绍，1989年铜致色的霓虹蓝色帕拉伊巴碧玺首次在美国图森珠宝展上亮相时，即大受珠宝商追捧，短短一周，价格从每克拉不到200美元，飞涨至2 000美元。从珠宝展上反响热烈，大受珠宝商所喜爱的情况来看，说明此品种必有其过人之处。由于市场见好，商家

图2-31　高品质碧玺，每克拉3000元（摄于蓝港）

图 2-32　帕拉伊巴碧玺，每克拉 2 万元（摄于番禺大罗塘）

囤货居奇，货品供不应求，巴西产的帕拉伊巴优质碧玺2012年市场批发价达到每克拉1万美元以上，一跃成为世界上最昂贵的宝石之一。

外国曾经热销或正在热销的品种，迟早也会传到我国。这些品种尚未在我国热销时，价格必然较低，一旦在我国珠宝市场上兴起，价格必然大涨。当这些品种在国外热销的情况为消费者所获知时，购买欲也会因此而起。

（八）著名品牌珠宝用材

著名品牌珠宝商的宝石用材，领风气之先，会引领该宝石品种的流行。蒂芙尼将产自肯尼亚沙弗国家公园的铬钒钙铝榴石（一种翠绿色的石榴石）命名为沙弗莱石，作为专有名称，响彻珠宝界。同时，蒂芙尼看准了该宝石色彩艳丽、折射率高、光泽亮丽、硬度高等特性，以及产量稀少，大量收购囤积，并专门设计各种款式进行推广。沙弗莱石声名鹊起，在世界珠宝市场上的热销显然是可以预见的。产自坦桑尼亚的黝帘石，早期被用作装饰材料，1967年在坦桑尼亚发现蓝紫色的透明晶体后，被命名为坦桑石。蒂芙尼公司将其设计成珠宝首饰，并推向国际珠宝市场。坦桑石近年在中国珠宝市场上也很火热。

关注著名品牌的珠宝设计及珠宝用材，跟着大品牌走，也许能跟上珠宝的涨价潮。

（九）品牌的相互关联

我们来看看著名品牌周大福的营销推广策略。

1998年，周大福进入中国内地市场。

2004年9月，参与"香港艺人高尔夫协会成立庆典暨周大福棕榈岛高尔夫邀请赛"。周大福牵手高尔夫，并为高雅休闲的高尔夫运动专门设计了一系列钻石、K金、红宝石的高尔夫手链作为奖品。

2005年9月，获法拉利在中国多个城市的经销权，与法拉利共享高端顾客群。

图 2-33 广地珠宝与中国工商银行广州第三支行携手举办活动

2006年，与意大利著名服装品牌MaxMara首度携手推出"周大福经典时尚珠宝秀& MaxMara秋冬时装展"，使人们感受完美搭配所缔造的经典与时尚之美。

2006年，赞助中国体育明星慈善夜活动。

这些推广活动周大福都是与高端品牌合作，带给人们以高端品牌形象。法拉利跑车是著名的奢侈品品牌，消费者是高端人群。作为法拉利品牌的经销者，肯定是有实力有信誉有档次的公司。不同品牌的合作，很自然让人们联想到合作双方档次品位的匹配性。周大福把自己与法拉利那样的高端奢侈品品牌相联系，与意大利的服装品牌MaxMara一起合作，都达到了品牌相互衬托的效果。当然，除了品牌的相互衬托，相互的客户资源还可共享。MaxMara服装品牌的客户是周大福的潜在客户群，反之亦然。

2008—2012年，广地珠宝携手中国工商银行广州第三支行举办中秋珠宝精品品鉴暨贵宾答谢会，是资源共享、品牌互相衬托的营销推广活动。品牌的合作及资源共享可以培养潜在客户，是现代营销中常用的手法。

四、提升珠宝首饰价值

挖掘和提升珠宝的价值是珠宝商孜孜以求的，主要可从宝石本身、镶嵌工艺，以及珠宝的人文、历史、艺术等着手，品牌更是提升附加价值的重要因素。

（一）艺术价值

1. 工艺精细是前提

珠宝首饰首先要工艺精细，有了精湛的工艺才谈得上艺术。如何衡量一件镶嵌首饰的工艺优劣，请参阅图书《老侯寻宝》第114页的内容。

2. 珠宝首饰要有故事

当我们踏进著名的宝格丽珠宝店，满眼都是带有蛇元素的珠宝，这些蛇元素珠宝大有来历。

据传，希腊爱神阿佛洛狄忒腕上弯弯曲曲的蛇形手镯展现了诱惑之美。蛇杖是希腊医神阿斯克勒庇俄斯的象征，至今仍是医生的重要标志。希腊哲学家柏拉图把首尾相连的贪吃蛇描述成永生的形象。希腊丰饶女神得墨忒尔认为蛇也是生命的象征，蛇具有蜕皮的能力，因此象征着重生。埃及艳后克娄巴特拉就以佩戴金蛇缠绕的手镯而闻名，她的黄金后冠饰有一条直立的眼镜蛇。在古埃及，眼镜蛇是王权的象征，具有辟邪作用。

考古学家在庞贝古城、特洛伊，以及荷马史诗《伊利亚特》和《奥德赛》中提及的其他地点进行考古挖掘时也发现了蛇形珠宝。

欧洲王室也有喜欢蛇形珠宝的时尚风潮，英格兰亚历山大女王佩戴蛇缠绕的手镯和王冠珠宝供画师作画。俄国大公夫人玛利亚·帕芙洛芙娜（Maria Pavlovna）时常佩戴金蛇手镯四处炫耀。维多利亚女王也对蛇形珠宝钟爱有加。阿尔伯特亲王（Prince Albert）在1839年送给女王的订婚戒指也采用了蛇形设计。蛇代表着永恒之爱。

好莱坞巨星伊丽莎白·泰勒（Elizabeth Taylor）以饰演《埃及艳后》而声名大噪，她就是佩戴宝格丽蛇形手镯进行《埃及艳后》电影宣传的，此举使得这些蛇形手镯声名鹊起。宝格丽的蛇形珠宝非常适合她在《埃及艳后》中饰演的克娄巴特拉艳后这一角色，因为毒蛇在古埃及象征着王室与权力。

在《埃及艳后》一片中饰演男主角的理查德·伯顿（Richard Burton）与伊丽莎白·泰勒坠入爱河。他们经常经由秘密通道进出宝格丽孔多蒂大街专卖店，用一件件宝格丽珠宝纪念他们的这份浪漫。多年后在回忆这段购物之旅时，伯顿语带幽默："我让她知道了什么是啤酒，而她让我知道了什么是宝格丽。"这位威尔士男星有一次调侃泰勒："伊丽莎白就知道一个意大利单词——宝格丽。"

宝格丽在中国开店，不忘融合中国生肖文化的故事。2013年，宝格丽Serpenti高级珠宝系列再推两款特别作品，以庆祝迎来中国蛇年。这些宝格丽蛇形珠宝首饰刚好契合了这一生肖文化。宝格丽专为中国市场打造的限量款Serpenti腕表、手镯，在玫瑰金材质和蛇鳞上镶嵌红宝石。红色是中国元素，代表着喜庆与幸运。

宝格丽融入蛇元素的珠宝首饰故事，让人印象深刻。有历史传统、明星示范，宝格丽的蛇形首饰不仅是"再现罗马时期上层社会甜蜜生活"的标志，更是尊贵地位、魅力的象征。

3. 艺术家的名声提高珠宝首饰的艺术价值

艺术是一种文化，艺术的优劣没有客观的评判标准，见仁见智。但是，艺术性的高低和接受度却与创作该作品的艺术家息息相关。人们往往从艺术家的名气感知作品艺术性的高低。

一件珠宝首饰要展现出好的艺术形象，除了进行广泛推广之外，设计师的名声也给珠宝首饰增添艺术性。国际大牌珠宝熟谙此道，像蒂芙尼就邀请帕洛玛·毕加索（Paloma Picasso）作为品牌的专属珠宝设计师。卡地亚的图腾是猎豹，猎豹系列珠宝的设计经过了几代艺术大师心血的浇灌。据胡雨馨在《奢侈的诱惑》中记载，1914年法国插画师乔治·巴比耶为卡地亚创作了"淑女与猎豹"水彩画，猎豹成了卡地亚的装饰元素之一。艺术大师贞·杜桑（Jeanne Toussaint）加盟卡地亚，她钟爱猎豹，把猎豹"征服与超越"的精神注入首饰之中，代表女性的渴望与梦想。艺术家、设计师彼得·勒马尚（Peter Lemarchand）运用流线型设计将平面刻画转变为三维立体造型，并在1949年取得了成功。猎豹的造型深入人心，消费者深深为其艺术魅力所倾倒。显然，这些品牌的珠宝首饰出自设计大师之手，人们自然会联想到艺术性很高。艺术作为价值重要组成部分得以凸显，增加附加价值也在情理之中。反观中国的许多珠宝品牌，尽管珠宝做工精湛，设计也非常出色，但艺术价值往往不被人们认可，这不能不说是珠宝设计师的名气不够响亮，对珠宝首饰的艺术推广力度还不够大的原因。

（二）品牌的附加价值

奥美公关中国区总裁柯颖德（Scott Kronick）说，品牌由六大资产构成：产品、形象、商誉、顾客、渠道和视觉。

品牌带来溢价是人所共知的事，消费者也接受，因为品牌提供了普通产品所不具有的附加价值。

1. 产品

产品质量是品牌价值的第一要素，产品质量一定要过硬。不管是LV、

Hermès，还是卡地亚、蒂芙尼、周大福、六福珠宝、钻石世家等，首先其产品质量一定有过人之处。以卡地亚的螺丝手镯为例，其硬度、光泽、镶钻的牢固性比普通工厂货品质量要高得多。卡地亚手镯金的硬度高，不易变形，不易磨花，即使佩戴时间久，光泽依然如新，颜色不变。镶钻更是牢固不易脱落，且平滑不会刮到其他物品，佩戴舒适。仿制品虽然与其外表相似，但做工精细度不及正宗货。

六福珠宝之所以受人们信赖，源自香港的精制工艺，产品质量过硬。

2. 形象

周六福第三代门店十分注重营造年轻、时尚、甜蜜的形象，装修简约，时尚中透着传统的暖色调，空间灯光柔和，不会炫射到人眼，光线聚集于产品，凸显产品的闪烁。店中空间的布置，给年轻人以舒适体验。品牌形象吸引着80后、90后这些年轻人。

品牌形象最有价值的是产品带给消费者的体验感。产品彰显品牌文化，许多年轻女性喜欢佩戴潘多拉饰品，而不会佩戴和田玉，是因为前者带给人以时尚感，而后者是古老而传统的。

3. 商誉

商誉就是品牌的信誉度。商业上自古以来就讲究"诚信"二字，"有信走遍天下，无信寸步难行""诚信赢天下"。品牌在多年的积淀中，经过消费者购买使用考验，质量靠得住，有良好信誉的口碑。品牌商誉好，消费者就会买得放心，节约了选购的时间成本，也降低了质量差的风险。这就是商誉的价值。

4. 顾客

顾客是品牌的资源，拥有追捧的人越多，追捧人的品位越高，品牌的价值越高。消费者在选择品牌时，也会参考其他消费者的品位档次。消费群有档次，能带给自己尊荣感，把自己当成这一阶层的人。例如，当一个年轻人在情人节想购买钻石时，他发现许多时尚的年轻人选择钻石世家的钻戒，他也会选择钻石世家。品牌的定位实际上就是选择消费群体。

5. 渠道

品牌档次、形象、知名度的高低影响着销售渠道的选择。品牌选择渠道，渠道也选择品牌。高档的商场对品牌是有选择的，如深圳万象城、广州太古汇广场、广州友谊商场等高档商场，对入驻的品牌要求高，只有国际大牌、国内顶级珠宝品牌才能入驻。反之，品牌对自己的销售渠道也有所选择，因为渠道代表着消费群体，选择销售渠道就是选择消费群体。

品牌的知名度越高，可选择的渠道越多，拓展渠道能力越强。品牌知名度不够时，许多销售渠道难以进入。品牌的销售渠道还体现在加盟、分销商、市场的拓展能力方面，也体现在供货系统、配套服务系统等渠道方面。知名度越高，供销的渠道能力越强，品牌的价值越能彰显。

6. 视觉

视觉就是美的感觉体验。特别是珠宝首饰，其基本功能就是装饰。只有美的饰品，消费者才愿意支付金钱。定位为时尚饰品的品牌，会更加注重货品的美感。施华洛世奇的饰品多数是人造玻璃制品，但其突出的关键点是带给人以美丽的视觉享受。"美丽"打动了多少女性的心，据说女孩子收到的第一件首饰往往是施华洛世奇的饰品，可见人们对施华洛世奇饰品视觉美丽的印象深刻。品牌珠宝首先要带给人们以美丽，视觉的华丽程度与品牌的价值正相关。

五、制造稀缺

稀缺、不可再生是宝玉石的特点，也是宝玉石昂贵的原因所在。但稀缺性有时也需要人为的有效控制，若是失控，也会造成资源短时间的供过于求，使原料价格大跌，影响市场价格。有效的控制、稳定的供需关系使市场保持稳定，对于商家、消费者、投资人都有好处。宝玉石的稀缺性，决定了宝玉石的高价格。

（一）有序开采原料资源，以维持稀缺性

钻石有戴比尔斯的有效控制，维持着稳定的原料供应，市场保持稳定。

有商业价值的翡翠原料产自缅甸，缅甸政府采取有规划地发给开采牌照，划定开矿区域，统一原料销售渠道——缅甸政府一年三次的公盘，控制原料供应，维持着原料价格的稳中有升。翡翠原石是缅甸政府的重要财政来源，政府对资源实行严格控制，走私原石属违法行为，销售原料由政府统一控制，视市场的供需关系安排销售。垄断的资源使翡翠原料属于卖方市场，价格高企。翡翠，尤其是优质翡翠，保持着升值潜力，消费者竞相购买。许多玉商资金实力雄厚，他们对翡翠的不可再生性有充分的认识，不随便出售高档的翡翠原料和货品，若市场低迷，就常常囤积起来，待价而沽。每次佳

士得、苏富比的"香港瑰丽珠宝及艺术品拍卖会",无一例外地以翡翠饰品的拍价独占鳌头,动辄一件几千万元,甚至上亿元人民币。

和田玉子料也是稀缺资源。子料仅产于新疆的玉龙喀什河与喀拉喀什河、西部的叶尔羌河。经几千年的开采,资源已近枯竭。若不予以有效控制,以现代的机械设备疯狂挖采,也能一时供过于求,但随之过后即枯竭,将造成市场的急遽波动。为使市场长期稳定,价格维持在一定的水平,同时也为了保护水土资源,新疆地方政府采取有力措施,正在有序地开采资源,并组成原料市场信息联盟,在和田市建立原料拍卖中心,统一销售和田玉子料原料。和田玉子料市场稳定有利于增加消费者、收藏者、投资者的信心,促进和田玉子料市场的有序健康发展。

宝石矿山,特别是产地较少的宝石原材料,往往控制在矿山的所有者手中,原料供给受其控制,市场价格受其左右。像帕拉伊巴、沙弗莱石、坦桑石等的资源垄断就属这种情况。

帕拉伊巴碧玺最早发现于1989年,以产地巴西的帕拉伊巴州命名。她以被称为"霓虹蓝"的特别蓝色而受到消费者喜爱,价格比传统的五大宝石之红宝石、蓝宝石还高。据汤惠民在《行家这样买碧玺》一书中介绍,ENZO是目前唯一拥有大克拉帕拉伊巴碧玺的珠宝品牌公司。资源的稀缺再加上公司的垄断,使其价格高企。

大型有影响力的珠宝展销会是市场的温度计,当原料或者宝石供应量增加,其价格就相应下跌。

沙弗莱石于1969年在肯尼亚的沙弗(Tsavor)国家公园被发现,美国蒂芙尼公司以产地命名。据说蒂芙尼控制着该资源,使其价格居高不下。

坦桑石仅产于坦桑尼亚的梅雷拉尼(Merelani),是一种黝帘石矿物,其娇艳的蔚蓝色,独特的淡蓝色-蔚蓝色-紫色的强烈多色性变幻,浪漫如梦幻般令人迷醉。由于具有良好、独特的宝石特征,被蒂芙尼公司大量收购囤积,使坦桑石价格高昂坚挺。

(二)技术垄断

知识产权及技术垄断越来越受到人们的重视。技术领先是珠宝商竞争的法宝,有了技术优势,产品就有竞争力,就能售高价。

1. 首饰中的创新工艺

新工艺新产品往往有技术的溢价,如硬金、古法金、20年前刚推出的微镶工艺首饰都如此。但是新的工艺很快就会被市场所模仿。如今技术发展迅速，任何新工艺都很容易被竞争者赶超，利用刚进入市场时撇脂定价是拥有新工艺公司的惯常做法。技术保密也是必要的，能做到有技术壁垒就能在竞争中立于不败之地。正因如此，各种新工艺新产品现今层出不穷，以此突出新的亮点以增加产品的价值。例如，耳钉首饰通常一端是镶宝石，另一端是固定耳钉的耳壁。诗普琳推出两侧都镶珍珠的耳钉大受市场青睐，销售见好。该公司的品牌标志天鹅吊坠，其中宝石能够360°旋转，受到消费者的欢迎。

2. 传统的玉雕工艺

20世纪80年代末，广州象牙厂的30层象牙雕镂空套球，惊艳了广交会的中外宾客，制作者高国华也由此被评为国家玉雕大师。在珠宝市场上，各种玉石的镂空球也偶尔可见，这是中国传统的手工艺绝活，是非物质文化遗产。这些高难度的独门技艺有其工艺价值。玉雕求变、求新、求绝活的各种工艺，如薄胎、链环、多层镂雕、精细镂雕等都有工艺的溢价，这是许多玉雕工艺师追求的目标，有些材质平常的玉石材料，经工艺师的创作，大大提升了价值。

（三）专利产品

专利产品有技术工艺专利，也有外观设计专利。一种受市场欢迎的工艺或外形款式一经面世，马上就会有跟风者。研发是非常艰辛的，跟风模仿却要轻松容易得多。珠宝公司采取申请专利保护的方式，目的在于保护产品的专有权，从而保持产品的稀缺性，抬高售价。特别是外观设计专利要重视申请，许多品牌公司设计系列的产品，尤其是美观、有创意的产品，往往申请外观设计专利，防止竞争者模仿。

（四）限量版产品

限量版对于各种有收藏价值的纪念品尤其重要，只有稀少才具收藏价值，限量版就是人为控制供给量，带给消费者以"稀少"的认知。宝格丽于2013年在中国推出的Serpenti系列产品就以限量版供应市场。中国人民银行等银行发行的年度纪念金钞、各种金银饰品，无不限量发行。金银的原材料无法溢价，特殊的工艺、限量的供给，才有工艺以及稀少性的溢价。限量版的货品才是收藏爱好者喜欢购买的货品。

老侯賣寶
有故事的珠宝才好卖

第三章
DI SAN ZHANG

珠宝交易价格策略

第三章　珠宝交易价格策略

珠宝作为一种商品，其买卖过程是很有趣的。有的品牌明显售价很高，许多人却争相购买；有的价格很低，却无人问津。同一件货品，不同商家售价完全不同。撇开货品市场价格升跌的因素，撇开社会经济环境的原因，珠宝的交易价格与品牌、交易的艺术、货品的文化内涵息息相关。

一、珠宝的价格属性

（一）需求与价格的关系

珠宝属于"锦上添花"型的货品，人们可买可不买。珠宝的价格与价值无法统一，一般情况，价值=期望值/价格。这里我们把"价值"看作是人们认为的公平的交易价。对消费者而言，对价格产生怀疑，就不会购买，所以商家千方百计地把珠宝价格表现得是"合理的""公平的"，甚至是物超所值的，以后会"升值的"，让消费者产生迟买不如早买的想法。

许多人有在旅游时购珠宝上当（或者说购买价格高于市场零售价）的经历，但为什么还有那么多人购买呢？关键是购买的人认为这些货品价格是"合理的"，消费者的认知来自于低折扣，把标价当成"市场交易价"。例如，一枚红宝石戒指，标价10万元，他打五折，实售价是5万元，消费者把10万元当成市场价，认为捡到便宜。这个问题的实质就是标价误导了人们，本来不应标这么高。这一手法虽然古老,许多人也知道,但却屡试不爽,一直为一些商家所采用。

总之,就总体而言,需求的增大或许能够推高珠宝的价格,但就具体的交易价格来说,售价与成本未必呈正相关关系,而与品牌、销售技巧等相关。

(二)珠宝需求的可替代性

人们追求珠宝首饰,其关注点无外乎材质、工艺与文化三大要素。材质指材料的物理化学性质,材质的价值决定了珠宝本身的特点及市场的供需关系。工艺指宝玉石加工工艺、镶嵌工艺。文化指人们对材料(宝玉石)、艺术、品牌等的理解。当珠宝的价格涨得太高时,人们会寻找替代品。例如,当翡翠价格过高时,部分人可能选择装饰效果相同或相近,文化价值低一些的祖母绿、绿玉髓、葡萄石、金绿宝石、透辉石等宝石。2011年后,翡翠价格大涨,部分人的消费转向祖母绿、葡萄石、绿玉髓。传统概念中,和田玉是产自新疆和田地区的软玉,有着悠久的历史积淀,人们愿意支付其文化价值,尤其是子料的文化价值。但是,当新疆产的和田玉子料、和田玉山料价格太高时,部分人选择了替代品青海料(青海产软玉)、俄料(俄罗斯产软玉)。这些祖母绿、葡萄石、绿玉髓、青海料、俄料等就是翡翠与新疆产和田玉的可替代品。珠宝需求具有可替代性,当某个货品的价格太高时,催生"替身"市场,这个替身可以是合成品、优化处理品,也可以是其他宝玉石。

(三)品牌信誉度与价格的关系

品牌与价格呈正相关关系,品牌产品的定价主要看市场的接受程度,也会参考竞争品牌的定价,一般是从实际的市场运作中摸索出来的,或者说是在市场中检验出来的。货品的定价是一门艺术,也是品牌商要研究的课题。珠宝市场上不同的品牌有不同的定价原则,但一般存在以下几点规律。

(1)以市场上其他品牌的定价为参照。

(2)可比性高的货品定价低,即加价率低,可对比性低的货品定价高。珠宝首饰定价由低到高一般是金条、金饰品、铂金、银饰品、K金饰品、钻石、珍珠、宝石、玉器类。

(3)艺术性越高的货品,定价越高。玉器类因含工艺艺术,其定价就高。

(4)越有创新性的货品,其定价越高。因为创新需要设计及工艺的投入,会增加成本,而且越是创新的工艺艺术,其货品的可对比性也越低。

（5）市场上越少见的品种其售价（加价率）越高。因为市场上这类货品少，竞争小，带有稀缺性，其定价可高些。例如，2005年左右珠宝市场刚出现的和田玉镶嵌饰品，2008年的黄龙玉，2012年的沙弗莱石、芬达石、坦桑石，以及之后的榍石、紫色石榴石、帕拉伊巴碧玺、尖晶石等各种宝玉石品种，它们刚在中国珠宝市场出现时，售价较高。新面市的珠宝品种，往往售价高，随着许多珠宝商跟进经营同类货品，竞争增加，售价降低。

（6）越有标准的货品，网络上的销售量越大。因为有了标准，消费者易于对比，购买的信心足，敢于在线上购买。

（7）珠宝首饰的溢价主要在其文化内涵，也就是打动消费者的故事。

一般而言，货品的售价越低，竞争力越强，理论上应该销售量越大，但实际上却未尽然。这是因为，一方面消费者未必相信你的货品售价低。另一方面，珠宝是非必需品，售价低并不意味着消费者就会多购买。还有一个影响因素，对于一个已经购买的消费者，特别是购买高档货品的收藏者、投资者来说，降价意味着他之前的购买行为失误了。本来指望涨价给自己以信心，现在跌价，就不敢再次购买了。一个品牌、一个商场的销售量受许多因素的制约，经营玉器类产品的商场更是如此。也就是说，就某一经营玉器类

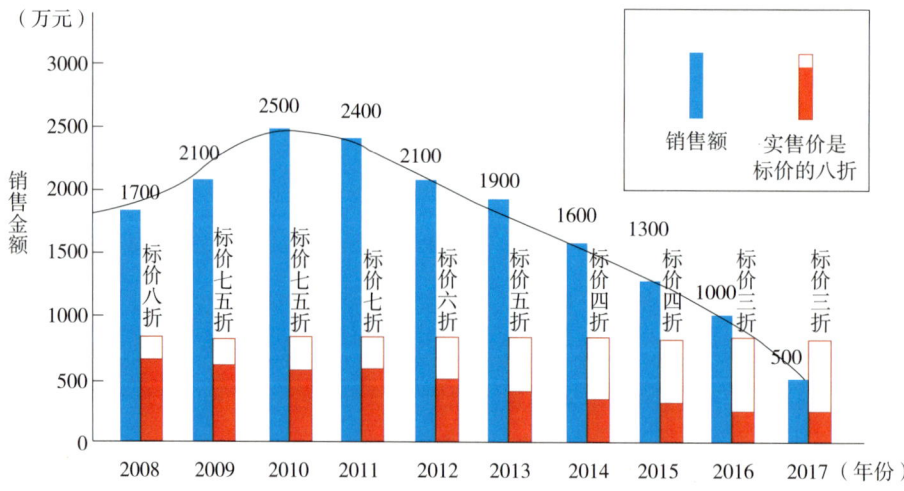

图 3-1 某商场翡翠玉器的销售额与销售价的关系

说明：① 2008—2017 年，商场玉器的标价是相同的加价率。
② 2015 年之后，标价略有调低（加价率调低），实售价相当于之前标价的四折。2016、2017 年的实售价也约相当于 2014 年之前标价的三折。
③实售价的调低，并没有拉动销售额的提升，反而销售额锐减。
④玉器消费受社会环境因素的影响明显。2015 年之后主要受网络、微信销售模式的冲击，2017 年之后受微信及直播的冲击严重，销售额直线下滑。

的商场而言，其销售量与售价高低不成反比关系，销量与售价高低没有必然联系，而更多与外部社会环境有关，比如社会消费文化、消费风尚等。图3-1是某商场2008—2017年玉器类的销售金额与加价率图。图中，纵坐标为销售金额，横坐标为年份，实柱为销售额（蓝色），半空实柱为折扣率（红色）。由此图可看出，同一商场，玉器类的加价率降低（毛利润降低）并未带来销售额的增加。尽管如此，许多珠宝店在遇到销售不理想时，总是调低标价（加价率），或采取打折的措施试图提升销售额，此种做法效果往往并不理想。

（四）售价高低有偶然性

珠宝充满魅力，人们对珠宝的喜爱带有主观性。不同地域、不同文化背景的人有不同的喜好。珠宝的质量评估复杂，使得售价也高低不一。定价低未必就能提高销售额。包德清在《珠宝市场营销学》中讲了一个故事：美国亚利桑那州的一家珠宝店采购了一批漂亮的绿宝石，为了回笼资金，开始时定价低，以求薄利多销，但却销不动。老板以为定价过高，准备再度降价，给店员留了纸条，"我走后如果绿宝石销售不畅，可按1/2的价格卖掉"。店员以为是老板要求按1~2倍提价销售，结果初时以高于原价1倍的价格销售，因购买者越来越多，后来以高于原价2倍的价格销售，绿宝石在几天之内被抢购一空。无独有偶，2000年前后，在湖南长沙某一珠宝店，原本滞销的红宝石饰品，因标签打错价，标价加多一个零（即原标价的10倍），居然销出去不少！此事一时被传为奇谈。当然，也有珠宝商采购的宝石，有以几倍，甚至十倍价格卖出的。这反映出宝石销售价格的不确定性，以及价格的混乱。许多小店标高价，视不同人打折销售。另一方面，人们正是因看不懂宝石的价格而不敢购买。价格的随意性影响着消费者的购买信心。一些知名品牌正是针对消费者缺乏信心，实行明码标价，定价销售，"童叟无欺"。事实证明，定价销售反映出一个品牌的信誉，使消费者买得放心，长远来讲，有利于珠宝的销售。

二、影响价格的外在因素

（一）社会环境

珠宝的售价与成本有关，也与社会环境有关。在2005—2012年，由于中国社会经济的快速发展，房地产、股票的上涨，各种经济活动频繁，交流馈赠盛行，适合这种文化潮流的相关珠宝品类非常热销，比如金饰品中的金条、摆件，宝石中的豪华套装饰品，翡翠、和田玉摆件，以及文玩类的寿山石等都畅销一时。在这股热销风潮期间，许多珠宝玉器类批发市场设有这些品类的专区。在广州华林、广东四会就有玉器摆件一条街，华林还有寿山石印章、翡翠摆件专区。在社会环境文化的影响下，此类货品价格升高，零售商场由于货品的行销，其加价率也相应提高。此时能够抓住这一商机的人都能赚得盆满钵满。反之，当社会风气转变，这类商品不再热销时，其价格自然就大跌，若是专事收藏和长远投资的人，此时逢低吸纳，不失为有眼光之举。

（二）地理位置

地理位置不同，商业氛围不一样，消费水平不同，商家的经营成本也不一样。许多品牌商在全国甚至全世界统一定价，以维持其信誉，但因商业氛围不同，人们的购买力不一样，所配置的货品有所差别。例如，在二三线城市，经济和文化没有一线城市发达，一般较少配置高档的珠宝，多配置金、铂金等材质的珠宝首饰，有时甚至配上银饰品。在中心城市，特别是高档商圈，一般不会配置银饰货品。有些不是特别知名的商家则在不同区域有不同的定价规则，经营成本较高的地方可能定价会高些，把这些成本转嫁给消费者。

（三）购物场所

很多国际大品牌对店的选址要求特别严格，有些仅在一线城市的高端商圈开店，这样才衬托出其品牌档次。其实，所有的商品都是如此，在人们的概念中，不同的地方有不同的心理接受价。依云矿泉水摆放在五星级酒店中每瓶售价30元，因与周围环境相匹配，人们不会觉得价高，而若摆放于普通超市中，显然售价太高。同样的啤酒，在娱乐场所、高档度假酒店与在街边小摊档，人们对它的心理接受价也是不同的。这就是珠宝店选择商圈的原因，目的是让人们觉得其珠宝价格是"合理的"。

店的装修也能衬托货品的品位，品牌知名度高的专卖店通常装修得豪华时尚精致。售卖黄金饰品为主的店，装修多以暖色调展现富丽堂皇。翡翠、和田玉等传统文化玉器，则配以中式的风格，点缀红木家具，凸显古典气派。钻饰店则以现代时尚潮流、浪漫情调的装修与钻饰文化相匹配。店的形象影响人们对货品的心理接受价。为了衬托货品的档次，许多珠宝商竭尽所能请设计师设计店面，传递品牌理念。

（四）货品的陈列

几年前，在成都商业中心蜀都大道上有一高档商业广场，珠宝商场中有一个珠宝专柜，9米左右的柜台总共摆放130件货品，在转角设置有立柜，0.6m×0.6m的展柜仅陈列一件或一套首饰，每米柜台摆放十余件货品，与毗邻品牌每米柜台摆放70~80件珠宝形成鲜明的对照。一边密密麻麻，一边是稀疏的货品，风景有别。我们同行的几位行家虽不赞同隔壁珠宝品牌密密麻麻的货品摆法，对这一稀疏摆放的做法也不敢苟同。这未免太浪费空间，太奢侈了。在这寸土尺金的地方，谁都恨不得多摆一些货品，在消费者面前多亮相以求多销售。再者，如此少的款式，消费者也没什么挑选余地！在感叹商家大胆的同时，也出于好奇与学习的目的，通过朋友关系找到商场，了解该商家的销售情况。出人意料的是，该商家的销售还挺不错，在商场中属于业绩较好的品牌。

商品的陈列是一门艺术。珠宝商家容易犯一个错误，总想利用有限的空间，尽可能多地摆放货品，当消费者寻找不同的款式时，总想尽可能多提供些供顾客挑选，以满足不同消费者的需求。中国的珠宝店柜台几乎无一例外地摆满了商品，款式也多得令人眼花缭乱。英国伦敦著名的邦德街（Bond Street）的珠宝店却未见此种现象，柜台摆放的货品不多，款式数量少，临街橱窗也不摆货品，而设其他艺术造型。有些一楼铺面不摆货品，只设艺术造型，连门都紧闭。就算在中国开店的卡地亚、蒂芙尼等国外品牌，其经营模式也与中国本土品牌有别。这些知名国际品牌货品的款式不多，就是常见的经典款，货品摆放疏落有致，让人感觉高档有情致。美术工作者认为，一件货品占用的空间多少显示该货品的重要程度，凸显货品的身份，如同在博物馆，越是重要的文物越是单独摆放，让人一眼就能辨别出这些文物。外国品牌珠宝店一般不销售足金饰品与玉器，仅销售钻饰、宝石饰品。货品种类与我国珠宝品牌不同。我国的珠宝店货品种类齐全，既有珠宝首饰，又有金饰品、玉器等。货品繁多，品种冗杂难以突出主题。单一品种能彰显专业性和档次。与我国珠宝店由消费者挑选款式，消费者主导的方式不同，国际品牌更多地宣传他们设计的款式，引导消费者购买。货品的摆放是一门艺术，有艺术品位的陈列方式能够彰显价值，提高档次，从而提高人们的接受价。

以上这些情况，实际上是由市场权力左右的。权力在消费者，由消费者主导，商家须提供更多的货品供顾客选择。若主导权在商家，则商家引导顾客购买。市场上的主导权体现品牌的大小、影响力的强弱。

（五）不同货品的相互衬托

钻石与翡翠、红蓝宝石、祖母绿这些高档名贵宝石，或与黄金、铂金一起摆放售卖，能相互衬托其高档珠宝的形象，因为这些都属于高档珠宝。金、铂金饰品，代表富丽与高贵，与高档宝石共处，互相抬高档次，相得益彰。反之，如果将以上珠宝与银饰品、水晶，甚至是合成宝石饰品摆放在同一个地方售卖，会拉低钻饰、宝石的档次，给人以低档珠宝店的感觉，降低整间店的品位。

货物的相互衬托有利于销售。也正是基于这样的道理，珠宝商将宝石分级，以低档货品凸显高档货品的稀少与名贵，由此而售高价格。

（六）托材与伴石

宝石、翡翠与贵金属镶嵌成为首饰，镶嵌的材料与伴石也会影响货品的档次，从而影响价格。在2000年之前，钻石宝石多以18K黄金镶嵌，之后用铂金作为托材镶嵌。在当时，高档的宝玉石以铂金镶嵌为主，用K金镶嵌会被认为档次不够高。如果用钯、银等镶嵌，人们容易认为是低档的宝玉石，拉低戒托档次，降低宝玉石的价格。镶嵌主石周边的配石被称为伴石，伴石的种类及档次也可衬托宝石（主石）的档次。人们通常把水晶、橄榄石、托帕石、月光石、石榴石、玉髓等用银作托材，以合成立方氧化锆作伴石，因为这些宝石售价不高，为节约成本，人们降低托材及伴石的档次，使饰品的成本低、售价低，廉价饰品接受面广。有的商家采用碎钻作碧玺与海蓝宝石以及上述宝石的伴石，用碎钻镶嵌衬托宝石的高档，抬高其售价。许多品牌珠宝商为衬托首饰的档次，在托材及伴石上做文章，视首饰设计需要，选用梯方钻、梨形、马眼、公主方等各种优质异型钻为伴钻。这些较少见的伴钻使首饰变化万千，有新意，提升首饰的售价。相反，有的珠宝品牌一味追求低成本，使用劣质的伴石，难以提升首饰的档次。

（七）配套底座与包装盒

古代有买椟还珠的故事，说明当时盛放珠子的盒子多么精美，以致人们被配套包装物吸引，反而忽略了宝物。这也反映出包装物与宝石的相互衬托关系。俗话说，好马配好鞍，好船配好帆，人们爱屋及乌，说不定是因为看上精美的翡翠摆件底座、首饰包装盒而购买珠宝！差的包装盒、底座会降低珠宝玉石的档次，甚至影响其销售。知名的珠宝品牌莫不对此极为重视。蒂芙尼嫩蓝色包装盒配上纯白的蝴蝶结，非常精美温馨，许多购买者在若干年后仍对其爱不释手，保存完好。蒂芙尼的首饰包装盒在网上的拍卖价达几百元人民币。好的包装盒代表着品牌形象，也是品牌的宣传品。

各种玉器摆件的底座非常重要，以致在GB/TY 36127—2018《玉雕制品工艺质量评价》国家标准中，配件（包括底座、配饰等）被列为评价的内容之一。在玉器市场，许多玉器商人为了能卖个好价钱，不惜花重金给摆件、工艺品配上高档精美的底座，如花梨木、黑檀木、酸枝木等材质的底座，都是为了提高摆件的售价。

（八）所配证书

在20世纪70年代之前，蒂芙尼所售的珠宝配有GIA的证书，这是因为GIA的证书有助于提高货品的信誉。但在此之后，就不配GIA的证书了，认为GIA的证书无助于提高她公司货品的形象。之后，蒂芙尼所售的珠宝都配有自己公司的证书。国际著名的拍卖行苏富比和佳士得所拍卖的珠宝中，钻石类一般采用GIA证书，红蓝宝石及祖母绿、猫眼石等各种名贵宝石通常采用古柏林、SSEF证书，偶尔采用GRS证书。可见对于高档的钻石、宝石，采用什么证书是有考究的，所采用的证书要在行业内有权威，在消费者心目中有信誉，能够为所拍卖的宝石加分，能提高钻石宝石的信誉度及档次。

目前各国的宝石实验室众多，中国的出证机构尤其繁多复杂，证书琳琅满目。不同的证书其信誉度、公信力、检测能力差异很大。假设一个知名的珠宝品牌所配的证书公信力不足，不仅无助于珠宝的销售，反而会降低其品牌档次。品牌珠宝商在挑选证书方面是非常严格的，要与其品牌相匹配，提升货品品质。

（九）营业员形象影响品牌档次

售货员的个人形象、衣着、素质、服务等代表着品牌的形象，传递着品牌的理念、定位，从而影响销售价格。营业员的素质高低主要表现在四个方面：外观形象与衣着，语言沟通能力，珠宝知识及佩戴技能，服务态度。

（1）外观形象与衣着

爱美之心人皆有之，外观形象姣好的营业员给客人首先留下好的印象，客人愿意与其打交道。珠宝店营业员一般有统一的着装，高档、清雅、端庄的服装使消费者联想到珠宝店的品位、专业、规范，不同的品牌通过销售人员的着装以传递品牌的理念。例如，销售时尚潮流的K金饰品、银饰品、钻石饰品等这些年轻、浪漫、时尚的饰品，营业员的着装风格也以时尚年轻为主，传递着青春活力与美。而传统的黄金、翡翠店，则多以庄重的黑色、蓝色为服装主色调，女员工戴蝴蝶花结，男员工着西装领带，因为黄金、翡翠代表富贵，营业员的年纪可大些，四五十岁的中年人也适合。总之，营业员的形象要与品牌定位相匹配。

（2）语言沟通能力

良好的沟通能力是销售成功的关键，也是营业员素质高低的体现。首先，要会察言观色，理解顾客需要；其次，要有礼貌，语言准确，做到"简、信、达、雅"，就是言简意赅，准确、清楚而优雅，给人留下有教养有文化的印象，能与顾客进行良好的沟通，获得顾客的信任与喜爱；最后，要有一定的社会学、心理学、美学、文学等学科知识，能为消费者做购买的参谋。

（3）珠宝知识及佩戴技能

当你向消费者介绍珠宝时，一定的专业知识必不可少，这些知识包括该珠宝为何受人们喜爱，有什么历史文化，宝石性能如何，真假如何鉴别，与其他珠宝对比，优点与特色是什么，质量评价如何，甚至这种珠宝未来的走势如何等。例如，当你介绍红宝石时，消费者肯定会问及同为红色的宝石，为何她比红碧玺贵，比红色石榴石价格更高。同为刚玉的宝石，为何红宝石较蓝宝石价高。在红宝石中，有烧、无烧是什么概念，如何影响价格，颜色、火彩如何观察与欣赏。顾客对裂纹、瑕疵的质疑也得作解释。对钻石4C的掌握更是对一位钻石销售者最基本的要求。总之，你越专业，消费者越有信心购买。

当购买完成后，要将首饰的佩戴、保养、改款翻新等相关知识告诉消费者，做好售后服务。还需帮顾客佩戴，提供搭配意见。越是服务到位，必然越受消费者欢迎。例如，白色的珍珠链配搭黑色或蓝色的毛衣、连衣裙更能突显珍珠的洁白、圆润与闪烁，而黑珍珠链宜搭配浅色的服装。若身上同时有颈饰、手饰、耳饰时，颜色要搭配协调，不可花花绿绿。如钻饰、蓝宝石、翡翠各自可成套装，但若颈饰、耳饰为时尚的钻饰，而手腕却佩戴着翡翠手镯或和田玉手镯，给人的感觉是杂乱，而且人们也不知其品位。售货员有时还需帮助顾客编织翡翠挂件的绳子等。

（4）服务态度

在展示、介绍商品，协助消费者挑选及试戴过程中，处处显示出销售员的服务态度。例如，在拿递、摆放珠宝时要轻巧而稳重，给对方以尊敬的心理感受。同时，从营业员珍惜爱护货品的动作中，顾客会联想到货品的贵重。反之，若草率轻浮，动作幅度过大、过快，既有可能损坏商品，也给顾客留下货品不珍贵的感觉。在销售工作中的专业、细心、耐心会给顾客带来良好印象。总之，顾客能从销售员的言行举止、服务态度中感知该珠宝店的管理水平与品牌品质。营业员的素质不仅影响着具体的销售情况，也让消费者联想到珠宝品牌品质的高低，从而在一定程度上影响人们对该品牌珠宝的接受价格。

三、影响价格的心理因素

为自己的商品卖个好价钱是所有商家的追求。因此，商家们不遗余力地研究各种标价、叫价的艺术，研究人们的价格心理，希望货品能卖出高价。

（一）"锚点"影响估价

锚点价格理论认为：在估计未知数值时，最初的一个数值（锚点）充当了心理上的标杆或起点，这一标杆或起点就是"锚点"。价格锚点即是商品价格的对比标杆。商家通过各种锚点招数，或者利用对比和暗示来营造幻觉的手段，动摇人们对于商品价值的评估。

1. 拉高估价的锚点

在珠宝销售中，利用"锚点"的原理以拉高售价是珠宝商惯用的手法。每个珠宝店几乎都有"镇店之宝"，这一镇店之宝无非是显示该店的实力，提升该店的档次。十几年前，云南某翡翠公司有一条由5粒高档翡翠大戒面镶嵌的高档项链，标价6000万！她的目的不是说要销售此项链，实际上这么高的价格也难以售出，之所以摆在那里，一方面是作为"锚点"价格，拉高顾客对店中货品的估价，提升人们的眼界，让顾客觉得该店几百万、几十万的货品相比较而言就是很"便宜"的了，是值得购买的平常货。另一方面是展示实力，公司是具有实力的，有实力的公司给人以信誉。事实上这条项链起到了以上两方面的作用，被用于公司连锁店的巡回展览，在各种展销会上亮相。周生生在之前也采取过类似的做法，用6克拉 D色、1F的全美钻在全国连锁店中巡展。许多珠宝店都有这样的个别高档货品用来作衬托，起到"锚点"价格的作用。

不仅仅珠宝店用"锚点"这一手法，钟表品牌更惯用此手法。有2000万元的江诗丹顿，2000万元的百达翡丽。这些就是起到"锚点"价格的作用，这些超高价货品并非公司主销的产品，但却有助于拉动主销产品的销售。

2. 拉低估价的锚点

有拉高人们估价的锚点，就有拉低估价的锚点。利用某些货品或服务的低价，让消费者产生价格便宜的错觉，这在各种行业里司空见惯。例如，房地产行业售楼时推出一套特别低的价格，这套房子人们一般不会购买，甚至有说该房子已售，或以特别的原因，让你买不到该房子。在销售电器类产品时，某一型号的货品特别低价，但就是没有货。酒店推出的特价房，旅游中某些时候的特别优惠价……这些都是竖起低价锚点的标杆。在珠宝店中，非主销、对比性强的货品有时也可作低价的锚点。例如，对于一家以经营宝玉石为主的店，可以用黄金、铂金的低价格吸引眼球，或者用非主销的克拉钻的低价作锚点。此处的黄金、铂金、克拉钻的优惠价格，比市场价低，使顾客形成该店所有货品价格低的印象，以吸引顾客。

（二）对比价格

通过对比价格，让消费者觉得准备购买的货品便宜、物有所值，也是珠宝商惯用的做法。

树标杆的做法很常见。揭阳某一商人有一批紫罗兰色的翡翠原料，加工成手镯，其手镯芯加工成观音。行家们知道手镯芯的价格应为手镯的1/4，一个手镯芯可加工成两件观音。那么，一件观音大约为1/8的手镯价。该玉商的手镯批发市约为120万元，观音每件应为15万元左右。该玉商先把手镯放出市场，当购买者出价到120万元时，他还不卖，乃至150万元、180万元、200万元尚不出手！当他再放出紫罗兰观音时，购买者就以200万元的手镯作为参照，以推断观音的价格，这时观音的价格应为25万元，此举大大拉高了紫罗兰观音的价格。这里卖家把手镯当成一个拉高价格的标杆。

在红蓝宝石的销售中，有时商家为了销售1~2ct的常见货品，故意抬高3ct的价格（货品少）。外观大小相差甚微的货品，同样的款式，其价格可能相差数倍，销售人员这时建议顾客购买1~2ct的货品，往往容易成交。

实际上，利用"对比"的原理诱使消费者按商家的意愿选择商品在商场上屡见不鲜。星巴克原有大杯咖啡（A）、小杯咖啡（B）两种，人们总是选择小杯咖啡。为了提高销售额，星巴克加上了超大杯的咖啡（A+）（当然不是命名为"超大杯"而是大杯），这样星巴克店中提供了大（A+）、中（A）、小（B）三种规格的咖啡。人们自然更多做出既不显小气（选小杯B）、也不显浪费（选大杯A+）的选择，而选择合适的中杯（A），中庸之道是人们普遍的行事法则，而这原本就是星巴克想要售出的大杯呀！星巴克店中还摆出矿泉水，售价是25元/瓶。这么高价的矿泉水，客人通常不会购买，当然，矿泉水也非星巴克想要销售的产品，它放在那里，相比之下顾客就会觉得，20~35元一杯咖啡很划算。

许多消费者的购买决定来源于对比。某知名化妆品品牌有两家代理商甲公司、乙公司。甲公司的批发价为零售价的七折，而且很严格，对零售加盟商有各种严苛的要求，其中对零售店的装修要求尤为严格，要求必须由指定的装修商进行装修，往往一个8米的柜台，装修费要20万~30万元。办理各种手续还非常烦琐。另一家代理商乙公司则比甲公司要宽松得多，可由零售商自找装修公司装修，可省10万元左右，从乙公司进货价格更优惠，是零售价的65%~68%，但要附加购入一些其他配套的赠品等。可想而知，自然更"优惠"和"宽松"的代理商生意红火。直到几年后才有零售商发现，这两家"竞争"的公司其实是同一老板的。

（三）加上文化的概念

在食品中加上"绿色""有机"的概念，如有机大米、有机蔬菜、绿色食品、一号土猪等；在电器方面，加上"节能""变频""环保"的概念，如节能空调、环保电池等；加上这些概念的商品才能卖得好，卖得起价。在2008年的北京奥运会，奖牌、徽章、纪念品用和田玉，使传统的和田玉文化得以传播，国内外更多人理解、欣赏中国的玉文化，和田玉的价格大涨。这是因为，和田玉作为一种玉石材料之外，又加上了文化的元素。当然玉雕中的"名师""名人""古玉"等也是文化元素，这些元素的加入，使人们更加喜爱和田玉，其价格也附加得到提升。

近年热销于彩宝市场中的"无烧""鸽血红""皇家蓝""矢车菊""绝地武士""宝恒盖"等，都加入了文化概念，促进了宝玉石市场的繁荣。

文化能打动消费者，提高产品在消费者心目中的价值。增加文化附加值，是许多品牌所追求的。

（四）撇脂定价法

撇脂定价法是经济学上的术语，指在产品生命周期的最初阶段，把产品价格定得较高，以求最大利润，尽快收回投资。这是对市场的一种榨取，就像从牛奶中撇取奶油一样。在珠宝市场上，商家常采取这一定价策略。例如，3D硬金在2010年前后刚推出市场时，加工厂加工费每克50~60元，随着技术的扩散，许多厂家跟进，加工费也越来越低，目前每克为10~20元。金镶玉饰品刚推出市场时，售价很高，是成本的好几倍。随着竞争者的加入，售价越来越低，最初进入市场的有些厂家甚至已退出市场。3D硬金及金镶玉饰品刚进入市场时，商家采取的就是撇脂定价法。

2003年11月开始实施新国标定名规则，一切透闪石质玉（软玉），不管产于何地，皆以"和田玉"命名。原产于新疆和田地区的软玉名称"和田玉"的概念扩大，已不再具有产地的概念。新的"和田玉"名称的内涵消费者不清楚，容易与产于和田地区的传统"和田玉"概念相混淆，消费者在选购标称为"和田玉"的玉石时，容易联想到的是产自新疆和田的传统的玉石，而后者是历史悠久承载着中国玉文化的玉石，是名贵的玉石品种。许多精明的商家趁此国家标准改变之机，推出和田玉各种饰品，这些玉石原料有可能来自韩国、我国青海、俄罗斯，甚至加拿大等许多地方，成本较产于新疆和田的原料低，而又能合理合法利用新的和田玉国家标准。这些商家在刚推出和田玉饰品时，采取的就是撇脂定价策略。因为许多非新疆产的和田玉，其成本较真正新疆所产的低，而消费者又可能误认为是新疆和田所产的名贵玉石，可以售高价格。

（五）"众人之口"影响价格

20世纪90年代末，南京一间新开的规模很大的珠宝店，以销售翡翠为主，店中正在进行"厂价直销"，号称直接从缅甸购买原料，自设加工厂直销，没有中间商赚取差价，是全市最低价，并且在各大媒体上做广告。总之就是货好价低，以行家价（行家交易价、批发价）销售。虽然宣传广告的力度不小，但收效甚微，直到有一事件发生。有一天晚上，该店的铺面拉闸门上被喷了猪血、红油漆，写着"不道德，破坏行业规矩"，甚至有这样的字眼"去死吧，断人财路！"对这种治安事件，媒体当然不会放过，连篇累牍地跟踪报道，当地公安人员也插手调查。媒体采访店主的报道说，该店因为翡翠玉器售价太低，以行家批发价格作零售价，并把此秘密公开，使其他零售店没了生意，断了生计。因破坏"行内规矩"遭人妒忌，因而被同行报复。

不仅是媒体官方如此说词，坊间也流传上述说法，该店也承认"破坏行内规矩"。但是，该店却我行我素，依然故我地推出"厂价直销——透明化销售"。此事过后，店的生意可想而知，非常火爆，顾客盈门，商家赚得盆满钵满。凶手没找到，玉器价格是否真的是低利润的行家价（批发价），只有店家自己心知肚明。

其实明眼人一眼也能看穿，这种自编自导的戏古已有之。古代就有相邻两店因对方恶意低价抢客而闹上官司，白天公堂相见，晚上老板在家数钱！但是，为何还有那么多的人上当，这就是人的行为受他人（众人）认同的影响。我们在公路上常见这样的现象，如果前面有几辆车向旁侧改道，我们也下意识地往同一方向转道，因为相信前面的车知道路况，也许前面发生了车祸，或者修路等。我们在陌生的地方找餐馆就餐时，看哪个餐馆门口停的车多，就往停车多的餐馆就餐。股市上天天都有内幕消息，听说基金或许多人在追捧某只股票，往往我们也跟进。据罗伯特·B·西奥迪尼在《影响力》一书中介绍，赛马投注时，有的老鬼也耍这套把戏，把小钱压在劣质的马上，把它弄成初期的大热门，赛场谣言四起，说这人有内幕消息，大家拼命跟进，往这匹马上下注。最后时刻，老鬼把重金压在其他马上，结果大家输得精光，而老鬼却赢了钱！

消费者对翡翠玉器的价格不熟悉，但却很喜欢翡翠，到哪购买才不会上当呢？在这种情况下，只能通过周围的信息寻找自己该怎么做的答案，难免会受周围人的影响，何况上述南京这"厂价直销"的店，周围传递信息的人都是"行内人"呢。上述的喷血事件传递给人们的信息是"行内人"认为该珠宝店破坏规矩"暴露行业的秘密"。什么"秘密"呢，原来大家不熟悉翡翠价格，这件要1万元，另一件差不多的货品，却要10万元，让人看得眼花缭乱，该店却直接把"成本"告知消费者，就是商家的"透明化"销售，就是原料成本加上工费及必要的利润。那么什么是"行业规矩"呢？在玉器行，由于玉器的周转慢，且存在滞销尾货，一般而言，零售商加价率较黄金、K金、钻石高。有人进行过研究，在热销时期，翡翠玉器的周转率较为理想的状态是2~3年周转一次，也就是说，你投资1000万元的翡翠玉器，一年的销售额也就是350万~500万元，而黄金约3~4个月周转一次，黄金的周转次数是翡翠玉器的5~10倍，平均为7.5倍。按照经济学的理论，要取得同样的投资回报，翡翠玉器的毛利率必须是黄金的7倍以上。当然，这只是理论计算，许多珠宝店的翡翠品种只是为了搭配，以使珠宝店品种齐全，满足不同客人的需要。反之，也有珠宝店把黄金饰品作为配角，以超乎寻常的低价招揽顾客，目的在于增加客流量，以拉动其他珠宝品种的销售，起到"触媒"作用。总之，在零售市场，翡翠玉器应具有一定的毛利率，这是零售店的普遍做法。而在行内的批发市场，因其周转快，且行家们识货，一般批发交易的毛利率并不高，平均而言，通常是5%~10%。上述该店既然有"行内人"认为它破坏了"规矩"，以原本在行家之间批发交易的价格售卖给了消费者，实际上是"砸了其他零售商的饭碗"。这些"行内人"的意见是消费者们最感兴趣的，既然行家认为该店的售价低，在此购买肯定错不了！本来许多消费者购珠宝还带朋友做参谋，现在行家都认为该店的价格低，还不赶紧抢购啊。多人的购买又引发了"马太效应"，聚集者越多，又引来越多的人关注和聚集。

通过事件的营销，使消费者相信"行家"的观点，形成对店中货品价格确实低、信息可靠的反应，消除了消费者心中对价格的疑虑。只是在这一事件中，"行家"是店主自己而已。这与许多产品的广告中请社会名流为产品背书，说产品物美价廉如出一辙，只是表现形式不同。

现在各种线上的销售非常活跃，近年的微信销售尤其火爆。微信上有另一类的价格欺诈，让朋友圈中其他人为你的价格作伪证，以增加顾客的信心，提高顾客的出价。例如，某微商在售卖一翡翠戒指，要价220万，某顾客出价120万，微商为让该顾客再加价，会"截图"告知该顾客，有行家已出价130万！他尚未卖，希望该客户能加价到138万等。在这种情形下，多讨一点钱通常是成功的，这是因为"其他人"的价格影响了该顾客。人总是喜欢参考周围的行动以指导自己的行动。在一些玉器市场的交易中，也常见货主说某某人已出价多少多少，意为你应该效法与你同类的人——玉器行家，出价再高些。这些"截图价""其他行家价"到底有多少可信度，只能靠当事人自己评判了。

有卖货人想方设法影响购买者的价格的，也有购货者围堵货主价格的。许多玉商喜欢到揭阳阳美进购翡翠手镯，但要购到性价比非常满意的实属不易，不少人铩羽而归。福建人却游刃有余，以致他们以经营手镯为特色。在广州华林玉器街，福建人几乎垄断了翡翠手镯的批发生意，而这些手镯基本上是从揭阳工厂进货的。这说明这帮玉商定位清晰，经营有特色，更说明他们进货有渠道、有办法。他们进货多以抱团的形式一同前往，当在工厂看上一批货时，他们不会互相抬价以抢货，而是相互配合压低价格以围堵这批货。例如，当看上一批行家批发价为100万元的货时，团队中每个人给货主出价70万~80万元，连续两三周多位玉商的出价，给货主造成错觉，原本他估价100万元的货物，这时只能认为市场才值80万元。再加上资金周转压力，而且揭阳玉商总希望再赌原料，以求开涨，他们永远怀着赌赢石头赚大钱的侥幸心理，往往不会过分咬住成品的价格，想着后面又有一块赌石要购买，也就把眼前的这批货放手了，虽说价格不尽如人意也卖出。抱团进货的人则以合伙的形式购进了这批货。在赌石的投标及谈价中，也有抱团围堵的情形。这种行家交易的技巧则是另类的交易价格策略。

（六）拍卖托高市场价格

在珠宝玉器集市中，一般以议价的形式通过谈判达成交易；在零售市场，则采取明码标价的方式。珠宝与艺术品一样，有时通过拍卖方式以寻找供给与需求相符的均衡价格。对于像高档珠宝这样的货品，由众人给价是不错的交易方式。许多人认为，拍卖是一个风向标，预示着某类货品的走向。在20世纪90年代，佳士得、苏富比拍卖翡翠玉器，以配对的翠绿色珠链、手镯、戒面走俏，这些货品共同的特点是光身素面，凸显材质，随后市场上简约、凸显材质的货品受到追捧。高档的货品以拍卖价格作为参考，也引领着消费潮流。2000年之后拍卖行紫罗兰色翡翠货品的增加，带动着市场上紫罗兰货品的热销。

拍卖作为珠宝常见的交易方式，其交易价有着公平的方面，同时也要提防人为的操控。

（七）电视购物中的套装及赠品

近年电视购物频道销售珠宝的业绩普遍不理想，但在2005年之前许多做电视购物销售珠宝饰品的公司却业绩不俗。电视购物一般在收视率低的电视低价时段（深夜）播出，电视购物售卖珠宝玉石一般有以下几方面特点。

（1）"限量""稀少"性

特别是玉玺、玉雕纪念品、金银纪念品，都是限量版，传递给消费者以稀少、有升值空间的概念。有时移花接木，关联到其他升值的货品，造成这类货品也像销售员所说的其他类似品种那样，将快速升值。

（2）一定会与"市价"作对比

市场上该类货品销售价8万元，这里仅需3万元，还送礼品。多使用这些煽动性语言，对于声称的"原来销售价""市场价"，消费者则没有深入的研究，只觉得实在太便宜了。这里使用虚构的锚点价格以促使消费者在脑海中构建参考。

（3）珠宝首饰成套销售且有赠品

多件成套销售是电视购物的惯用手法。据威廉·庞德斯通介绍，此种做法始于20世纪70年代末的美国，此后的电视购物几乎无一例外地沿用。1985年，泰勒对"心理账户和消费者选择"理论进行了解释。该理论认为，一方付出的价格（损失）以获取某种有价值的东西（收益），收益和损失都呈现出报酬递减的趋势。简单讲，就是3万元奖金挺好，但它并不比1万元的奖金好上三倍。故此，较之一次获得3万元奖金，分别获得三次1万元的奖金带来的喜悦更多。得到三次奖金，人们会高兴三次。电视购物就是利用这一原理，让消费者多次获得"喜悦"，当然最后常常还有额外之喜——有礼品相赠。多件成套的货品能够多次刺激消费者的购买欲。

一般珠宝店在促销活动中，通常也使用几件产品一起销售并附赠礼品的策略。这一策略的妙处在于消费者会觉得"划算""便宜"。而实际上多件打包的货品给此后的退换货造成困难。当消费者要到所购的商店退换货时，肯定遇到麻烦——店家是货品连同赠品一起计入销售的，要退换货的话，赠品也得退回来。

（八）销售中加价另购物品

在收款台附近，往往可见"加300元购靓丽石榴石手链""加400元购玉扣一件""加200元购水晶（珍珠）链一条"等优惠购物提示。

"加300元购一条石榴石手链"，因300元是小金额，手链又漂亮，许多客人都会购买。广州的一家珠宝公司曾在玉器节搞活动，有一天以这种方式销售了600多条。有时在购买这类便宜货物时还得附加一条件，就是要扫公司的微信公众号二维码，关注公司微信公众号才能享受这样的购买待遇。表面看起来增加了顾客的麻烦，似乎不应该设置这一关卡，其实非常有必要。有商场做过试验，增加顾客扫公司微信公众号二维码才能享受"加300元购一条石榴石手链"的优惠政策，比无须扫微信公众号二维码，任何顾客都可任意购买的销售效果更好。为何给顾客增添麻烦，附加了条件反而销售更好呢？

在人的行为中有一种被称为"互惠原则"的行为。互惠原则认为，我们应该尽量以类似的方式报答他人为我们所做的一切，也就是中国传统文化的

"投桃报李""礼尚往来""以德报德"。罗伯特·B·西奥迪尼（Robert B. Cialdini）把这种人类的互惠原则总结为影响行为的影响力之一。上述的例子中，从顾客的角度讲，他（她）帮了店方的一个忙（扫微信二维码），施惠于店方，店方应有所回报，从迹象看，店方"加300元购一条石榴石手链"就是回报，因为你若没有为店方做此事就不能享受此待遇。既然是店方的回报，人们觉得应是施惠于顾客的。

在这种营销技巧中，让顾客感觉到"施惠价""特别价""照顾价"是关键。比如在泰国国际机场，要购买洋酒带回国必须凭护照登记，而实际上这样的酒价与广州市面价相差无几，增加护照登记看似麻烦，但传递给顾客以"有条件"购物的信息，店方是在施惠于符合条件的人。在营销中，有时设置门槛反而使顾客有尊贵感。

（九）抽奖购物

中央电视台曾经报道过在商场抽奖中奖后购买金镶玉的事件。金镶玉或其他玉石饰品的抽奖销售一度闹得沸沸扬扬。这种抽奖购物就是每个顾客在某商场消费满一定额度皆可参加抽奖，几无例外地都能中奖，可花几百元购一玉石饰品。这种销售模式是针对人的幸运心理设置的。消费者一般会觉得既然是抽奖中奖，说明我是幸运者，幸运者肯定是得到上天的眷顾，那么多人抽不到奖，独我中奖是多么幸运（他不知道所有人都同他一样"幸运"呢），必定有免费或优惠的商品在等着自己。在这种简单的逻辑支配下，许多人会掏钱购买"中奖品"。

在这种营销中，商家采取了三个技巧，一是利用人们喜欢免费、幸运的心理。喜欢免费是人之常情，正是人们喜欢免费的心理，催生了百度、腾讯、Facebook等规模几千亿的大牌企业。第二，金镶玉、各类玉饰品价低，针对顾客不懂得这些饰品的市场价，况且其售价又不高，因此对顾客有诱惑力。第三，设置了门槛，只有中奖的顾客才能享受此待遇，是有条件的甚至是尊荣的，一般人不会放弃此等幸事。

（十）在工艺、文化上做文章

珠宝玉石就是一种文化艺术品。如何在工艺和文化上做文章以增加其附加价值，是珠宝商们孜孜以求的，如玉雕饰品中的名家作品，珠宝首饰中大师设计作品，设计比赛中的获奖作品，有故事的作品，名流名人使用的珠宝等都是通过在工艺和文化上做文章增加了附加价值。这在相关章节中再予以阐述。

宝石钻石中的专利产品，绝版工艺，配对的首饰常常也可增加附加价值。例如，有的公司设计的情侣装，专利切工钻饰系列产品，春节限量版金猪摆件、金猪手链等加上文化概念的首饰，通常售价较普通首饰高。

（十一）不同形式的金饰品销售价

在2005年之前，许多市民喜欢到香港购金条、金饰品，特别是广东的居民尤其得地理人文的优势。我常常与这些居民交流，询问他们为何更愿意到香港购金饰，回答大体上有三个理由：一、香港金价更便宜；二、香港的金饰工艺好；三、香港的金饰成色有保证。

作为珠宝行家，知道其实上述三个理由是不成立的。但不管我们内地金店的相关人员如何解释，似乎没能减少到香港购金饰的人潮。20世纪90年代末之后，中国的金价已与国际接轨。每天有伦敦、纽约、上海的挂牌交易价，其价格是有国际行情的，世界各地的原料价格可以说是一样的，不存在大的差异。但为何会给消费者以香港金价便宜的感觉呢？这是两地的零售价格体系不同所造成的印象。香港实行料工价分离，内地实行金饰品的零售单价包含工费，料工合并单价，这样的料工合并单价当然比香港的纯料价高。至于香港金饰工艺好的印象，可能是90年代以前香港确实更注重金饰、珠宝工艺及款式设计的原因。当时中国内地金饰品加工主要在国营的工艺美术公司，相对而言，设备落后、工艺粗糙、效率低下、款式陈旧、没有创新的设计。也许这些给居民们留下太深刻的印象，一直在他们的头脑中挥之不去，再加上当时香港的其他许多商品质量好，人们自然就联想到金饰品也是香港的质量有保证。因为香港有周大福的四条九（999.9‰）的金饰，因而联想到香港的金饰成色更足更纯。实际上自90年代中期开始，包括周大福、六福在内的许多香港黄金珠宝品牌纷纷到内地设立黄金加工厂。因内地人工、土地优势，市场发展迅猛，香港的黄金珠宝品牌已立足在内地发展，在内地设企业办厂，专为香港生产黄金珠宝产品，说不定你从香港金店中所购买的黄金珠宝饰品，是地地道道内地所生产的呢。

黄金的零售定价策略有上述两种，自2005年之后内地普遍采用香港的工料分离定价法。此种定价法有何优势呢？首先，金价的料价按挂牌价给人以按国际交易价公道交易，随行就市且金价低的感觉。第二，不同的金饰品品种不同、工艺不同可以另外收取不同的加工费。在2005年之前，当居民在香港所购的金饰品工费料费相加比内地金店还贵时，这些购金者会为自己辩护：香港金饰工艺好，所以收取的加工费高。工费容易与工艺挂钩，这是当时香港金店把金料与工艺分离计价的妙处。内地把此两者相加销售，没能突出工艺的差异，仅是每件饰品有一编号，方便销售之后盘点及计算进销差价（不计金价的涨跌）。

随着近年古法金、3D硬金、工艺摆件、卡通金饰、精工金饰等各种新工艺的涌现，不同种类的金饰其加工费相差极大。金料、工费分离计价势在必行，目前内地已采用此种计价模式。消费者也根据自己的偏好选购，如有的消费者偏重金的保值功能，可选择工费低的金条、简单的普通加工，偏重时尚饰品的人可选择硬金、精工。香港市场经济发达，其商业模式一定有其可取之处。

（十二）用差货托底

珠宝的价格当然是根据货品的质量及市场行情而定的。问题是，未见过好品质的人会误认为眼前的货品已非常高档了。例如20世纪90年代，来自泰国销售红蓝宝石的商人，每当1克拉（ct）左右的红宝石售价超出1000元，蓝宝石超出500元时，基本上批发不出去，没有市场。当时中国市场较流行的是红宝石1克拉500元以下（1ct左右规格），蓝宝石每克拉200元以下。最畅销的规格是5mm×7mm、4mm×6mm、3mm×5mm这些小尺寸的。1克拉几百元的红蓝宝石大家认为已是很优质高档的货了。钻石则以0.10~0.15ct，I、J、K、L色，VVS最为流行，市面上难见到D、E、F这些高色级的。大粒的钻石也鲜见，一个珠宝店有一粒克拉钻已是镇店之宝了。翡翠饰品也难见几万元一件满翠绿色好种的。珠宝的货品质量高低是对比出来的，只有与差货对比才了解货品的高品质，也只有与高档精品比较，才知道天外有天。

在销售中，往往顾客会怀疑你的货品定价高，善用对比的营销人员往往能够消除顾客的这种疑虑，从而达成交易。例如，当向顾客推销一枚0.50ct的钻戒时，J色、VVS的货约为28000元，E色、VVS的为45000元，看起来后者贵很多不易销售，但当你了解顾客的需求后就能有针对性地推销了。如果顾客是订婚、结婚用戒指，重要纪念日（如生日、结婚日、孩子出生日等）用来纪念，赠送后辈以作传承等，一生只一次，当然要买优质的。而且女人都有虚荣心，你告诉她，后者在市面上是0.50ct钻石中极为优质者，当与闺蜜在一起时，保证没有人的钻戒能比得过，无论颜色洁白、闪着蓝光的火彩，还是干净纯洁，在闺蜜中无出其右！虽然多花1万多元，但在朋友们中间有面子。此时爱炫耀的女人多数会心动购买。

在推销翡翠与祖母绿时，人们最忌讳的是裂纹，而这两种宝石却常见裂纹，如何消除顾客的疑虑就要善用衬托了。要善用比这件货品有更多裂纹的货品以衬托对比。对翡翠分清是裂纹还是石纹，用性价比为顾客做参谋，并突出该件货品的亮点。例如，有顾客看中一件价格2万元的翡翠戒指，颜色、款式都很满意，但就是有点小石纹、小瑕疵。这时，近似完美的戒指要价5万元。那么，要根据消费者的需求进行有针对性的推销，若顾客是自戴装饰，可解释如此细微的纹理不影响美感，也不影响耐用性，比之于花多一倍的金钱，还是这件2万元的翡翠戒指划算，况且此款颜色碧翠欲滴，种又玲珑剔透，不可因小瑕疵而失之交臂。祖母绿的推销也同理。祖母绿的包裹体发育是其天生的特性，要培养消费者接受并欣赏这一特点。

钻石、红蓝宝石、祖母绿的细分等级是为了增加这些宝石的价值，以及可做相互的衬托对比，让不同的消费者有不同的选择，丰俭由人。祖母绿的充油（净度优化）分级，其实质是为了销售市场上常见的充油品种，相比较于"中油""重油"，充填小油、微油、极微油级别的祖母绿就是很正常甚至很优质的了。市场上几乎不见"重油"级别的祖母绿，连"中油"级别也鲜见。有了这两种托底，显现了市场普通充油祖母绿的可接受性。同样的道理，钻石净度有P1、P2、P3（低品级）托底，显得SI级净度是正常货品，突出了净度VS、VVS级的优质。在钻石Rapaport报价表中，就有SI3级别，那是为忌讳P级钻而特设的级别。珠宝的分级是门艺术，这门艺术发挥得好，能大大促进珠宝的销售，提高珠宝的价值。

（十三）"你要得越多，你得到越多"

在泰国尖竹汶市场以及国内的一些玉器市场，货主的要价都很高，往往吓退了初踏入这一市场的人。有一做微商很成功的小普，经营微店赚了不少钱，也想到揭阳阳美进些高档的货，听到货主的要价倒抽几口冷气。"我卖出去还没这么高价呢"，她说。到阳美一个星期，空手而回。一些北方的客商也有这种感觉。但是，市场的高档货几乎都出自阳美，许多珠宝商都是到阳美进的货，广州、四会的玉商也常到此进货，许多人还赚得很欢，认为是不错的进货渠道，大家的感觉不一样。有做宝石生意的商人，起初到泰国尖竹汶，一听货主报价就缩着脖颈直摇头。"还不如在国内批发市场一些经营宝石的公司那里购买来得便宜！"许多人发出如此的感叹。而尖竹汶却是世界公认的宝石集散地，各国的宝石商都到此进货，视其为宝石的源头，到此寻找货源。

为什么会出现上述的情形？一是这些珠宝商未习惯这里的交易方式；二是有些珠宝商尚未精通货品行情，习惯国内一些宝石公司的明码标价，或较实在的开价。这种市场上开高价的文化沿袭了很多年。为何商人们喜欢采取这种方式，威廉·庞德斯通在《无价》一书中作了解释。照他的价格试验，他说"平均而言，先报价者赚的钱更多，初始报价越高，赚钱越多""待价而沽是一种先发优势"。换句话说，"你要得越多，得到的也越多"。下图是他试验的结果。

有了威廉·庞德斯通的经济学解释，就能理解市场上开高价的行为。有时开高价的珠宝商还振振有词，货主也经常对采购人员如此说，"我卖给你低价，你也售出低价；卖给你高价，你就售高价"。的确如此，进货的商家以成本作为核算，就是行业流传的"成本作师傅"原则——按成本加价再次

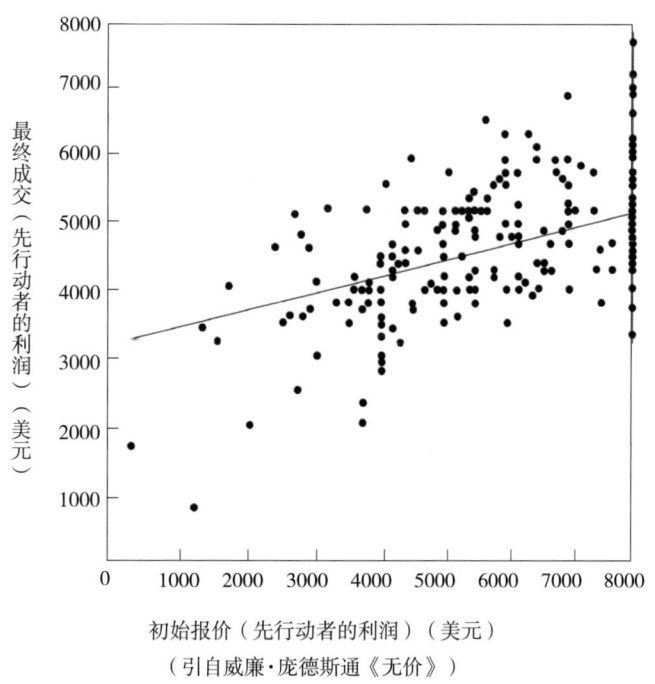

（引自威廉·庞德斯通《无价》）

图3-2

销售。从这一现象也反映出珠宝的"无价"属性,她的价格因不同人的喜爱程度而异。有时在市场上会听到这一故事,某珠宝商货品成本是2万元,在市场上卖出十几万元的高价。有时明显进价高的货,不仅不会滞销,还能卖出好价钱,特别是在市场走俏时这种现象更是常见。真是"疯子买,疯子卖,还有疯子在等待"。

任何事情都有其两面性,珠宝的"无价"属性(价格弹性大的特点)固然可为商家带来可观的利润,但当市场萎靡或是商家要套现时,按进货的成本六折、五折有时还难以售出。

(十四)"折扣价""大优惠""拆迁大甩卖"

时常可见到街头小店打着"三折大优惠""拆(搬)迁大甩卖"等招牌,有三折、二折,甚至一折优惠,挂着10万元标签的货品,干脆写上仅售5000元。明眼人一眼就能看穿其骗局,但许多挂着"搬迁大甩卖"招牌的店,三四年都未见搬迁,上当受骗的人依然络绎不绝,若真没人购买,恐怕该店早就"搬迁"了。

这些名目繁多的"大优惠"是否真的优惠,为何还有那么多人光顾?真正的优惠是有前提的。根据国家发改委文件《禁止价格欺诈行为的规定》,"原价指的是同类商品本次降价前7天内销售的最低价格"。由此定义可知,原价是指降价前7天内同类的最低销售价,上述标签上的标价实际上不可能是7天内的销售价。但货主往往会在"同类"二字上做文章,辩称每件珠宝玉器都是独一无二的,不存在"同类"之说,从而虚构抬高"标签价"。虽然如此,珠宝玉石也是可进行比较的。例如,现标价10万元的货,总比标价5万元的货好吧,10万元的货在前7天内没有以10万元售出,也许仅售出1万元,那么,10万元以下的货可能以标价5万元售出去吗?可见,这里的"标签价"是虚构的,是人为写上去的,而"三折""二折"大优惠也仅是一种商业行为。有不少人上当,一方面是贪图便宜的心理在作祟,另一方面是货主的刻意混淆,让其误以为"标签价"是过去(短时间内)的真实销售价。

(十五)"黄金首克199元"

"黄金首克199元"这个广告在某店打出,确实很吸引人。2017年某省宝协实地考察,发现某店的K金饰品、镶嵌首饰、翡翠饰品等价格很高,以K金为例,市场价约400元/克,这店却卖900元/克以上。至于金饰品,每件都在4

克以上，除"首克"外，其余3克以上照正常价销售，首克的损失可在后面的金价里补回来。消费者之所以被吸引过来，是被黄金首克199元所打动。店方是通过黄金的超常低价做幌子以招徕顾客，增加客流量，以销售其他产品。

商业的招数无奇不有，有的店家打出每天进店前5名享受黄金×××元/克的优惠，至于消费者是不是前5名顾客就只有店方知道了。这两个营销的案例都以黄金的金价做文章，是因为黄金有市场价，价格高低容易对比，黄金价格低了会让消费者联想到该店的货价低。

（十六）与名牌同款

与名牌近似的款，用名牌的价格作锚点对比，以显示这款珠宝的价格优惠，只要不涉及知识产权，这种营销无可厚非。如有的店有类似卡地亚的款式（但不是山寨版），名牌销售13万元，店里只售4万元，以此用一些名牌货、知名店的货作对比，这是许多不知名小店常采取的推销手法。

老侯賣寶

有故事的珠宝才好卖

第四章
DI SI ZHANG
4

珠宝的故事营销

第四章　珠宝的故事营销

在中国，牛郎织女的故事家喻户晓，这个民间传说是农历七月初七"七巧节"（也称"七夕节""乞巧节"）的来历。宋代秦观的《鹊桥仙·纤云弄巧》更是脍炙人口。牛郎织女的故事显然是古人虚构出来的，但为什么能流传千年而没有失传呢？因为它打动了人们的心，是人们心声的表述。牛郎代表下地劳苦耕作的男人，只要老实本分，就会善有善报，娶到美貌的妻子，即便夫妻分离，天公也会作美，给他们相会的日子。人们相信，只要爱情坚贞，耐心等待，有情人终成眷属。

另一传说"女娲补天"是中国最为著名的神话故事之一，女娲炼出五色石补天，拯救生灵。又传说女娲抟土造人并化生万物。虽然这些传说有不同的版本，反映出在口口相传时代，故事随时间变迁以及在不同地域发生了差异，但这些故事传递着一个信仰，就是生殖崇拜。现在许多地方有女娲庙，人们到庙里拜女娲祈求得子嗣，把女娲奉为繁衍生殖之神、始母神。这一民俗反映着上述神话传说的中心思想。

中国历史上朝代的更迭也是用故事造舆论，宣扬新王朝取代旧王朝的合理性，是上天所定，"君权神授"，鼓吹封建权力的合法性。例如岐山凤鸣的故事，带给当时的人民一个暗示：在周的地方有圣人出世，周会兴盛，周替代商是上天的安排。

自古以来，人们爱听故事，相信故事，相信故事所讲述的观点。讲好故事是说服他人、传播观点和价值的最好办法。难怪2000多年前古希腊的哲学家、思想家柏拉图说,"谁会讲故事,谁就拥有世界"。

一、为什么故事打动人

1. 系统1,系统2

诺贝尔奖得主丹尼尔·卡尼曼(Daniel Kahneman)一生致力于认知和行为的研究,在《思考,快与慢》一书中,他对大脑的思维模式提出"系统1"和"系统2"的观点。"系统1"依赖情感、记忆和经验快速做出判断,使我们能够迅速对眼前发生的情况做出反应,是"快思考",或者可表达为直觉的反应。"系统2"是通过调动注意力、深入思考、计算、分析得到结论。当我们在学习知识技能时,系统2在学习积累,并把这些知识和技能提供给系统1。系统1是快速直觉的反应,使人轻松,但却容易出错,容易上当,它固守"眼见即为事实"的原则,它是感性思维。系统2是理性思维。

丹尼尔·卡尼曼认为人类的世界观受制于眼见即为事实的原则。

2. 大脑分工不同

从医学心理学家的角度,大脑结构中不同的区域有不同的功能。大脑的右侧更艺术化、视觉化,更有创造力。而左侧更侧重于语言和知性。尼克·南顿(Nick Nanton)和杰克·迪克斯(Jack Dicks)在《故事营销有多重要》一书中写道:"加利福尼亚州克莱尔蒙特研究生院神经经济学中心的研究人员发现,故事激活了我们大脑里的某种激素,而这种激素,其实就是科学界所谓的'爱情激素'。""这是因为它跟浪漫依恋、感情纽带还有性行为相关。"书中强调,"故事很性感,即便故事本身跟性感相去甚远"。

故事既然打动了我们的情感,触发了我们的想象,那么,我们就能设身处地地站在主人公的立场上,与主人公同感七情六欲。不难理解,人类在丛林时代以及走出丛林的过程中,经历了无数的危险、恐惧、饥饿、疾病、痛苦,直觉和想象有助于人类摆脱危险境地,猎取、采摘食物,增加生存概率。大脑的直觉和想象是进化而来的。

由此,我们不难理解柏拉图"谁会讲故事,谁就拥有世界"的说法。

3. 故事容易记忆和流传

一个名叫汉斯·威斯多夫的德国小伙子,在柏林的一家珠宝店打工,他与一位叫科琳娜的美丽姑娘相爱了。但是他们的爱情遭遇科琳娜继母的狠心阻拦，继母要求汉斯拿出10万法郎作为彩礼，这对于小销售员的汉斯简直是天文数字。当汉斯万分沮丧的时候，一位英国朋友邀请他到伦敦开一家钟表公司。为了筹集10万法郎迎娶科琳娜，汉斯立刻同意前往。5点钟就要出发的汉斯给科琳娜写信约她到码头送别，并约定一定要等他赚到钱回来娶她。左等右等等不到科琳娜，汉斯只好悻悻地踏上开往伦敦的船。等到汉斯赚了钱回到德国时，心爱的姑娘科琳娜已嫁作人妇。经了解，当年不是科琳娜失约，而是汉斯送给她的那块表慢了一个多小时，以至科琳娜在"4点多"赶到码头时，汉斯已经离开了。

一段美丽的爱情被一块走时不准的表搅黄了。汉斯为自己的爱情悲剧悲愤不已，下决心一定要让钟表成为最精确的计时器，不让美丽的爱情悲剧重演。他亲手设计了情侣表，有一款计时精准的小型表于1914年被英国乔治天文台授予A级证书，成为精准计时的象征。这就是劳力士手表的故事。上述故事来自胡雨馨编著的《奢侈的诱惑》。

我们从这个故事中得到几点启发。

第一，故事容易传播。因为故事有人物、情节，有发展脉络。

第二，故事注入了情感，容易使人产生共鸣，印象深刻。汉斯·威斯多夫与科琳娜的爱情遭遇打动了人们的心，人们羡慕他们美丽的爱情故事，为他们凄美的爱情悲剧所扼腕叹息，也为汉斯·威斯多夫发愤图强的精神所震撼。记住了他们的故事，也就记住了劳力士手表。

第三，汉斯·威斯多夫对爱情的专一执着、发愤立志的创业故事打动了人们，人们因喜爱汉斯·威斯多夫而爱上了劳力士手表。这种现象被丹尼尔·卡尼曼称为"光环效应"：喜爱（或讨厌）某个人就会喜爱（或讨厌）这个人的全部，甚至包括你还没有观察到的方面。奋发有为的汉斯·威斯多夫所设计的劳力士手表得到英国乔治天文台的认可，说明劳力士手表计时准确、质量上乘。这是一个青年立志创业的励志故事，当然受万千青年所追崇。他对爱情的专一和真挚也为人们所认同。

生动故事的推广远胜于由空洞词汇和数据堆砌而成的各种说明书和广告。

4. 故事说明主题

在广告推广中，有两种手法：一是理性的数据信息，功能、效益的说明，称为理性路线；另一种是刺激的、打动人心的情感故事，称为感性路线。前者是枯燥乏味的、令人易忘的，后者则是吸引人的，能让人置身其中的。亚当·费里尔（Adam Ferrier）、珍妮弗·弗莱明（Jennifer Fleming）所著的《如何让他买》一书中引用普林格尔与费尔德的研究，比较了走感性路线与理性路线的传播活动最终所创造的利润增长差异。结果发现，感性路线创造的平均利润增长率是31%，理性路线是16%，感性路线的利润增长率几乎翻倍。这就是绝大部分品牌的广告采用故事，以情感打动消费者，改变消费者行为的原因。亚当·费里尔解释说，第一，人的大脑不需要通过认知就能接收情感性的信息；第二，我们的大脑特别容易受强烈的情感刺激吸引，并且比较擅长"记录"这类刺激，留下记忆。而故事最容易打动人的直观感觉，形成记忆和潜意识。

举些例子，当人们看到商场中有顾客带着母亲到珠宝柜台，仔细地帮母亲挑选一个手镯，小心地帮母亲带上时，人们潜意识里会感觉到这是对母亲的孝行，激发人们对母亲的爱，有机会也会模仿该顾客的行为，为母亲挑选一个玉手镯。情人节时，一对年轻的情侣手牵手到珠宝店，男方为女友挑选一条时尚的镶钻石K金链并亲手佩戴到女方的脖子上，会带出时尚首饰表达爱意的主题。

我们来看看珠宝玉石行耳熟能详的故事。关于和田玉，过去有一种说法："取玉最难，越三江五溱至昆仑之山，千人往，百人返，百人往，十人返。"接受这一说法，就是接受说法带出的主题：新疆和田玉开采困难，你手上的一块美玉说不定是采玉人付出生命代价换来的，可见和田玉的珍贵与难得。这故事出自北宋的《太平御览》。马吉青在《中国和田玉记》中记载，天津人戚春甫、戚光涛兄弟，1918年到于田县的阿拉玛斯开矿，历尽艰辛，他们开采的白玉深得当时著名玉器厂的青睐，"戚家坑"也就成为优质和田玉矿山的代名词。"杨家坑"的发现及开采更加艰险。1925年，同是天津人的杨明轩与姐夫上昆仑山探寻玉矿，因高山缺氧，其姐夫死于山上。杨明轩为找到优质玉矿，带着佣人继续勘探，终于发现了新的玉石矿脉。1926年杨明轩开始在此建矿开采，靠榔头、钢纤作业，靠人力、畜力运输，他开采的玉石卖到北京、天津等地。因为质量好，他的玉石一出现就引起了轰动，非常畅销。

"戚家坑""杨家坑"位于新疆于田县，这两个坑口在玉石行中声名大噪，成为优质和田玉山料的品牌，也带动了于田产优质山料的名声。"戚家坑""杨家坑"的开采及销售故事是塑造于田县优质山料和田玉品牌形象的最好营销方法。

二、故事营销的方法

在2000—2010年，珠宝人最盼望的节日是2月14日西方情人节，这一天珠宝店会拥挤着一对对挑选钻石的情侣。2012年之后，商家最期待的是"双十一"（每年11月11日），该节被电商巨头阿里巴巴公司注册为商标，享有"双十一"商标专用权，"双十一"成为购物促销狂欢节。这一天，做电商销售的商家无不准备好充足的珠宝货品，准备"剁手指"的促销。之后又有"520"（5月20日谐音"我爱你"）促销节等。由这些节日销售的火爆可看出几点：①目标消费人群明确，即以年轻人群为主体的、喜欢网上购物的人。②逐渐形成"节日购物"风气，也就是形成社会常规（习惯）。③优惠价吸引人，这属于个体激励。亚当·费里尔认为促成行为发生的因素有两方面，包含四种因素。一方面是动机，包括个体激励、社会常规两因素；另一方面是容易度，包含机会、能力两因素。从上述销售火旺的情人节、"双十一"可看出，这四个因素在节日中被发挥得淋漓尽致。个体激励方面，针对年轻人，特别是城市单身白领人士，他们收入高、购买力强，通过购物得到快乐。科学家证实，购物活动产生了一种名叫"多巴胺"的物质，多巴胺是大脑中一种"快乐的化学物质，属于人类的成瘾物质之一"。马丁·林斯特龙说，"这是大脑中产生奖赏、愉悦和幸福的元素"。购物产生多巴胺，使人得到暂时的快乐感。所以，在"双十一"等节日，大家都在比赛购物，许多人购了一大堆货物，等到货物到家时，才发现大多数是用不着的。社会常规方面，平台的推广造势，多人互相效仿的行为已成为一种社会习惯。在机会和能力方面，平台及物流的方便快捷使购物的机会大增，用电脑、手机上网，手指轻轻一点就能完成交易。城里许多年轻人的收入不菲，有购买力，购买的容易度高。

故事营销的重点在刺激消费者的购买动机，也就是在个体激励与社会常规两个因素上做文章。

人的行为由思维、感觉和行动三部分组成，由思维产生感觉，然后产生行动。当然，这三者也相辅相成，互相转化，具体的行动会增强感觉和思维。销售珠宝，首先要在人们脑中形成思维，要理解认可珠宝文化。故事营销的目的就是给珠宝注入故事，使人们认同故事中的文化，接受故事的观点，触动思维和感觉，促成行动。例如，玉貔貅是一种由低档玉料加工成的饰品，有挂件、手玩件、摆件等各种制品，通常工艺较普通。材质较差、

图 4-1 翡翠貔貅

工艺又普通、又没有什么美感的饰品,人们为什么会购买呢?是貔貅的故事吸引了消费者。传说貔貅是龙的第九子,它的特点是没屁眼,肚子很大,"只进不出",于是成为守财的"神兽"。传说澳门赌场不允许赌客带貔貅进场。在私人的赌博场合,不允许谁身上带着貔貅。佩带或摆放貔貅,你的财只进不出,别人的财都到了你这里,赌博的其他人当然不干了。这种帮你守财的神兽谁不要呢。对于喜欢赌博的人士,更希望有貔貅守住财。

掌握好故事营销方法,能产生良好的营销效果。

1. 关键要素

故事营销就是要用故事创造一个观点,传播一种价值,让消费者认同、接受这一观点、价值。故事的趣味性使人们在不知不觉中受它的影响,因为它不直接推销,不是直白地叫卖,人们对它不会产生拒绝、抵触的心理。故事又必须与品牌、个人、产品关联,把人们的兴趣喜爱无缝连接到目标上。既然故事在于说服人接受某一观点,因此它必须让人觉得可信。我们先来看看以下的故事。

西藏盛行藏传佛教,寺庙林立,信徒众多。虔诚的信徒,一步一个长头磕地,五体投地,千里跋涉到寺庙朝拜。寺庙成了藏传佛教地区的文化、经济和政治中心。20世纪50年代之前的一千多年,西藏是政教合一的地方。达赖、班禅活佛转世史使藏传佛教充满神秘色彩。据有关资料,自五世达赖开始,每逢战争、灾荒、瘟疫等,地方政府都要请僧人(喇嘛)作法禳解。身着褐红色佛袍的喇嘛脖子上挂着琥珀做的佛珠,手捻佛珠念经做法事。由于人员往来,文化的传播,藏传佛教也影响了汉族地区。人们崇拜西藏活佛,信仰佛教,相信佛

图 4-2 翡翠貔貅

法无边。活佛（喇嘛）所佩戴念佛的琥珀佛珠被捻磨发黄，起包浆，透明度降低，犹如蜜蜂的蜂蜡，这类琥珀被称为蜜蜡。般若经所说的佛教七宝为：金、银、琉璃、珊瑚、琥珀、砗磲、玛瑙，琥珀就在其中。活佛所佩戴的琥珀（蜜蜡）有着佛性，又是佛教七宝之一，自然信教的民众也视琥珀（蜜蜡）为宝物，通佛性。琥珀这类珠宝在广州的荔湾华林珠宝市场，被安排在佛教用品批发中心交易，说明人们对该产品作为佛教用品的认知。当然，琥珀也是美丽的珠宝饰品。

喇嘛与蜜蜡的故事把蜜蜡与佛教联结在一起，打动了有佛教情结人士的心。因为蜜蜡有了西藏喇嘛的加持，是喇嘛的饰物，提升了蜜蜡的地位，抬高了它的价值，所以市场上蜜蜡价格是透明的普通琥珀的一倍以上。市场上还分全蜜、金绞蜜、半蜜等，细分这些品种目的在于突出各自的特色，打动消费者，提高售价。在外国，由于没有佛教文化，因而不区分透明与不透明的琥珀，这两者同属一个品种，同有一个名称：琥珀（Amber）。在中国珠宝市场则分为两个商业品种，透明者为琥珀，不透明者为蜜蜡。西藏喇嘛这个故事无疑激发了人们对琥珀的信仰，提高了蜜蜡的价值。这说明成功的营销故事有几个关键要素：有出处（有来源）、真实、简单、关联。

（1）有出处。如同各种典故，有根据、有出处的故事可信度高。语言和文化习俗均来自于历史，如中华语言的成语，就来自典故及典籍的记载。这些典故、典籍为大家所熟悉，被大家所认可并被留存下来，成为表达某种中心思想的精炼语言。故事要被人们信服，有来源出处如同树有根、水有源，它的生命力更强。我们日夜受广告的轰炸，如果你的说法是牵强的、苍白无

图 4-3　喇嘛佩戴蜜蜡——来源于 IG

力的、没有依据的、不符合逻辑的,那么人们就不会相信。就如同上述例子,人们因为信仰般若经而相信佛教七宝,崇拜活佛而珍视蜜蜡。这些故事既有典籍记载,又看得见,是真实的,有根据有来源的,人们就会相信,这是很自然的逻辑。

(2)真实。真实的力量最强大,人们追求真理就是相信真实。虚假如同粉刷在粪土墙上的白灰,附着力不强,一旦捅破就很容易剥落。谎言被戳穿之后,会遭人们唾骂与遗弃。2000年前后珠宝市场上的"夜明珠"(一种辐照的萤石),2014—2018年前后的陨石故事皆属此类谎言。营销者的虚假故事被人们识破后,这些宝石也就无人问津了。

(3)简单。莱昂纳多·达·芬奇(Leonardo da Vinci)说:"精明的最高境界就是简单。"我们购买手机、电脑时发现,凡是操作越简单、界面越简洁的往往越受欢迎。生活中,一个直爽性格的人会让和他打交道的人轻松愉悦。平实的文章语言让人容易明白,给阅读者以轻松快乐。最高水准的阐释论述是语言文字的"深入浅出"。

简单而符合逻辑的故事让人容易理解和记住。形象的画面感更容易让人印象深刻,这是影视广告吸引人、打动人的魅力所在。能用影视、图片来表达思想是一种能够让更多人理解、接受观点的办法,而故事本身就具有画面感。从这一侧面也可看出故事营销的强大魅力。

(4)关联。故事所阐述的事情要与观点自然连接,由故事自然引出观点,犹如一条大河一脉贯通,有承接关系的故事更容易使人信服,让人在不知不觉之间接受你的观点。关联是指故事与中心思想要有逻辑关系,与营销的珠宝发生联系,这是关键所在,若没有逻辑关系,则故事也不起作用。

关联是宝玉石故事营销中常用的方法。我们来看看2006—2011年墨翠品种的市场状况,以体会故事关联营销的作用有多大!在此期间,原本默默无闻、不受待见的墨翠,价格上涨了20~30倍,特别是佛像、钟馗、关公等人物以及龙等墨翠雕件异常畅销。墨翠是一种黑中透绿的翡翠品种,表面反射光呈黑色,对着强光透视则为翠绿色。墨翠的组成矿物主要是绿辉石,其次是少量硬玉、钠铬辉石、钠长石、透闪石等,成分较杂,纯净、种好、翠绿色的墨翠非常稀少。因其表面为黑色,光泽不强,且成分较杂,一直以来不受市场喜爱。在中国,黑色有刚直、严正、坚毅、无私的文化含义,京剧中就有代表忠心耿耿、正直无私、刚烈的黑脸角色,如包拯、张飞、李逵、海瑞、钟馗等。人们在工作和生活中往往会碰到许多问题,比如生活不顺心、工作遇到阻碍、事业发展不顺利、心灵躁动不安等。人们的境遇呼唤正义的力量。黑色的文化含义使人们寄托黑色的玉雕件具有一种正义的力量，能够驱除生活中的各种负能量。玉石商人把黑色的墨翠雕制成佛像、关公、钟馗等各种造型，把这些故事与墨翠关联，使墨翠的玉雕作品畅行一时。这是故事关联紧密、营销成功的案例。

2. 故事架构与嫁接主题

故事应该是人们能理解的，有情节、有画面感的故事，可以通过情节、人物角色、性格、事迹等传达作者的观点。除专业的科学论文之外，在玉石、宝石的相关著作中，通常会讲宝玉石文化和宝玉石故事，以引起人们对宝玉石的认知和喜爱。

要突出宝玉石的颜色、光泽、特别光学效应等各种特征，以及首饰的造型、工艺等，就要给这些特点注入故事。人们相信故事，也就相信与故事相关联的珠宝。例如，星光红蓝宝石的星光效应是内部金红石针状包裹体呈三组60°相交所形成。星光效应的优劣与金红石的细密排列有关，金红石越密集星光效应越明显。但细密规则排列的金红石包裹体是在特殊的地质条件下形成的，可以说是大自然幸运与巧合的产物，代表着神奇、幸运与罕见。这种特性与人们追求"神奇、幸运、偶遇"的文化心理相吻合。讲述星光红蓝宝石星光效应的故事，就是迎合人们猎奇之心。又如翡色玉雕关公像是常见玉雕件，关公是忠义的化身，红脸关公是人尽皆知的故事，嫁接到玉雕上的红色（翡色）脸像的关公造型，深受人们的喜爱。

著名的奢侈品品牌之所以把品牌、货品与皇家贵族、上层社会的生活方式相关联，是要带给消费者这样的理念：我的品牌受皇家贵族青睐，货品是上层人士高档生活的标志，佩戴这一品牌的货品就与上层社会人士一样，能够彰显身份地位，从而引起消费者的追逐欲。

3. 创造价值

讲好故事是为了创造某种价值，从而创造消费群体。

在珠宝品种中，因砗磲是佛教"七宝"之一，佛教的故事使这种普通海产贝壳成为珠宝。中国人对和田玉等玉石的喜爱也得益于历史故事。

4. 故事创造社会认同

紫晶洞、玛瑙是矿物晶体，当商人们把这些矿物晶体关联到"聚宝盆"，并讲述这种晶体具有神奇力量的故事时，社会上部分人相信了这些故事，在这部分人中就形成了社会认同。按照罗伯特·西奥迪尼在《影响力》

一书中的论述，"社会认同"是一个强大的影响力武器，我们的是非判断是受他人的是非判断影响的。那么，当一个消费者想要购买紫晶洞作为"有神奇力量的聚宝盆"的时候，他要寻找"社会证明"。当他知道许多人有这种行为时，他相信与别人的行为一样就没有错，何况在这些人中还有成功人士，所以他也购买了紫晶洞，摆到家中或公司、店铺的"财位"上。

讲好产品故事，证明许多人有这种行为，会引发消费者的从众心理，从而形成消费潮流。

5. 故事营销的素材

故事营销的落脚点是增加商品的价值，促进商品的销售。故事营销的方法是多种多样的，可以通过不同的方式达到此目的。要达此目的，首先要找准故事的素材。故事营销的主要素材可以是企业创始人、品牌、产品、品种和具体的促销。

（1）创始人的故事

创始人往往是企业的灵魂，有创始人才有企业的辉煌，创始人的奋斗过程、价值观、创造力、专业水准等也代表着企业形象。例如前述的汉斯·威斯多夫之于劳力士手表，马云之于阿里巴巴，乔布斯之于苹果，比尔·盖茨之于微软，任正非之于华为、宗庆后之于娃哈哈……国外的许多企业往往以创始人的名字命名，创始人以自己开创的企业作为事业进行奋斗，企业注入了他的精神，融入他生命的全部。

讲述创始人的故事，要把创始人的性格、价值观和与品牌有关联的内容连接起来。例如乔布斯对技术和设计近乎疯狂的追求、极其挑剔的个性，可以将此关联到苹果产品的精益求精。创始人的名气越大、越传奇，故事的吸引力越强，影响力越大。创始人出席各种公开场合的演讲也是品牌的一种推广活动。

（2）品牌故事

品牌是属于国家（地区）的，人们对品牌的认识首先从品牌所属的国家（地区）开始。国家（地区）的历史文化、科学技术影响着人们对该品牌的认识。法国的历史文化，彰显她是奢侈品的发源地。来自法国的奢侈品品牌，容易得到人们的认可。瑞士是钟表业制造中心，有着悠久的历史，其精密、精制、严谨的历史文化，使人们认为来自瑞士的钟表必定是精制、准时、耐用的。因而，瑞士的Gubelin、SSEF实验室也被珠宝行业认为具有瑞士的文化特征，也是严谨精细的品牌。20世纪90年代，中国珠宝业刚刚起步，当时珠宝商在培育发展品牌时，有两种思路，一是与欧洲关联，在品牌名字、品牌文化上注入欧洲元素，甚至到法国、意大利注册，带给消费者以时尚、奢侈的"洋"文化概念。另一种是与中国传统的文化关联，关联香港的"福"文化，名字、形象源于香港，因为香港是当时中国黄金珠宝的制造中心，品质保证、精工制造、时尚款式和周到细致的服务深入人心。香港的黄金珠宝成为质量保证、工艺精湛、款式新颖的代名词。周大福、六福珠宝、周生生是香港黄金珠宝的代表，成为嫁接香港黄金珠宝的元素。

身份和风格是品牌的组成部分，只有嫁接到著名国家（地区）才容易为消费者所接纳，迎合消费者的认知。品牌需要历史，这是它的根基。不存在没有历史的品牌，不管这个历史是真实存在还是塑造出来的。讲故事就是为了打造一个品牌，法国珠宝协会主席、卡地亚国际珠宝创始人科朗丁·基多说，"要么挖掘其根源，要么塑造其根源"。这一切的目的，就是营造品牌形象。

讲述品牌故事主要是嫁接品牌定位、文化和核心价值，比如嫁接六福珠宝的香港黄金精工制造、金成色的保障价值，钻石世家的钻石专家、时尚品位，I Do的婚戒文化等。品牌故事营销的关键是找到自己的特色、历史、价值追求，通过故事在消费者心中建立认知。上海老凤祥创始于1848年，由老凤祥银楼沿革而来，主营黄金钻石珠宝。老凤祥品牌的推广注重注入以前上海滩上流社会的生活方式，特别是富家小姐、官宦太太的奢华浪漫生活，品牌广告请著名演员赵雅芝代言。首播于1980年的香港电视连续剧《上海滩》家喻户晓，女主角冯程程与男主角许文强的浪漫爱情故事牵动着无数观众的心。冯程程的扮演者赵雅芝更是迷倒了无数男士。她纯真、美丽，以及高尚的生活方式，时髦而不失温婉优雅的装扮使很多少女为之倾慕、追逐、效仿。上海是近现代以来中国乃至东方繁华、富裕的现代大都市，上流社会的生活方式，美丽时尚的装扮被许多女性追求，争先模仿。老凤祥品牌故事讲述的就是这种生活方式。赵雅芝表达了老上海有钱人家小姐的生活品位，而这种品位是上海品牌老凤祥所能提供的。这一品牌故事就是把年轻女性的羡慕之心与老凤祥关联起来，人们选择老凤祥，就是追求如冯程程般的生活品位。

（3）品种故事

一个珠宝品种有打动人的故事有助于该品种的销售。这种营销属于"通用营销"，该品种的畅销兴旺了整个行业，例如钻石的爱情文化（故事）营销，铂金的营销都是兴旺了整个行业，资源控制者得益最大。2000年前后，铂金的营销在中国大地上如火如荼，著名演员张曼玉、章子怡参与拍摄的铂金广告，充斥于电视、平面媒体、各个珠宝店的角落，把铂金演绎成了高贵、庄重典雅的稀有贵金属。随着铂金故事的传播，掀起了铂金消费热潮。铂金价格从2000年之前的每克100元左右一路高涨，到2008年直窜至每克550元，一度逼近600元。在2008年8月之前的近十年间，铂金的价格接近黄金的两倍。其时许多珠宝店推出2克黄金置换1克铂金的业务。在这一波铂金销售热潮中，铂金的故事推广功不可没。虽然许多珠宝店由于铂金的热销而生意红火，但其中最得益的当然是控制铂金资源的西方英美资源集团（Anglo American Plc）。他们是铂金故事的制造者和传播者，也是铂金销售的最大得利者。

西方不消费翡翠、和田玉，因为西方不懂玉器文化，不了解玉器文化故事。中国人热衷玉器是因为玉器文化的传播、历史的积淀，有关玉器的故事深入中国人的心。所以以和田玉、翡翠为代表的玉器品种在中国畅销，玉饰品在中国以及世界华人圈中盛行，形成畅旺的玉器行业。而宝石文化在中国的传播较之西方不够深入广泛，宝石在中国的销售自然不及西方市场。

一个品种的文化营销可以助推该品种所属的整个行业，如玉器文化传播促进整个玉器行业的蓬勃发展。著名的戴梦得公司制作并传播的《翡翠物语》，就促成了翡翠行业的兴旺。

（4）产品的故事

这是对特定珠宝货品讲故事，可以围绕产品的造型、设计、特点、历史等展开。因为是具体的货品，针对该珠宝饰品讲故事，货品的畅销也会带动品牌的传播，提升品牌影响力。周六福的LOVE CASTLE"城堡"系列首饰故事就是典型的产品故事。

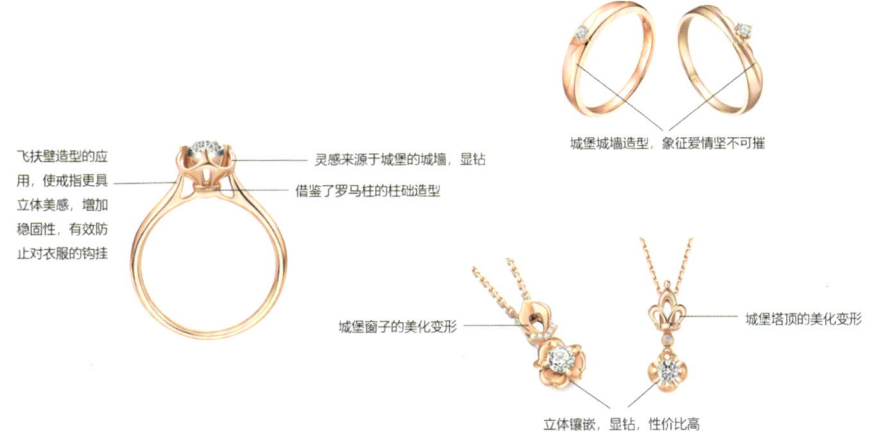

图 4-4　周六福城堡系列

2017年3月，由迪士尼公司制作的真人版电影《美女与野兽》上映。女主角贝尔为解救触怒野兽的父亲，只身一人走进神秘的城堡，却发现野兽其实是被施了魔咒的王子。最终贝尔凭着勇气、善良、自信，不仅解救了自己的父亲和整个城堡的仆人，在拯救野兽王子的途中，贝尔在心灵上一步步引导，让王子学会温柔，学会去爱，最终他们彼此相爱。

为了把这故事体现在产品设计中，周六福珠宝的LOVE CASTLE系列注入城堡的标志性元素：典型的城堡堡顶、罗马柱城墙和皇冠等。首饰的正面、侧面，戒壁的图像带给人以古城堡的视觉感受。饰品设计优美，镶嵌工艺精湛，造型简约，可佩戴性强。"城堡"系列首饰是这个爱情故事的载体，佩戴首饰体现追求甜蜜永恒、牢固如城堡般的爱情的文化内涵。

（5）促销

讲述产品的故事是为了促进销售。在具体的营销活动中，中国的珠宝商最喜欢打的招牌是讲述货品价格优惠的故事。直接打折有损品牌的信誉，讲货品价格比市场价低的隐含故事是常见手法。珠宝商通常在媒体上炒作售价低，特别是在可对比的黄金、铂金价格上做文章，或者推出某款钻石和非主打产品的宝玉石，引起媒体争论，自己跟帖，在引起话题争论上做文章。有的公司则推出寻找老顾客活动，登出广告称，凡十年前购买该店珠宝的老顾客，凭发票可赠送礼品，享受特别的优惠价。有的公司则使用团购（多人一起购买）可享受特别优惠价的方法，或是几件货品打包销售，价格超低。至于打着"拆迁大折扣"口号的促销，则是拙劣的促销手法。

讲好产品的源头故事，带给消费者以价格有优势的信息。消费者或许不懂珠宝，不知市场价格，但常识告诉他们，越是直接的源头货品，中间环节越少，价格就越有竞争力，就能低价买到真货。针对这一观念，许多旅游购物点以地方特产、厂家直销、自己开矿、免税等故事吸引游客购物。这些故事无非是告诉消费者商家的货品正宗、价格便宜。南非钻十分闻名，到南非旅游的游客经常会被带到某一售卖钻石的店铺，导游先给游客介绍南非产钻石，告诉游客"南非钻才是正宗货品"。然后讲述某公司（人）在南非与当地土著有什么关系，如何购地种植，结果发现钻石，之后自己开采了钻石，请来世界最好的师傅切磨钻石，直接设店售卖等。推销中无不带着传奇故事。在售卖现场，你透过窗户还可以见到工人师傅正在打磨钻石，陈列柜里摆放着各种钻石原矿等。这一切都是在提示你，钻石确是自己在矿山开采后，自设工厂切割、打磨出来的，没有任何中间环节，价格无疑是最低的！

购买时，每颗钻石还附有证书，证明钻石是天然"南非钻"。似乎一切都很可信，很圆满。游客高高兴兴怀揣着钻石回国，庆幸自己没白到南非一趟，直到把钻石送至专业实验室检验才发现，钻石的真实级别与所附证书不一致。

直播、微信、网络的销售是近年兴起的新商业模式，珠宝销售非常红火，主播用尽各种手法让购买者感觉价格便宜。各种故事层出不穷，戏也精彩。有的主播帮客人与"货主"进行一番艰辛的讨价还价，最后成交了。有的围观者喜欢该珠宝，加价让已购买珠宝的"客人"转让。有的主播与"货主"演戏，狠狠砍价，甚至表演发生争抢、口角的场面，传递着主播为自己的粉丝不惜一切砍价、为自己的粉丝省钱的信息！自然粉丝们直观地感受到主播为自己着想的真情与付出，于是赶紧下手购买！

源头市场，从源头开始的销售总给人以价格优惠的感觉，这是广东的揭阳、四会、平洲翡翠饰品直播销售红火的原因。货品越接近原料状态，销售往往越红火。平洲的毛坯手镯，四会的未抛光毛坯挂件，甚至片料都可以售卖，再按消费者的要求设计雕刻。这类货品的行销，一方面是消费者直接购买最源头的货品，认为价格最低，还可以私人定制的原因；另一方面，消费者参与设计、抛光货品也使自己更钟爱该货品。

中国是人情社会，相信人脉关系的强大力量。有的人售卖翡翠、和田玉、俄罗斯产的和田玉（软玉）、琥珀和澳大利亚、非洲等地所产宝玉石原料，总要讲述一番人脉关系强劲、货源可靠直接、价格低的故事。目的不外乎传递他的原料（货品）货源直接，价格有优势。

三、网红经济——讲好自己的故事

网红经济是2012年后兴起的市场现象，微信、抖音等网络信息工具的普及和活跃推动着网红经济的发展。所谓网红经济，指在互联网上成为网络红人，拥有自己众多的粉丝，从而产生经济活动，如售卖货品，提供各种收费服务等。网红经济虽是新的经济模式，实质上其核心机理没有变，与传统的商业原理相同：有人流就有财源。只是交易的方式随人流的聚集形式不同发生了变化。传统的店铺靠商业中心，靠便利的交通聚集人流，网络平台靠网红的魅力、知名度吸引线上的人流。如何吸引人流（粉丝）是第一要义。

1. 构筑"社群"

网络是虚拟的社会,可以通过微博、微信、抖音、小红书、QQ群等各类社交媒体在这个虚拟社会建立社群,形成自己的圈子。但是,你的网络平台想要被人关注,犹如实体经济的品牌被人记住一样,就要定位清晰,要有鲜明的特色。70亿人口就有70亿个平台,如何让其他人记住你、喜欢你、关注你?定位之父杰克·特劳特说,人们头脑很难记住6个以上的同类产品品牌。网络上的平台实际上也是一个品牌,例如同一类型的微信公众号,人们也很难记住6个以上的账号名称。细分市场、个性鲜明、聚集相同兴趣爱好的人群是构筑网络社群的惯常做法。

现代网络提供个人建立品牌的可能。实际上,网红就是个人品牌,有品牌就有经济价值,主要体现在售货、广告、服务等方面。使用手机的人数众多,是网络最关注的对象,它的影响力强大。线上的供应商认为,手机是最主要的交易平台,而微信对人们工作、生活影响非常广泛,因此有粉丝就有价值。有资料称,平均每个粉丝的价值为15.83元,吸粉是每一个微信公众号的目标,而且最好是"铁粉"。

2. 树立形象

网红吸粉的办法各自不同,然而建立鲜明的形象是不二之选。较常见的树立形象的手法是突出个人拥有的"权威形象、杰出才能、励志模范、道德楷模、公益环保、形象偶像"等荣誉或强项。

(1) 权威形象

权威就是某专业、行业的专家,在该领域有发言权,被称为意见领袖,其影响力强大。董海洋先生开设的微博"珠宝小百科"粉丝量超过100万,之所以拥趸广泛,是因为粉丝们感受到"珠宝小百科"是他们认识珠宝、了解珠宝、甚至鉴别珠宝的窗口。董海洋先生本身就是珠宝专业人士,科班出身,从事过珠宝检测,涉足珠宝商贸,实战经验丰富,知识全面。加上他的投入、专注与坚持,该微博受到大量珠宝爱好者的信赖。粉丝在"珠宝小百科"中能够得到自己想要的知识,关注这个公众号就有价值。

专注某一领域,时间是最好的证明。粉丝在该领域、该网络平台得到帮助,能够获得该领域最新信息,就会信任平台、网红。

(2) 杰出才能

人们总是对拥有杰出才能的人士充满尊敬,对某些感兴趣的领域,对该领域具有杰出才能人士的公众号会积极关注。一是可从中学习,二是有兴趣了解该领域的资讯。刘黎平先生擅长写文言文，在古汉语、古诗词方面有造诣。任职《广州日报》的他负责该报国学版，出版有小说、历史故事、评论类著作，有一定的知名度。他创办的"刘备我祖"公众号，粉丝量超100万。

具有不可替代性就是一种价值。微信公众号、微博的营运者，可以树立起鲜明的特色而为人们所知晓与关注。

（3）励志模范

胡文静小姐常年到全国各地参加马拉松比赛，多次获奖，不仅如此，她还热心助人，常常利用自己多年的参赛经验与各种相关协会组织的关系，帮助那些有意参加马拉松赛跑的人。她建立的微信公众号"跑马去旅行"粉丝数十万，粉丝们对于她的执着、毅力和坚强意志表示钦佩，也向她学习，以她为榜样，积极跑步锻炼。

（4）道德楷模

生活中，品德高尚的人受人尊敬。在网络也一样，提倡社会道德、有高尚品德和情操的人受人尊敬与关注。一些社会团体、义工组织，他们扶危济困，帮助照顾孤寡老人和危重病患者。这些团体设立了网站和微信公众号后，许多人通过这些平台积极加入义工队伍，尽自己的力量参加慈善事业。

（5）公益环保

地球是我们共同的家园，越来越多的人关心环保，人们以实际行动响应环保的呼吁。耐克公司推出利用海洋垃圾制作的环保鞋，没有广告推销，就迅速售出100万双。可以预见的是，环保和慈善等各类公益事业必将得到越来越多人的参与。这类微信公众号因为关心社会、有爱心，将会受到越来越多人的关注与支持。

（6）形象偶像

模特、明星、主持人的形象气质和穿衣打扮方式，受到众多追星族的效慕。明星的工作、生活举止是大众感兴趣的，知名度越高，粉丝越多。此外，特征明显、辨识度高，或者形象姣美、有特殊才艺，生活有品位、有情调的人，也能吸引众多的粉丝效仿他们的生活方式和形象设计。

各类公众号要吸引众多的粉丝，且让粉丝黏性强，就要有具有影响力的原创文章、独立的见解，以提供足够的信息量。同时别忘了要会讲故事，不断讲故事。

近两年非常火的抖音，是一个可以供人上传、分享各种生活故事的短视频的手机应用。之所以红火，是因为应用上有许多生活常识和有趣故事，有各类供人学习的科技、工作、生活技能，带给用户各种实用的本领，可观摩性强，以视频的形式发布知识、传播技能，比较直观，容易学习。例如，视频中教人健身、化妆、烹饪，观众很容易就能掌握这些技能。观众又可在平台内互动上传自己的视频，展示才艺及技能。既是学习的平台，也是交流与展现自我的平台，这使抖音非常火爆，尤其得到年轻人的青睐。

小红书也是视频应用，以明星、模特和其他用户分享吃穿玩乐买的生活方式等为内容，以此吸引粉丝。

这两个高人气的应用，作为各种故事的载体，又带有互动功能，用户在其中又有机会成为网红，因此受到人们热捧。

网络连接世界的每一个人，"互联网＋"的影响力是巨大的。现在的实体经济离不开网络，网络不仅是销售的平台，还是新信息、新技术的来源，更是传播的平台。利用线上的网络发布消息进行引流，利用线下的实体店进行销售是目前众多实体店商家的做法。

四、故事来源

老侯卖宝非常重要，故事的取材更加重要。虽然故事未必都是真实的，但故事要有说服力就必须考虑故事的来源，越是人们熟悉的故事越有说服力。选择有影响力的故事是故事营销成功的基础。故事可来源于历史、宗教、时政要闻、自然界、国外市场、技术、符号、影视，等等。

1. 从历史传统中挖掘故事

历史是我们生活之水的源头，我们都从历史中走来。我们喜爱玉石，使用印章，欣赏寿山石、田黄等，也是源于深厚的传统文化。碧玺在中国的热销就是受历史故事的影响。同为中档宝石，性质相若的海蓝宝石与碧玺，前者的世界产量更稀少，宝石更干净，莫氏硬度更大（海蓝宝石7.5~8，碧玺7~8）。但是碧玺在中国非常流行，特别是2000—2011年期间，碧玺最为热销。2005年前后，整个广州荔湾广场交易市场，碧玺饰品"一统天下"，70%以上的档口都在经营、批发碧玺，广东的海丰可塘宝石加工生产基地有几千商户，几乎每一户都在加工生产碧玺饰品！十几年间，碧玺的普通货品价格上涨10倍，优质者上涨近20倍。中国的珠宝零售市场，碧玺是常见的宝石品种，反观海蓝宝石，既未曾在中国掀起热销高潮，也未频繁出现在宝石店中，价格也未见升涨。然而，这两种宝石的名声及市场占有率在国外市场难分伯仲，甚至海蓝宝石更胜一筹。之所以海蓝宝石在中国珠宝市场不受待见，除了蓝色不是中国喜庆之色、主流之色外，历史的知名度也不及碧玺。"碧玺"谐音"辟邪"，在中国文化中，人们希望辟邪趋吉，给自己带来好运气。胡葳在《碧玺鉴定与选购：从新手到行家》一书中介绍，碧玺在唐代从西域传入中国，唐贞观十九年（645年），唐太宗得到碧玺，喜爱至极，雕刻成御用印章收藏。清代的慈禧太后对西瓜碧玺更是珍爱有加，她为此专门派官员赴美国采办。据说在她的陪葬品中就有西瓜珠链、枕头饰物等大量碧玺饰品。

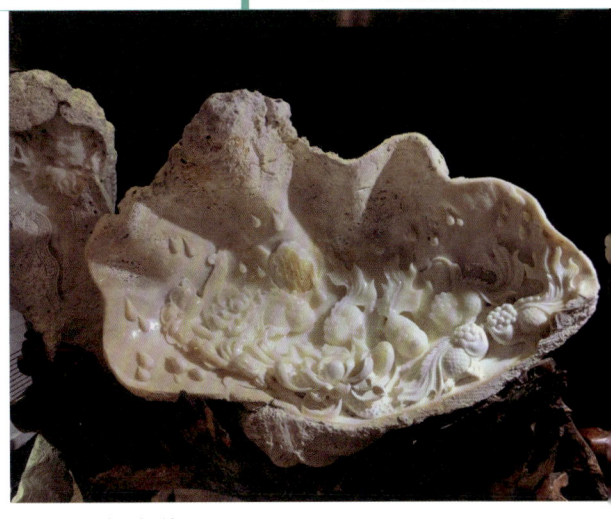

图 4-5　砗磲摆件

由上述可看到，碧玺在中国大受喜爱原因有三：皇家，特别是慈禧太后的珍爱；喜庆的红色；辟邪的谐音。这三方面的原因归根结底就是有历史的故事。

历史记载了宫廷皇室、达官贵人的生活，以及国家层面的政治经济文化大事。这些历史上有影响力的事件，对后世有极大的影响。我们的各种文化传统是历史的延续，历史给我们提供最好的营销素材。古法金就是从历史中寻找制金工艺和宫廷金饰的款式，因重现传统而热销的。有的品牌从故宫中挖掘宫廷的珠宝首饰样式，以此设计珠宝款式，并讲述这些款式的故事，这些货品在市场上很抢手。而发掘历史的故事可以从典籍、博物馆、民间传说中寻找。

图 4-6　砗磲珠链

2. 从宗教中挖掘故事

砗磲这种宝石的成分是碳酸钙，矿物成分是文石，通俗地说，它是一种海产双壳类被称为砗磲的贝壳。它的矿物成分、化学成物、硬度及物理化学性质与蚌蚝类的壳无异，矿物成分与大理石、阿富汗玉、石灰石相同。但是，只因其名字叫砗磲而受到人们的尊崇，人们喜爱砗磲饰品只因为它是佛教"七宝"之一。

宗教信仰和宗教情结影响人们的购买活动。人之所以有宗教情结，根据林斯特龙对大脑的研究和对大脑的扫描结果，在进行宗教体验时，人们大脑的尾状核产生了一系列的神经活动，该区域位于脑部中央，是一个产生愉悦感、平静、自我意识以及爱的区域。另一个被激活的区域是脑岛（Insula），科学家推论该区域与人们内心所产生的"神圣感"有密切关系。

由此我们可以构筑出人们购买砗磲的心路历程。人们为寻求愉悦、平静以及爱而信佛，甚至某些人为寻求"佛祖保佑"而礼佛拜佛。佛经上说，砗磲是佛家佩戴之物、佛的宝物，是信佛的仪式与符号，佩戴砗磲代表尊崇佛祖，是虔诚的表现。购买行为之所以发生，只因宝石是砗磲，是否漂亮、耐用、稀少倒在其次了。

因宗教信仰而消费，这是不需要其他理由的。所以许多珠宝营销专家潜心发掘宗教故事，开展营销。

3. 从时政要闻中找故事

2001年的上海APEC会议之后，珠宝市场上寿山石印章悄然走俏。据说在APEC会议上，给各国来宾的纪念品中有刻着来宾中文名字的寿山石印章，包装盒则用海南黄花梨木材制作。与会议着装——唐装一样，寿山石印章及海南黄花梨彰显了中华文化。搭上APEC会议这样的"火车"，寿山石确实畅销了好几年。不少销售寿山石的商家说，寿山石印章作为各类大小会议纪念品，受到了许多人的追捧。

又如2008年北京奥运会奖牌、纪念品是用和田玉制作的，为此推动了此后和田玉市场的红火。

像APEC会议、奥运会等影响力巨大，抓住了这样的好时机，也就抓住了商机。

4. 从自然界中找故事

许多珠宝设计的理念来自自然界。人类善于从自然中获得美的体验，寻找思想的寄托，撷取审美的元素。例如，我们的祖先由观察蝉的特性，阐发出蝉的文化含义。古人认为，蝉与蛇都会脱皮重生。东汉许慎在《说文解字》中说，"蜕，蛇蝉所解皮也"。因蝉"重生"的自然现象，古人用玉雕的蝉（玉琀）放于死者口中，寓意死者如蝉般能获重生，躯壳脱离尘世后，灵魂获得新生。汉代重视陪葬，所以汉墓中多有玉琀出土。在近代，蝉多用以喻示孩子成绩突出，一鸣惊人。

由于鸳鸯成双成对出现，在玉雕、金饰中鸳鸯的寓意即为忠贞的爱情。

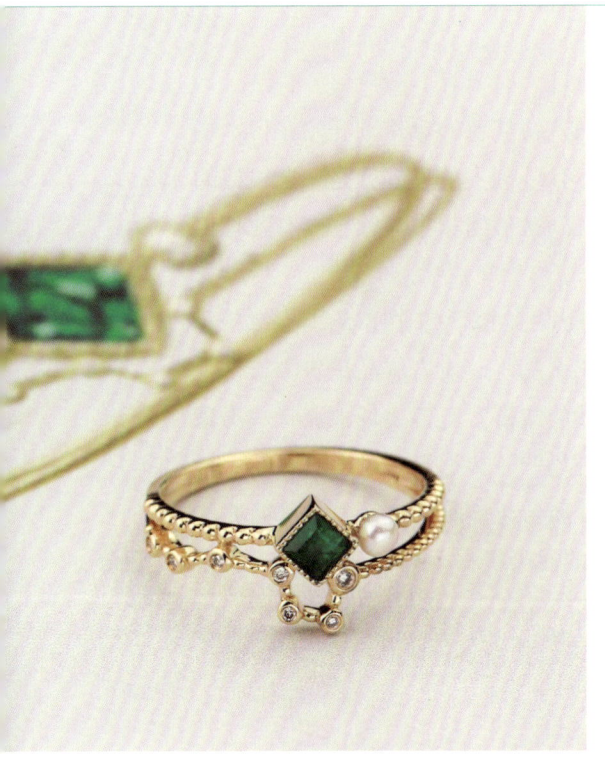

图 4-7　星系列祖母绿戒指　　　　图 4-8　星系列祖母绿锁骨链（由爱雅诺供图）

　　植物界中也有典型的例子。据说在十万株苜蓿草中，只有一株是四叶草，因此四叶草是一种幸运象征。梵克雅宝用四叶草作为自己品牌珠宝首饰设计的元素。在欧洲，人们对四叶草（也称幸运之草）的四片叶子解释为：真爱、健康、名誉、财富。梵克雅宝赋予四叶草的寓意是："第一片叶子代表忠诚，第二片叶子代表希望，第三片叶子代表爱，第四片叶子代表幸运。"梵克雅宝的"Alhambra"四叶草系列首饰因此风靡全世界，虏获了无数人的心。

　　仰望星空，最容易辨识、最早为人们记住的就是北斗七星，它是我们夜晚前行的指路明灯。由这种自然的现象可以引申出其文化含义：北斗七星是我们前行追梦的灯光，照亮为爱前行的道路，指引为爱守护的方向，寄托我们的梦想。爱雅诺公司正是从北斗星中得到灵感，设计出祖母绿"星"系列，有戒指、吊坠、锁骨链等（如图4-7、图4-8）。

　　珠宝首饰的设计取材于自然界是最常见的，但关键是选取的故事能让消费者理解、产生共鸣，能打动人。

　　5. 国外流行的珠宝及其在市场上的故事

　　珠宝在国外（境外）市场流行，说不定过些时候就在中国（境内）流行。例如第二章中讲到的碧玺、红纹石的流行情况就是例子。像海纹石、沙弗莱石等都是在国外先流行，后在国内走俏。粉红色的珍珠刚开始在日本畅销，后在中国也流行起来。在国外市场流行，外国人的喜好就是一个很好的故事。绿松石受到伊斯兰教人士的喜爱，在阿拉伯国家中流行，具有阿拉伯的装饰风格，目前也在我国畅销。

珠宝商人是非常聪明的一个群体，有非凡的创造力。在市场上常有精彩的故事营销，这些也是珠宝故事的来源。在水晶、硅质岩饰品销售中，常听见各种与财运、健康、幸运、桃花运等相关的故事。玉器市场上流行"男戴观音女戴佛""赌场拒绝佩戴貔貅的人士进场"（传递着貔貅会吸财的潜台词）等说法。又例如，纤维状的木变石（硅质岩）被称为虎睛石、鹰睛石，人们传说佩戴虎睛石（鹰睛石）可以显示人的健康状态。当人的健康状态良好时，虎睛石会闪闪发亮、有光泽；当人的健康欠佳时，它就变得黯淡无光。

在市场上流传的故事有一定的影响力，汲取其精华就是精彩的文化营销。

6. 技术来源

镶嵌饰品中的微钉镶工艺有着高难度、精细的特点，利用它可以把多粒小钻、小宝石组合成大粒效果的钻石、宝石，提高了钻石、宝石的价值。2012年爱迪尔的一款"灵动"钻石吊坠面市，在新品发布会上，该公司介绍"灵动"的工艺是"革命性"的进步，改变了传统钻石静态的佩戴效果，是一场"动"态工艺的革命。该钻石吊坠中间的钻石，随着人的晃动会产生相应的抖动，达到10次/秒的闪动频率，使钻石向各个方向闪耀和炫彩。佩戴此款钻石首饰，更容易被人感知，存在感更强，钻石更炫，如有生命力般跳动。这种使钻石能够抖动的工艺是新的精细复杂的工艺，是该公司经多年艰苦开发研制的。专业、精湛的工艺、钻石的跳动炫彩效果故事不胫而走，一时之间"灵动"系列在钻石市场上畅销，模仿者众多。

古法金流行后，其传统的宫廷制作工艺、手工拉丝工艺及磨砂工艺等为人们津津乐道，加上款式被注入传统的文化元素——古玉的花纹图案，古色古香，令佩戴者恍惚置身于唐宋时期富贵人家的奢华生活中，自有一番富贵之气。古法金的宫廷手工艺故事以及古朴厚重不变形的特点，是其吸引人的卖点。所以古法金一经推出，即热销市场。

在技术、工艺上寻找亮点和故事，有助于推广产品、提高价值。

7. 符号（徽标）

符号、徽标起源于原始部落的图腾，以此表达对部落的崇拜，并区别于其他部落。在珠宝饰品中，有代表意义的符号标志会打动与这些符号有关系的人的情感，玉器有龙的造型打动的是中国人的情感，首饰中常见西方十字架的造型图案，打动的是基督教信仰者的情感。

公共的符号造型是历史文化的积淀，属于全行业所共有，例如上述的符号标志，以及道教的阴阳两极、八卦符号，玉器中的玉璧、玉扣、如意造型等。

8. 影视来源

影视作品的广泛传播，影响我们的文化与生活。由美国著名导演乔治·卢卡斯拍摄的科幻系列电影《星球大战》风靡全世界，其中有一个角色"绝地"（Jedi）深入人心，因其是个有信仰、心地善良、内心充满光明的人而受到人们的广泛喜爱。绝地武士使用的主要武器被称为光剑，是一种以等离子体为剑刃的武器，他靠这一武器拯救了地球。

现在我们来看看一种产自缅甸的红色尖晶石，艳丽的正红色，荧光极强，在紫外灯照射下如同烧红的炭火般发出火焰。这一宝石特征与绝地武士有什么关联之处吗？绝地武士的光剑与尖晶石的荧光相似，绝地武士光明的性格也如同通体透亮的红色尖晶石。AIGS宝石学家Vincent Pardieu于2002年把这种尖晶石命名为"绝地武士尖晶石"（Jedi Knight Spinel）。尖晶石这一名称不胫而走，传遍整个珠宝行业。珠宝商争先抢购缅甸的绝地武士尖晶石，消费者也因此钟爱绝地武士尖晶石，一时之间尖晶石声名大噪，销售火旺。原本作为红宝石赝品的尖晶石默默无闻，不受市场待见，2~3克拉规格的缅甸红尖晶石价格几百元/克拉，几年之间直窜至6000~8000元/克拉，上涨10倍！可见，在影视作品中寻找故事，嫁接到珠宝营销中是一个非常有效的营销途径。

图4-9 绝地武士尖晶石（常光）—摄于福凌珠宝

图4-10 绝地武士尖晶石（紫外光）下荧光强烈—摄于福凌珠宝

五、故事的传播方式

有好的故事还要善于传播，否则就会"养在深闺无人识"。发掘故事固然重要，传播更重要，让消费者接受故事是重中之重。品牌大、号召力强，就容易推广。资金投入多，推广的效果就好。推广的时间长、范围广，则接受的人多。对于小公司来说，要借助各种渠道和方式进行传播，广告、陈列、营业员介绍是常见的方式。

1. 故事形成系列化产品

人们购买首饰有不同的用途，是为了在不同的场景下使用。例如：婚嫁系列是在求婚、订婚、结婚的场景下使用；炫耀用途的首饰是在各种聚会的场景下佩戴；自我犒赏及装饰则主要在工作、生活的场景下佩戴；各种纪念品可能在庆典时使用，也可能收藏于家中；纪念结婚周年的首饰可能在结婚纪念日或平常佩戴，让自己记住这一日子。总之，不同的需求对应不同的使用场景。根据这些不同的使用场景设计相应的风格鲜明的系列珠宝，在这些珠宝中写入故事可以打动消费者的心。

根据不同人群、不同场景设计系列产品，是目前品牌珠宝营销普遍采用的策略。当一个顾客进店的时候，往往是带着目的来的，营业员常常询问顾客购买的珠宝作何"用途"，实际上是在了解顾客的使用场景。当营业员了解顾客的使用场景后，就能有的放矢地介绍珠宝。顾客面对不同场景风格的珠宝，也容易找到心仪之物。

不同场景的珠宝首饰也需要不同的故事，这些故事需要进行有效的宣传推广。

2. 专柜陈列

有了文化寓意的系列珠宝首饰，通常的做法是设专柜陈列，在显眼的橱窗布展，达到时刻提醒消费者的目的。陈列展示时，要有相应的说明宣传文字和物品。蒂芙尼的每个专卖店橱窗、柜台都展示有鸟笼和知更鸟蛋模型，摆放有蒂芙尼的经典六爪"皇冠钻戒"。经典六爪工艺是蒂芙尼于1886年首创的镶嵌工艺，被称为Tiffany Setting。"皇冠钻戒"就是目前最常见的结婚钻戒，大粒钻石（常大于1克拉）常用此镶嵌款式。蒂芙尼的摆设是在提示消费者，知更鸟蛋的颜色是他们品牌的专有颜色，而经典的六爪皇冠款式是他们发明的。

设专柜陈列以突出该系列产品，对系列产品的故事进行说明，才能使顾客知晓其寓意，从而达到宣传推广的目的。

3. 广告宣传

任何故事都离不开广告宣传，特别是目前市场上产品同质化严重的情况下，广告宣传尤为重要。除了传统的报纸、户外、小区电梯、公共交通等各种广告载体外，互联网的发达使广告宣传渠道增多。

在珠宝店铺里开展推广活动是目前商家常用的宣传方式。倘若请来明星名流助阵则更能提高档次，引起媒体报道，吸引更多民众参观，更多人拍照上传网络，扩大影响力。时尚名流经常亮相的电影、电视、广告片评奖、颁奖晚会、选美、时装模特秀等聚会场合也与首饰的时尚美丽相契合，在此类场合中宣传推广能传播首饰的时尚品位。

企业参加各种活动要与自己推广的系列首饰文化含义相契合。例如，"一心一爱"系列钻戒，传递的是爱的专一永恒、家庭和睦稳定的理念，周六福赞助模范夫妻、模范家庭评奖活动以及各种妇联活动，组织金婚、钻石婚的集体庆祝活动，倡导爱情专一、一生一爱。周六福钻戒"一心一爱"的理念得以传播，此系列钻戒的文化寓意为人们所知晓。

展销会也是非常有影响力的宣传场合。众多名牌如卡地亚、蒂芙尼等每年都参加世界影响力最大的珠宝展——巴塞尔世界钟表珠宝展（BASEL WORLD，The Watch and Jewellery Show），目的是推广他们的珠宝设计艺术。巴塞尔世界钟表珠宝展上的艺术风格和流行珠宝被业界视为市场的年度风向标。

4. 营业员的介绍

营业员是珠宝文化的直接推广人，每天的工作就是与消费者沟通交流，推销珠宝。消费者从营业员口中了解珠宝，珠宝文化推广是否成功，直接影响消费者是否购买。能否打动消费者的心考验着营业员的沟通技巧与表达能力。普通的营业员只会说简单的如"货品好看""价格便宜""可打八折"等，把销售权力交给顾客，只当顾客的"二传手"，搬出货品任由顾客挑选。优秀的营业员则会根据现场的状况、客人的性格喜好，与客人进行交流，讲好故事，传播珠宝文化，并根据顾客的需求推荐珠宝，促成交易。有销售能力的营业员会引导顾客，而不是让顾客牵着鼻子走。顾客面对琳琅满目的货品往往会迷失方向，不知所措，如果没人引导，顾客找不到路径，只能赶紧逃离。例如，营业员取得了顾客的信任，了解到顾客正准备购买一枚钻戒送给女友作为生日礼物，以表达爱意。顾客不带女友一同莅店，是为了给女友惊喜，但又担心所选的款式女友不喜欢。明白了顾客的来意后，营业员介绍"一心一爱"的钻戒给顾客，告诉他"这款钻石的切工获得过专利，在珠宝市场是独一无二的"。可从唯一性切入话题，"唯一"也是该顾客对女友的爱。营业员可以继续介绍，"从钻石台面可清晰见到中央的'心'形，代表爱意，围绕心形的是十二支爱神丘比特的箭，'十二'代表一年的十二个月，每一天每一刻都爱她"。当顾客能感知这种款式代表专一的、无时无刻的爱时，顾客也就找到了代表心意的礼物，哪个女孩会拒绝男友专一而执着的爱呢？在交谈中，当了解顾客预算是1万元时，可介绍1.3~1.5万元价位的钻石，略提升销售额。"许多都市的高级白领钟情于用这一款式送女友，这款货品很畅销"，这样的大众认同能促使顾客做出购买决定。"名流某某就是常戴这款男友送的钻戒"这些明星名流的故事也能促成消费。

掌握时尚潮流信息是营业员的必修课。2019年的流行色是珊瑚橘，对于这一色系的宝石如帕帕拉恰蓝宝石、芬达石（石榴石）、粉橙尖晶石、粉红色蓝宝石、碧玺、摩根石、紫锂辉石以及珊瑚来说，如下对流行色的介绍与宣传无疑具有强大的说服力，"英国女王也喜爱这种颜色，她的服装多为橙色，常穿着橙色礼服出席各种重要场合，这种颜色代表活力、光明与智慧"。"珊瑚橘色是少女感十足的颜色，使人分外醒目。在英国查尔斯王储的寿宴上，凯特王妃就是佩戴珊瑚橘色的摩根石首饰出席宴会，清爽淡雅的粉色映衬着王妃高贵典雅的气质"。"走在时尚潮流最前线的某明星佩戴的就是橙色珠宝"。

故事有时需要杜撰，有时要留给消费者发挥想象的空间。店的周围环境中可以陈列或张贴明星、王室成员、名流的橙色着装照片。虽然未直接注明橙色是流行色，但也能让顾客感到橙色的时尚与高贵，把时尚、高贵、靓丽嫁接到橙色珠宝上。

六、宝玉石名字的威力

莎士比亚在《罗密欧与朱丽叶》中说，"名字有什么关系？把玫瑰叫作别的名字它照样芬芳"。照莎翁的意思，名字只是区别于他人或他物的一个符号，叫什么都一样。若是如此，"玫瑰"叫作臭椿、艾草、断肠草、荆棘……又如何？人们会作何联想？名字容易使人产生联想，所以北京以前许多粗俗的地名都改成了如今文雅的名字。例如，北京市现在鼎鼎有名的中关村、光彩胡同、高义伯胡同、库堆胡同、晓教胡同；谁想到以前叫中官坟

（埋葬太监的地方）、棺材胡同、狗尾巴胡同、裤腿胡同、小脚胡同呢。当看到这些粗俗的名字，你有何感想呢。地名如此，珠宝代表着尊贵，是情感的饰物，传递着财富、尊荣、爱恋、幸福、健康、吉祥的文化蕴意，应该有吉祥文雅的名称。从珠宝品牌到具体的珠宝玉石，都需要有"高端、大气、时尚"的名称。许多珠宝品牌都带"福"字，消费者愿意进有"福"的店铺购买，此类珠宝店往往生意兴隆，就是这个道理。

珠宝品牌要有好的名字，珠宝玉石首饰更少不了好的名字。

1. 换上新标签

软玉，是一个矿物名，也是玉石名。法国矿物学家多玛（Domour）于1863年研究了中国市面上种类繁多的玉石后，认为只有两种玉石能被称为玉，即透闪石成分的"软玉"和辉石成分的产于缅甸的"硬玉"（翡翠）。这里的"软""硬"是相比较而言的，实际上软玉（透闪石）并不"软"，它的莫氏硬度为6.0~6.5，翡翠为6.5~7.0，两者相差并不大。除了硬度外，表现材料另一重要特征的是韧性，两者都有极强的韧性，在自然界矿物中，除黑金刚石集合体外，软玉的韧性最高，高于翡翠，所以软玉可制作成薄胎的玉雕件。优秀的硬度及韧性，是软玉与翡翠成为优质玉石的原因。虽然软玉的硬度比钢刀还要高，长时间佩戴也不会磨花，其宝石性质也很优秀，但是许多人在选购软玉饰品时，还是担心软玉"软"，不耐用。一个名字就大大影响了消费者的信心，也影响了消费。2003年11月实施的《珠宝玉石 鉴定》（GB/T 16553—2003）国家标准规定，可以用"和田玉"名称代替"软玉"，这使软玉销售直线上升，因为"和田玉"是有着几千年文化积淀的名称。

因改名而获得销售成功的典型例子是"黄龙玉"。这种产于云南龙陵地区的石英质玉石，原称黄蜡石，与其他地方的黄蜡石没有什么不同，并不引人注意。这种石头原为少数奇石爱好者作为观赏石收藏摆于家中，或作为盆景以点缀家居，市场行情通常论块卖，一块几百元，或按斤卖，每斤几元至几十元不等，属低价值的观赏石。黄龙玉地方标准制定后，黄蜡石改称"黄龙玉"，经过各种营销手段，如请国家级玉雕大师雕刻作品，参加中国珠宝玉石行业协会的"天工奖"评选活动，参加工艺美术协会的"百花奖"评奖活动，在云南设立专业市场等，黄龙玉短时间内声名大噪，销售畅旺。一件几十克的黄龙玉玉雕饰品，动辄要数千上万元，甚至掀起了一股黄龙玉的收藏热。

南红是另一个因名字而销售红火的例子。南红的矿物成分是玛瑙,属于石英质的低档玉石。在珠宝玉石鉴定国家标准中,凡染色、热处理(火烧)改色等的玛瑙,在鉴定中皆定名为"玛瑙",销售时无须特别声明,可见这类玉石价值之低,以至于不必区分是否经人工处理。这种产于云南保山、四川凉山的普通石头,最初被当地人用于砌墙、筑篱笆、垫床脚,甚至作为围猪圈的石头。被命名为"南红"后,则一夜走俏,身价百倍,销售畅旺。云南及广州华林、广东海丰可塘等地还设有专业市场销售南红。与此同时,南红作为专用玉石名称,被用于地方标准、国家标准中。

黄龙玉、南红等都是因为"高大上"的名称而销售火旺的。黄龙玉这一名称让人联想到黄色是皇家的专用色,"龙"更是代表皇家,也是中华民族的图腾。"南红"则是古代云南上贡中央皇朝的贡玉,具有历史文化故事。以上这些玉石名称会让人联想到高贵与精美,并且是有着文化积淀的。而原来的名称"黄蜡石""玛瑙",让人觉得只是普通石头,到处可见。好的名字就像新的漂亮的衣裳,给玉石换上新装,贴上新标签,山鸡变成金凤凰,普通的玉石也能造就旺盛的市场。

因好名字而提高价值带来新天地的还有琥珀中的蜜蜡、台山玉、金丝玉、沙弗莱石、帕拉伊巴碧玺、帕帕拉恰蓝宝石等。

2. 名字应美好且凸显宝玉石的特色

宝玉石名字应让人联想到美好,就像上述名称,同时应突出宝玉石的特色。像产自新疆北疆的石英质玉,被命名为金丝玉是因玉石石质金色,内部带丝纹(萝卜丝)构造。金丝既是形容玉石金灿灿的颜色,也体现了玉石质地的花纹,美好而形象。

帕帕拉恰(也称帕德玛),是莲花的意思。帕帕拉恰蓝宝石则主要表示颜色为橙-粉红色的蓝宝石,这种颜色是莲花的颜色。莲花是圣洁之花,是佛教之花,有"花开见佛性"的说法,这里的"花"即指莲花,具有佛的智慧和境界。帕帕拉恰的名字让人联想到圣洁和佛教,尤其能打动有佛教信仰的人,因此帕帕拉恰蓝宝石销售红火,价格高昂。

绝地武士尖晶石与圣玛利亚海蓝宝石,前者名称来源于电影中的一个心灵纯洁的武士角色,后者让人联想到天主教的圣母玛利亚,她的画像背景是蓝色的,蓝色的宝石让人联想到圣洁、平静、幸福。这些宝石名字无不因高雅而让人联想到美好。

3. 新名字的来源

专有的名称是宝玉石独特而重要的证明。国际上大于50克拉的钻石被称为记名钻，像常林钻石、库里南钻石、光明之山钻石、摄政王钻石、奥尔洛夫钻石等。一些大颗粒优质的红蓝宝石、祖母绿等彩宝，有时也被给予专门的名字，像莫卧尔红宝石、铁木尔红宝石（实际为尖晶石）、黑太子红宝石、圣·爱德华蓝宝石、斯图亚特蓝宝石、德文郡祖母绿等。

宝玉石名字有在商贸中形成的，像金丝玉、南红、蜜蜡、蓝珀等，也有著名公司命名推广的，如蒂芙尼推出的沙弗莱石、坦桑石。在中国，主要是在商贸中形成，并由地方标准、国家标准确立其名字，给它一个名分，像上述的黄龙玉、金丝玉、南红、台山玉等。由于这些玉石被重新命名后营销大获成功，许多地方热衷于制定地方标准，为当地的玉石寻找一个俊美文雅又有文化内涵的玉名，像北红、罗甸玉、广西鸡血玉、海南昌江玉等。中国是拥有玉文化的国度，对玉石的喜爱，以及深厚的玉文化底蕴，往往能找到"高大上"的玉名。好的宝玉石名字紧紧联系着宝玉石故事，是营销成功的开始。

老侯賣寶

有故事的珠宝才好卖

第五章
DI WU ZHANG

红蓝宝石的文化营销

第五章　红蓝宝石的文化营销

红、蓝宝石是公认的五大名贵宝石中的两种，优秀的宝石性质仅次于钻石。与钻石相比，其艳丽的色彩更胜一筹。不同文化、不同地域的人们都喜爱红蓝宝石，这使它成为世界性的经典宝石。也正是基于此，珠宝公司通常都经营红蓝宝石。

提起红蓝宝石，人们的印象是什么？美丽、稀少、神奇、高贵和高价值……这是人们常常想起的词汇，反映人们对它的认知。

美丽。艳丽的色彩，灵动璀璨的光芒就是它的美丽。多少佳丽名媛佩戴着红蓝宝石，珠宝与倩影交相辉映。

稀少。拜大自然母亲所赐，红蓝宝石作为一种矿产，主要产自地质作用形成的玄武岩、大理岩、变质片麻岩、麻粒岩等地质体中。这些地质体要在特殊的条件下才能形成，在形成的过程中，温压及环境的物质条件要恰到好处，才能结晶形成红蓝宝石矿物。同时温压的变化也要恰当，使结晶的矿物不致溶解，温压下降太快可能成为玻璃质，太慢也许又溶解到熔体中。红蓝宝石在玄武岩、正长岩等呈捕虏体斑晶产出，在大理岩和片麻岩、麻粒岩中赋存于方解石脉产出，脉宽常常十几厘米，以无规律的断续形式出现。许多红蓝宝石以次生砂矿产出。人类要找到赋存红蓝宝石的地质体非常不容易。即便找到了红蓝宝石矿，开采红蓝宝石，特别是优质的红蓝宝石更加不易。能够得到这些红蓝宝石一半靠辛劳，一半靠运气。红蓝宝石的产量是不可预知的。全世界仅有部分国家产红蓝宝石，由此可见其稀少性。我们在日常生活中，虽然能在一些珠宝店中见其身影，但也是数量有限，遇到自己心仪的更是少之又少。

神奇。像艳丽的颜色、绚烂的火彩、星光效应、变色效应……这些在自然界的矿物宝石中是独一无二的，惊艳着我们，带给我们诧异，从而认为红蓝宝石是神奇的，对其敬畏。正是这种崇拜，先民们认为它有着神奇的力量，往往把它与权力、宗教结合在一起，赋予精神的力量、文化的含义。

高贵。高贵源自稀少、美艳以及人们赋予的神奇力量。来自于获得的不容易，带着很大的幸运性。历史上红蓝宝石为皇室、达官贵族所拥有，是上流社会的饰物。代表皇权的权杖、皇冠、宗教用品，各种重要场合仪式的物品，常见红蓝宝石作装饰，体现着不凡与高贵。

高价值。每年在著名的佳士得及苏富比等拍卖会上，红蓝宝石是常见的拍品，一颗红宝石、蓝宝石常被拍卖到几百万甚至几千万元人民币。几克拉以上大颗粒优质红蓝宝石在珠宝店中，动辄几十万上百万元的售价。其高价值可见一斑。

一、红蓝宝石的历史文化与传奇故事

（一）历史文化

红宝石英文为Ruby，源自中世纪拉丁语"Rubinus"，意指红色的石头。在历史上，被认为是世界上最珍贵和强大的宝石。在印度梵文中为"Ratnaraj"，意为"宝石之王""珍贵的石头""珍贵石头的领袖"。

红宝石的红色象征着燃烧的烈火。红宝石颜色也如血液，代表着生命的活力和激情。由于红宝石的颜色特征，古代人们相信红宝石与生命联系在一起，常将红宝石当作护身符，通过宝石颜色的变化判断身体的状况。如果红宝石颜色红艳，说明身体健康；如果颜色发暗，则是对承载者身体有危险的警告。

缅甸抹谷所产的鸽血红红宝石最为名贵。红宝石是缅甸的国石。在西方文化中，红宝石是7月的生辰石，也是结婚40周年的纪念石。

蓝宝石英文为Sapphire，源于拉丁文"Sapphirus"或希腊文"Ppheiros"，意为"深蓝色的石头"。也有学者认为，蓝宝石名称起源于梵文"Sanipriya"一词，意指"神圣的土星""来自土星的爱"。在希伯来文中，蓝宝石"Sappir"一词有完美之意。在阿拉伯文中，可能与产宝石的萨菲林岛联系在一起，有"安全""最美丽""完美"之意。不同来源有不同的意思，反映蓝宝石在不同地方被发现时，先民们对它的认识不同，但大体都表达对其美丽的赞叹。

蓝宝石的神秘使先民们产生各种联想。根据古柏林实验室的描述，希腊人把蓝宝石与先知联系在一起。而佛教徒则认为蓝宝石带来了精神上的光明。在印第安，它是一种保护自己的护身符，以抵御邪恶之眼和瘟疫。波斯人认为世界建立在蓝宝石之下，这是因为蓝宝石颜色和天空的颜色一样。

蓝宝石深邃的蔚蓝色给人以深不可测的感觉，凝视着它，犹如跳进清澈湖泊或升上蓝天。如此纯净、饱和的色调，给人以静谧安宁，所以蓝宝石象征着诚实、纯洁和忠诚。

国际宝石界将蓝宝石定为9月生辰石，也是结婚45周年的纪念石。

（二）传奇故事

一粒宝石与国家的政治、宗教、战争、政权的更迭相关，贯穿国家的兴衰史。王昶、申柯娅在《极品珠宝首饰传奇》一书中介绍了这样的红蓝宝石传奇故事。

1. 铁木尔红宝石

铁木尔（帖木儿）是蒙古人，于14世纪在中亚开创了铁木尔帝国。以他名字命名的铁木尔红宝石曾属于拉合尔的统治者——光明之山钻石的拥有者兰吉德·辛格，他曾把这颗宝石镶嵌在马鞍上。在铁木尔红宝石的历史上，该宝石曾被镶嵌在莫卧儿王朝最负盛名的孔雀御座上。我们透过宝石上镌刻的铭文看到铁木尔红宝石传奇的历史。

该宝石来自莫卧儿王朝，"属于王中王苏丹·沙希布·奇朗（Sultan Sahib Qiran）（这是穆斯林对铁木尔的称呼，他是铁木尔帝国的奠基者）2.5万件珠宝中的红宝石，1153年（伊斯兰教纪元）从莫卧儿王朝的珠宝中拿到这个地方"。于公元1739年被纳第尔·沙赫从莫卧尔王朝掠走。"这个地方"指伊斯法罕。在伊斯法罕，这颗宝石被镌刻了上述铭文。

该宝石还刻有五行其他铭文，记载了曾经拥有这颗宝石者的名字。他们是：

阿巴克·沙赫（Akbar Shah）——查罕杰·沙赫（Jahangir Shah，1605—1627年）；1021A.H.（1612年）；

沙希布·奇朗·沙尼（Sahib Qiran Sani）——沙赫·贾汗（Shah Jahah,

1628—1658年）：1038A.H.（1629年）；

阿拉姆杰·沙赫（Alamgir Shah）——奥朗则布（Aurangzeb，1658—1707年）：1070A.H.（1660年）；

巴格沙赫·格哈兹·穆罕默德·法鲁克·西亚（Bagshah Ghazi Muhamad Farukh Siyar，1713—1719年）：1125A.H.（1713年）；

艾默德·沙赫·达-依-杜拉尼（Ahamd Shah Dur-i-Durani，1748—1772年）：1168A.H.（1755年）。

这么多王朝开创者、国王、统治者把自己的名字刻在这颗红宝石上，以显示权力、神圣、荣耀，并希望流传千古，这是因为这颗宝石作为标志性的战利品（或者贡品），向世人昭示着权力和赫赫伟业。

铁木尔红宝石于19世纪落入当时世界的头号强国——日不落的大英帝国手中，为统治者维多利亚女王所有。直至今天，铁木尔红宝石属于英国皇室宝库中的一员。

铁木尔红宝石重352.2克拉，矿物成分实际上是红色尖晶石。

2. 圣·爱德华蓝宝石

圣·爱德华蓝宝石（St.Edward's Sapphire），或许是英国皇家珠宝中历史最悠久的宝石之一。这颗宝石极富传奇色彩，曾属于圣·爱德华（忏悔者，Edward the Confessor）所有。他是古代英国的统治者，从1042年开始统治英国，是英国的盎格鲁-撒克逊王朝的国王，1042—1066年在位，因他对基督教信仰的无比虔诚，被称作"忏悔者"。这颗蓝宝石被镶嵌成戒指，为他生前所佩戴。此后此枚戒指随同圣·爱德华陪葬。后来，圣·爱德华的遗体二次从墓中移出，在1269年第二次移出时，该枚戒指被取下，作为圣·爱德华遗物保存在威斯敏斯特教堂内（圣·爱德华曾重建威斯敏斯特教堂）。现在这颗宝石镶嵌在英帝国皇冠上方的十字架中心，是由皇家珠宝匠加拉德（Garrard），在1953年伊丽莎白二世女王加冕典礼时完成的。除了这颗圣·爱德华蓝宝石外，皇冠还镶有库里南II号钻石、黑太子红宝石、斯图亚特蓝宝石、伊丽莎白女王耳饰中的珍珠。

皇冠是皇权的代表，至高无上地位的象征。被选为皇冠的宝石必定是有历史价值、彰显皇家荣耀的宝石。

二、寻找宝石亮点，提升价值

亮点，比喻有光彩而引人注目的人或事。简单地说，亮点就是能让人关注、打动人心的特点。不同的消费者有不同的喜爱，找到消费者喜爱的亮点就能满足他们的需求。需求就是消费者寻找的价值。每一粒红蓝宝石都是大自然母亲所赐，都有其亮点。有亮点就有卖点。

（一）寻找亮点

1. 颜色

目前"鸽血红""皇家蓝""矢车菊"这些颜色的宝石价格高，在人们心目中属于高品质的宝石，人们普遍喜爱。与这些相对而言没那么浓郁的粉红色、淡蓝色就不受人们喜爱吗？不是的！像美国和日本就流行粉红色。粉红色的花如樱花、梅花、荷花等就大受人们的喜爱。粉红色的服装和饰物在日本、中国、美国就非常流行。就拿钻石来说吧，粉红色的钻石拍卖价常常比红色的还高，有时蓝钻的价格比红色、粉红色的高。钻石、饰物、服装如此，红蓝宝石怎么就例外呢？关键是看你的营销推广。橙粉色的帕帕拉恰蓝宝石，由于成功的营销，被赋予了文化寓意，成为蓝宝石之王，其价格比鸽血红、皇家蓝、矢车菊蓝宝石价格还高。粉红色及浅蓝色的刚玉，颜色较浅，透明度较高，火彩通常较好，宝石较明亮，这就是这类宝石优于浓郁颜色宝石的亮点。

黄色是高贵的颜色，这种颜色的蓝宝石品种较蓝色及红色系列的刚玉要稀少。同时，黄色的蓝宝石折反射光强、亮度高、火彩好，也正是这些特点，这些宝石常被行家所收藏。这一品种的亮点是"稀少""高贵之金黄色""火彩好""行家之藏品"。

紫色及带紫色调粉红色的蓝宝石。紫色本身是高贵的颜色。在古代，各种服装、建筑、生活用品、装饰物通过提取天然的颜料进行染色，因天然紫色颜料非常罕见，所以紫色的各种装饰、饰品、物品就特别名贵，只有皇家贵族、高官、巨富这些上流人士才享用得起。我国有"脱下青衣换紫袍"的说法。"青衣"代表贫寒人士，"紫袍"是官宦的服色，代表富贵。贫寒的士子经十年寒窗的奋斗，科举登第，踏进仕宦的门槛，摆脱了贫穷的底层生活，就是"脱下青衣换紫袍"。京剧里"青衣"代表贫苦的角色，"紫袍"代表富贵的角色。"衣紫腰金""纡朱曳紫""紫气东来"等都说明紫色是高贵之色。紫色甚至被限定为皇家的专用色，在日本，紫色就是天皇的专用色。在我国，像皇家的紫禁城，道教的最高宫殿"紫微宫"，最高的神为"紫微大帝"等，这些无不彰显着紫色的高贵地位。紫色及带紫色调的蓝宝石，品种稀少罕见是其亮点。目前最受追捧的"皇家蓝""矢车菊"蓝宝石，都是带紫色调的。

绿色的蓝宝石，若绿色纯净，也非常罕见。

有人只喜欢"鸽血红""矢车菊""皇家蓝"，对其他颜色弃之如敝屣，有人却视之为珍宝。名气不响的其他颜色品种，因不受人待见，反而让珠宝商有机会从低价格的品种中挖掘出金矿。

2. 火彩

宝石的火彩是珠宝最靓丽的特性之一，有了火彩，宝石才有灵气，从而充满活力。火彩也被称为"宝气""宝石光""宝光"。钻石因其火彩而"惹火"，受万千瞩目。高折射率的红蓝宝石也是如此，火彩如此灵动，宛如巍巍大山中住着一位灵仙，焕发出无穷的魅力。火彩是宝石的又一个亮点。

精品也未必样样都优秀。俗话说"鱼与熊掌不可兼得"，当红蓝宝石的其他特性不突出而火彩很卓越时，火彩就是向客人推介的重点。例如，粉红、淡蓝、淡橙色蓝宝石，颜色不够浓郁，但因其透明度高，且通常这类品种较纯净，内含物少，火彩通常较好。更是因为这类宝石原料价格相对便宜，商家在加工时不那么惜材，可以尽量切割得完美一些，比例更理想，火彩也更强。相反，鸽血红、皇家蓝等名贵的宝石，原材料金贵，商家采用的是省材就料的切工方式，以求成品宝石的重量最大化，这被行家称为"保重工艺"。相对的，淡颜色的材料不那么金贵就可以追求完美切工。切工完美、透明度高、净度好的宝石，火彩非常优秀。宝石的火彩这种特性受到人们广泛的推崇，较之颜色，有些人甚至更追求火彩的灵动闪烁。颜色艳丽的素面宝石，价格往往低于火彩优秀、切工完美的淡颜色的刻面宝石，尽管颜色不及素面宝石浓郁。这就是人们看重火彩的最好例证。20世纪90年代，当时还没有"皇家蓝"品牌的时候，市场最畅销的是斯里兰卡的蓝宝石，这种蓝宝石就是颜色较淡而火彩突出。相对比当时中国山东蓝宝石，前者好比是蓝色的荧光灯，而后者如同涂上颜料的蓝色砖头！斯里兰卡蓝宝石的蓝色灵光犹如一个有气质、水灵的少女在向你招手，在向你倾诉！可见尚未营销"皇家蓝"时，人们多么崇尚火彩。实际上，广东市场上火彩好、颜色清淡高雅的红蓝宝石很畅销。火彩作为宝石的特性之一，有待人们更好地营销。

3. 星光效应

星光红蓝宝石使人们感叹大自然的神奇和深奥，以其诡异、稀罕使人们为之痴迷。星光浮现如同跨越亿万光年的时空一般，仙人带着舞动的光芒从上天降临，这一舞动的光芒和浪漫的色彩倾倒了无数的追逐者。但是，如同上述所说，凡事难以十全十美，实际上基本见不到颜色又艳丽、星光效应又清晰完美的宝石。当只能突出星光时，星光效应就是主要的亮点。

星光效应的三条星线代表信赖、希望、命运。欧洲人信奉星光宝石为幸运降临的宝石，蓝色代表天空，星线则是闪烁着的星辰，是黑夜中天空最闪耀的地方。作为红蓝宝石著名产地之一的斯里兰卡，将星光红蓝宝石视为能除魔的力量之石。

星光效应是由内含三组交角60°的金红石包体，加工成弧面形宝石后，由于光线的折反射而显示六射星线的现象。红蓝宝石内部含有金红石包体是形成星光的前提。并不是所有矿区的宝石都含有金红石包体，像克什米尔、泰国尖竹汶就未见有星光效应的红蓝宝石（黑色蓝宝石除外，尖竹汶的黑色蓝宝石有星光效应）。另外，在品种方面，除了红色、褐红色、蓝色、紫色、黑色品种外，粉红色、黄色、橙色是没有星光效应的，这也为星光效应增添一层神秘的面纱。

如星星闪烁光芒的星光红蓝宝石以其"自然的神秘""奇迹的偶遇""独特的神奇与美丽""非凡的光芒"而充满神奇的魅力。大颗粒优质的星光红蓝宝石尤其稀少，优质的星光红蓝宝石是收藏家酷爱的宝物。

4. 变色效应

变色是指在不同光源照射下，呈现不同的颜色。极少蓝宝石具有变色效应，它们在日光下呈蓝色、灰蓝色，在白炽灯下呈暗红色、褐红色。变色蓝宝石以其神奇与稀少为猎奇者所喜好。推销变色效应着重在于"罕见""神奇""收藏家之选"。

5. 透明度

透明度反映宝石的明亮程度，实际上也是宝石非常重要的特性，但往往被忽视，反而在玉石中得到人们的重视。例如，翡翠的种好表现在透明度高，价值也高。最突出的是无色的玻璃种，在2005－2013年期间，玻璃种价格涨了几十倍，一只纯净的玻璃种手镯批发价可以高达80万~100万元！一件观音可达50万~80万元！如此高价完全是透明度的原因。翡翠越透亮，透明度就越高，价值越高。这种价值被人们充分挖掘出来，体现在工艺款式中。价值高反映在市场上价格高。即便是绿色、紫罗兰色、墨翠等，也是由透明度的高低决定其价值的高低。人们在售货时，把透明度高、玉件边缘起晕光称之为"起莹"，甚至俗称为"荧光棒"，以此形容玉器的高亮度，犹如发光体一般。

红蓝宝石的透明度与宝石的净度有关，也与颜色的浓淡有关。材质越干净清澈，颜色越浅，则透明度越高，宝石越晶亮。人们形容清澈干净的红蓝宝石为"玻璃体"，宛如玻璃般晶莹明亮。一些山东蓝宝石用平板状加工款式，有些红宝石用长条柱状的款式，都是为了增加透明度，光照下如烧红的炭棒般，显出蓝色或红色。如何利用宝石的切割工艺以提高宝石的透明度，增大光亮就是宝石切磨师朝思暮想的事。透明度的增强也有助于突出宝石的颜色。这对于颜色艳丽、折射率低、色散值低的宝石尤其如此，祖母绿就是典型的例子。祖母绿的琢型设计就是为了提高宝石的光亮度，突出艳丽的绿色。

对于一些宝石可能其他方面未必很突出，但如果透明度高，宝石明亮，这就是该宝石的亮点。上述玻璃种翡翠就是如此。粉红蓝宝石、粉紫蓝宝石、橙色蓝宝石、帕帕拉恰蓝宝石、金黄色蓝宝石，这些宝石有高的光亮度也是人们喜欢它们的原因之一。

6. 各种异型的宝石切工

红蓝宝石中，椭圆形的琢型最耗料，也最常见、最经典。因为椭圆形的琢型最能凸显有色宝石的颜色，因而有色宝石通常被设计为椭圆形，而且该琢型易于设计各种首饰款式，易于与其他宝石、钻石搭配。因为形状线条比例较固定，在首饰加工厂中，以椭圆形作首饰镶口的宝石款式最为普遍，通常椭圆形的宝石在首饰厂有充足的首饰款式可供选择镶嵌。在红蓝宝石中椭圆琢型被称为常见琢型，或正常琢型。除此之外，称为异型，即异于椭圆的琢型。异型的宝石作镶嵌首饰时，有赖于设计师的设计水平。异型的宝石可为首饰设计师发挥创作的空间，可设计别出心裁、独特的珠宝首饰。

每颗异型宝石犹如一个独特的生命体，有着鲜明的个性，适合于追求个性的宝石爱好者。异性宝石最适合于定制，像心形、长条状、三角形、星状形、花形等可以设计成有一定文化蕴意的款式。

7. 配对

配对指颜色、透明度、净度、火彩、琢型、大小相协调。配对的宝石耗材大。为了配对，大粒的宝石常被加工成小规格的。在拍卖会上，配对的红蓝宝石往往能够拍出高价。能配对的大粒优质红蓝宝石是收藏家们追逐的目标。配对的宝石可遇不可求，有升值的潜力。

稀少性、独特性、购买不易就是配对宝石的卖点。

8. 大颗粒的红蓝宝石

"大颗粒"在红宝石、蓝宝石中各自的内涵不同，不同矿区的概念也不同。大颗粒反映稀少程度以及宝石的美丽性。大颗粒的宝石能够切割得更完美，完美的切工以及饰品越大、图像越大，各种颜色、光线的表现越显著，自然美丽性就越高。所以宝石越大，单价越高，大颗粒越难得的品种，每增大克拉数，每克拉单价上升的台阶越高。假如1克拉优质的红宝石，每克拉单价为15000元，2克拉规格的同品质红宝石，单价大致为每克拉30000元。1克拉规格的蓝宝石每克拉为4000元，2克拉规格同品质的，每克拉大致为6000元。红宝石由于自然形成的原因，大颗粒的稀少，高品质的更是罕见，颗粒越大，其克拉单价的提升幅度远比蓝宝石大。5~10克拉的蓝宝石单价提升幅度不大，而红宝石在此规格范围单价则呈直线上升。缅甸抹谷的红宝石，3克拉以上已经是罕见的珍宝，泰国、莫桑比克产的红宝石则5克拉以上较稀少。蓝宝石通常要10克拉以上才显得珍稀。

宝石的重量是宝石价格的主要决定因素，优质的宝石更加明显。但是对于普通的宝石，如颜色、净度差的红蓝宝石，如果仅仅是大颗粒的，也要利用"大个"的稀少性作为其特殊卖点进行营销。稀少程度就是价值。有时可利用对比方法加以推销。例如一粒6克拉颜色较浅的蓝宝石，与一粒2克拉颜色艳丽的蓝宝石同价，前者显著大于后者，比后者更稀少、更罕见，毕竟2克拉优质的蓝宝石随处可见。对于这两者，不同的消费者有不同的选择，只要找到有此需求的消费者，销售就成功了。

宝石的重量（大小）关乎稀少性，稀少就是其主要的亮点、卖点。

优化处理、产地等也影响着红蓝宝石价格。无烧、著名产地等都是红蓝宝石的亮点，影响着宝石的价格。

消费者购买宝石既受"亮点"所吸引，也会对宝石的某些性质不满意，因而产生疑虑，常常因此而取消购买的念头。如何消除消费者的疑虑是营销人员要下功夫的地方。

（二）消除消费者疑虑

宝石分级既可产生"优质"的宝石，同样也会产生"劣质"的宝石。当人们对"劣质"的宝石不满意时，解铃还须系铃人，还得从分级的角度予以消解。

1. 净度分级消解对净度的不满意

品质干净是人们对宝石的普遍要求，中国市场的消费者尤其重视宝石的纯净，喜欢把宝石中的包裹体称为"瑕疵"。实际上所有宝石都含有包裹体，仅是种类、大小、分布、位置、聚合、颜色对比、数量等不同。当观察条件不同时，这些包裹体的表现及明显程度不同，有时肉眼都观察不到，可能10倍放大的条件下明显可见；10倍放大不可见，可能50倍下可见；透射光下不明显，散射光下可能易观察到。包裹体是天然宝石所固有的特征，称内含物也较恰当，表征客观现象，是一个不含褒贬的中性词语。

在自然状态下，各种宝石有其与生俱来的固有特征，不同宝石的内部特征不同，GIA将宝石分为三大类。Ⅰ类为几乎不含瑕疵（内含物）的宝石；Ⅱ类为普遍含有瑕疵的宝石；Ⅲ类为全部含有瑕疵的宝石。这一分法是在肉眼观察条件下划分的。

Ⅰ类宝石主要有：黄色、粉红色绿柱石、海蓝宝石、绿色碧玺、蓝色锆石、金绿宝石（绿色、黄色）、坦桑石、黄水晶、紫锂辉石、翠绿锂辉石、托帕石。

Ⅱ类宝石主要有：蓝宝石（蓝色、黄色、粉红色、无色）、碧玺（蓝色、橙色、紫色、多色）、变石、锆石（绿色、橙色、红色、黄色）、紫晶、尖晶石、橄榄石、堇青石、红柱石。

Ⅲ类宝石主要有：祖母绿、碧玺（红色、粉红色、西瓜碧玺）、红宝石。

可见红宝石属Ⅲ类全部含有瑕疵的宝石。GIA称，这类宝石即便肉眼观察有明显瑕疵，也可用来制作高档饰品。这说明红宝石含有内含物（瑕疵）普遍可见。

当消费者对红蓝宝石净度不满意时，可用GIA的上述分类理论进行解释，红蓝宝石天生就含有瑕疵，特别是红宝石，属于Ⅲ类"全部含有瑕疵的宝石"。在评价红蓝宝石的净度分级时，美国宝石协会（AGS）提出分为无瑕（FI）、小瑕（LI1—LI2）（再细分二小级）、中瑕（MI1—MI2）、重瑕（HI1—HI2）、极重瑕（EI1—EI3），总共10级。这么细分的目的使人们在评价宝石的净度时，清楚知道该宝石处于什么档次。

2. 用托底法解释净度质量档次

当你遇到SI1的克拉钻石时，你认为该钻石的净度如何？现在许多人会认为属于中档的净度，是可以接受的。但在15年前，不要说SI级别的，就是VS1

的，市场都很难接受。当时的中国市场普遍认为，只有达到VVS级的钻石才算干净好品质，才有保值的价值。历史证明十几年前市场不待见的SI级的钻石近几年升值最快，市场最畅销。SI级实际上位于净度级别的中段，属于中档次的。钻石、宝石的净度分级是根据市场的实际状况进行人为的划分，市场上的宝石发生变化，可根据实际情况进行调整分级。对于红蓝宝石而言，当消费者面对中瑕、重瑕级别的时候，可能对净度不满意，实际上还有极重瑕三级。虽然市场上很少见到极重瑕三级，但有了这极重瑕三级，中瑕、重瑕的宝石净度就可接受了。极重瑕的定级作"托底"之用，可衬托其他净度的宝石。

分级的思路往往如此，既设立寻常难以企及的顶级，如钻石中的FL、IF，也设立市场难得一见的最低级别，如钻石的P级（P1、P2、P3）。宝石中的极重瑕（EI1、EI2、EI3），这些级别起到托底的作用。有了这些级别，就把一些消费者难以接受的净度归入了中高档类，位于净度分级标尺的中高端（越高端代表净度级别越高、越干净），使消费者容易接受这类有瑕疵的宝石。善用分级及托底，让消费者感觉货品不是最差的。也可用于与店里的其他货品作对比，这有助于消除消费者的疑虑。

3. 转移焦点

消费者可能对宝石的质量不满意，但镶嵌工艺、款式可能非常时尚，能打动消费者。那么在推销中，可以突出宝石这方面的优点、亮点来打动消费者。

三、红蓝宝石也讲血统

（一）不同产地红蓝宝石价差巨大的迷惑

笔者从20世纪90年代中开始经营红蓝宝石，货源大多来自泰国，部分蓝宝石来自山东。泰国红蓝宝石以3mm×5mm、4mm×5mm、5mm×6mm、5mm×7mm、6mm×8mm的规格为主，4mm×5mm、4mm×6mm、5mm×7mm三种规格最为常用，也就是1.0克拉左右及其以下的最常见。这类来自泰国的红蓝宝石批发价格100~200元/克拉，若是达到400元/克拉，在当时的中国市场已是最高档的了。在这期间，因到云南瑞丽采购翡翠，也接触了来自缅甸的红宝石。这些来自缅甸的红宝石用铜金属托简单粗糙地镶嵌，目的是售卖镶在金属托上的宝石，而不是作为首饰售卖。之所以镶上金属，主要是能够提高宝石的美感。面对来自缅甸的红宝石，与泰国红宝石观感相同或相近的质量，价格却是后者的2倍以上。例如4mm×5mm的泰国红宝石，市场批发售价250元/克拉，同样规格的缅甸红宝石，要价500~700元/克拉，价差在2~3倍左右。我们多次到瑞丽，就是买不成一粒缅甸的红宝石，一是价格高一倍以上，二是缅甸红宝石的切割形状不规整。但是，售卖红宝石的商家却生意不错，常有人订货。询问之下，方知购买者主要是来自中国台湾的客商。面对缅甸红宝石与泰国红宝石的不同价格，笔者百思不得其解，一脸茫然。

（二）近五年拍卖的缅甸、莫桑比克红宝石及著名产地蓝宝石的价格

下表为近年知名拍卖行红蓝宝石拍卖情况。

表 5-1　近年不同产地红蓝宝石拍卖行情

序号	宝石名称	产地	克拉重量	总价（元）	单价（元/克拉）	拍卖行	拍卖时间	颜色	证书	图
1	红宝石	缅甸抹谷	2.76	149500	54167	北京保利	2017/6/6	鸽血红	GRS	
2			3.10	184000	59355	广州华艺	2016/11/26		Gubelin	
3			4.29	276000	64336	北京保利	2016/12/16		Gubelin	
4			5.09	2105633	413680	佳士得日内瓦	2013/11/12	鸽血红	Gubelin	
5			5.55	1725000	310811	西泠印社	2018/7/8	鸽血红	GRS	
6		莫桑比克	1.40	20700	14786	北京保利	2018/6/19	鸽血红	GRS	
7			2.02	46000	22772	北京保利	2017/12/18	鸽血红	GRS	
8			3.02	101200	33510	北京匡时	2018/6/16	鸽血红	GRS	

（续上表）

序号	宝石名称	产地	克拉重量	总价（元）	单价（元/克拉）	拍卖行	拍卖时间	颜色	证书	图
9			4.21	253000	60095	广州华艺	2017/5/26	鸽血红	GRS	
10			5.03	287500	57157	西泠印社	2017/12/24	鸽血红	GRS	
11			1.38	46000	33333	北京保利	2015/12/7	BLUE蓝色	GIA	
12			2.27	356500	157048	北京保利	2014/12/4		Gubelin, AGL	
13		克什米尔	3.04	42622	14020	保利香港	2016/10/3		GIA	
14	蓝宝石		4.50	1817000	403778	北京保利	2012/6/5		AGL, Gubelin	
15			4.77	1120056	234813	保利香港	2014/10/6		Gubelin, AGL	
16			2.09	36800	17608	北京保利	2017/6/6	矢车菊蓝色	CGL	
17		斯里兰卡	3.75	33949	9053	保利香港	2015/10/6		GIA	
18			4.13	185638	44949	澳门保利	2016/11/25		GRS	
19			5.57	368000	66068	北京保利	2017/12/18	皇家蓝	GRS	
20			8.56	429579	50184	中国嘉德	2018/4/2		GRS, AIGS	

从此表中可看出，著名产地缅甸抹谷红宝石、克什米尔矢车菊蓝宝石独占了珍品红蓝宝石的宝座，且价格远远高于其他产地的红蓝宝石。

（三）GRS的统计

GRS实验室统计了2008—2015年5克拉缅甸鸽血红对10克拉莫桑比克鸽血红的整粒总价格。2008年两者总价相若，2009—2012年，缅甸鸽血红总价略高于后者，2013年之后，5克拉的缅甸鸽血红红宝石比10克拉的莫桑比克鸽血红红宝石价格高一倍还多，换算成克拉单价，相差4倍以上！而且缅甸鸽血红是小规格，莫桑比克是大规格的，若是缅甸鸽血红红宝石10克拉规格的，两者相差岂不是天价！可见著名产地红宝石单价远高于其他产地，产地作为品牌具有溢价功能。

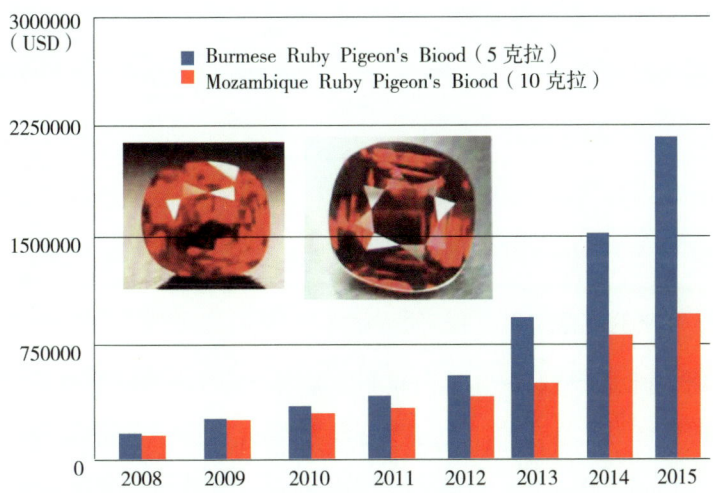

图5-1 产地影响价格，GRS实验室统计了2008—2015年5克拉缅甸鸽血红对10克拉莫桑比克鸽血红红宝石的整粒总价格

（四）2018年9月14~18日香港珠宝展行情

邓木林对2018年9月香港国际珠宝展上的市场行情进行调查，红蓝宝石的价格如表5-2所示。

从香港珠宝展可见缅甸无烧鸽血红红宝石对比莫桑比克无烧鸽血红红宝石，小于1克拉时，前者是后者2~3倍价格；1~2克拉的规格，两者相差3~4倍价格；2~3克拉，两者相差3~5倍价格。可见产地对价格的影响非常显著。

表5-2 缅甸鸽血红对莫桑比克鸽血红红宝石的价格差异

产 地	克 拉	无烧（元/克拉）	有烧（元/克拉）
GRS 莫桑鸽血	0.5	3000~4500	大几百~3000
	1	6000~1万多	大几百~大几千
	2	1万多~4万多	小几千~1万多
	3	2万多~7万	5000~2万多
	4	4万多~10万多	1万~3万
GRS 缅甸鸽血	0.5	1万多	1000~小几千
	1	3万多~大几万	小几千~1万多
	2	5万~10万多	大几千~2万
	3	没看到货	1万多~3万
	4	没看到货	2万~5万左右
不分产地	克 拉	无烧（元/克拉）	有烧（元/克拉）
GRS 皇家蓝	0.5	3000左右	1000左右
	1	5000~8000	小几千以内
	2	1万~2万	5000~7000左右
	3	2万~3万	8000~1万左右
	4	4万~5万	1万多

2018年9月香港珠宝展调查，调查者：邓木林

（五）名贵的红蓝宝石要有高贵的血统

从市场、拍卖行情、研究机构和珠宝展销会所得出的结论都是一致的，红蓝宝石的价格与质量有关，更与产地息息相关，甚至产地是该宝石是否属于高档宝石的决定因素。产地是跻身高档精品、收藏级红蓝宝石的晋升门槛，产地就是红蓝宝石的血统。

1. 著名产地的红蓝宝石有其自身独特的魅力

根据张蓓莉等的《世界主要彩色宝石产地研究》，可知著名产地的红宝石、蓝宝石有以下独特魅力。

（1）红宝石

红宝石的原矿地质成因有两大类，岩浆岩型和变质岩型。岩浆岩型的红宝石以

图5-2 缅甸红宝石

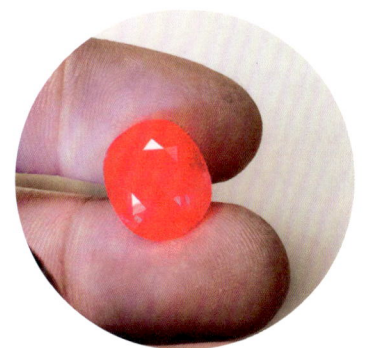

图 5-3　缅甸红宝石，荧光极强

图 5-4　莫桑比克红宝石

捕虏体的形式出现，如泰国玄武岩型红宝石，马达加斯加索米卡他玄武岩型矿体。变质岩型的矿床较多，进一步细分有混合岩型，如坦桑尼亚莫罗戈洛矿；蚀变片麻岩型，如莫桑比克、印度迈索尔矿；麻粒岩型，如斯里兰卡拉特纳普勒矿；基性超基性岩型，如津巴布韦奥比恩斯，坦桑尼亚隆吉多矿；大理岩型，如缅甸抹谷红宝石矿。

大理岩属区域变质，形成温度不高。缅甸抹谷红宝石赋存于角闪岩至麻粒岩相的变质大理岩和钙质硅酸盐的大理岩中。这与玄武岩型的泰国红宝石不同，与蚀变片麻岩型的莫桑比克红宝石有别。后二者含铁高，抹谷红宝石含铁低、含铬高。形成的特殊地质环境，使缅甸抹谷红宝石有着独有的特征：一是颜色色调正，为纯正的正红（大红）色；二是具有强烈的荧光，使宝石的红色有红色荧光的叠加；三是内部含有大量细微的金红石包体，金红石包体可使入射光线散射到红宝石表面，使红宝石有着柔和的颜色；四是颜色具有独特的搅动"糖浆状"构造。

人们若是喜欢上这些有别于其他产地红宝石的独特特征，就赋予了这种特征以特殊的魅力。这种独特的魅力就是亮点，这一亮点就是痴迷的人心目中的"价值"，"价值"最终表现在价格上。这是缅甸抹谷产地红宝石价值的来源之一。

（2）蓝宝石

蓝宝石的地质成因有两大类，岩浆岩型与变质岩型。岩浆岩型主要有碱性玄武岩，如越南多农矿；煌斑岩型，美国约戈峡谷矿；正长岩，肯尼亚加巴图拉矿。变质岩型主要有矽卡岩型，马达加斯加安德拉努丹布矿；大理岩型，缅甸抹谷矿；麻粒岩型，斯里兰卡拉特内普勒矿。

克什米尔蓝宝石，位于帕达尔（Paddar）地区赞斯卡尔（Zanskar）山脉的寒武纪变质岩地层中。该地层系列包括大理岩、角闪石岩，含石榴子石和

图 5-5 克什米尔蓝宝石，浓艳矢车菊

金云母的片麻岩以及侵入伟晶岩。蓝宝石富存于侵入伟晶岩中。

缅甸蓝宝石产于大理岩中，部分矿区为伟晶岩、刚玉正长岩和片麻岩等类型岩石。

斯里兰卡蓝宝石，属于麻粒岩型矿床。

泰国、柬埔寨拜林、中国山东昌乐、澳大利亚的蓝宝石，产于玄武岩中。

形成的地质条件不同，使不同产地的蓝宝石有着不同的特点，这些特点正是其魅力和价值所在。按照目前市场状况，总体上价格高低顺序为：克什米尔矢车菊蓝宝石－缅甸皇家蓝蓝宝石－斯里兰卡蓝宝石－泰国蓝宝石－澳大利亚蓝宝石－中国山东蓝宝石。

克什米尔蓝宝石有着独特的韵味，其色带是特殊的生长结构，色带边界清晰，常有蓝色和近白色或者"乳白色"的条带交替出现。这些乳白色可能是极细微的金红石包体成云雾状分布于蓝宝石中，造成蓝宝石的朦胧感。这种被宝石学家形容为"天鹅绒"状的柔和光泽，具有睡美人般的朦胧美。克什米尔蓝宝石的颜色蓝中带紫色调，蔚蓝色优质者颜色接近德国的国花"矢车菊"，被称为"矢车菊"蓝宝石。

克什米尔蓝宝石有以上独特的特点，这仅是它区别于其他产地蓝宝石的独特之处，但不能说这种特性就比其他如缅甸皇家蓝蓝宝石更美。克什米尔蓝宝石因朦胧的"天鹅绒"质感，透明度较缅甸、斯里兰卡的蓝宝石低，火彩也较后者差。克什米尔蓝宝石质地呆滞，不够莹澈透明，宝石缺乏灵动的光彩。曾有人把克什米尔矢车菊蓝宝石与缅甸皇家蓝蓝宝石放在一起，请不懂行的人评价他们之间谁更美，更多的人喜欢后者，因有火彩，有着宝石的灵动感，也就是所谓的"宝石光"。然而，在行家们的心目中，按行家的评判标准，当然是克什米尔蓝宝更有韵味、更美丽、更名贵。可见，"美丽性"是诱导出来的，对宝石的审美情趣是可以培养的，有特色就有其独特之美。

克什米尔矢车菊蓝宝石独特的魅力为人们所追捧，特别为上流社会所喜爱。这一"喜爱"的特点就是该蓝宝石的价值。追捧的人越多，"价值"越大，反映在价格上越高。一直以来，克什米尔蓝宝石占据着国际著名拍卖行所拍蓝宝石品种的主角。

图 5-6　缅甸皇家蓝蓝宝石

图 5-7　斯里兰卡蓝宝石

图 5-8　泰国蓝宝石

图 5-9　山东蓝宝石，色调深，加工成板状，以增加透明度，显现蓝色

2. 高消费人群的青睐催高名产地宝石的价格

1981年英国王子查尔斯与戴安娜结婚时，送给戴安娜的结婚戒指是蓝宝石戒指，全世界掀起了一股蓝宝石消费热潮，拉动蓝宝石的价格上涨。缅甸抹谷的红宝石在西方的知名度极高，被称为"东方的红宝石"。与克什米尔蓝宝石一样，被王室和巨贾所追捧，价格自然远远高于其他产地的宝石。

名产地的红蓝宝石能彰显身份地位，高消费人群青睐这些货品，愿意为此支付金钱。催高了名产地宝石的价格。

3. 名产地宝石的"稀少性"影响价格

物以稀为贵，物品越稀少，人们越珍惜，价值越高。对此，罗伯特·B.西奥迪尼（Robert B. Cialdini）在《影响力》一书中作了详尽的研究。通过一系列的心理实验，以及生活经验，得出"我们基本可以根据获得一样东西的难易程度，迅速、准确地判断它的质量"，"对失去某种东西的恐惧似乎比对获得同一物品的渴望，更能激发人们的行动力"。

宝石的价值规律也是同样的道理，所以它的属性中有"美丽、稀少、耐久"三要素。翠榴石中的马尾状包裹体，祖母绿中的"达碧兹"是这些宝石的瑕疵，影响颜色与火彩。但是，因为具有这些特征的宝石稀少，反而使其价值更高。克什米尔位于喜马拉雅山脉西南侧海拔4500米的高寒山区，处于巴基斯坦与印度交界地带。自1881年在克什米尔第一次发现蓝宝石，1927年以来进入间歇性开采阶段，近几十年来几乎未找到具天鹅绒般质感的优质蓝宝石。拍卖场上的克什米尔矢车菊蓝宝石，几乎都是收藏家或者原来拥有者的再交易。抹谷位于缅甸海拔1200米的克岱（Kathe）地区，这里发现红宝石已有几个世纪，优质的鸽血红红宝石原本数量就稀少，现在更是濒于枯竭。以上两个产地的著名蓝宝石、红宝石，其稀缺性可见一斑。正是由于其稀缺性，更彰显获得这类货品的机会难得，在人们的心目中它的价值也更高。

4. 拍卖推高价格

越是众人争抢的东西，人们越是渴望得到，这几乎是出于身体的本能反应，这就是竞争的原理，谁都想成为竞争的赢者（获得者）。销售房产的经纪（或开发商）深谙此道，总是制造众人抢购的场面，这样可快速销售房产，卖高价格。追捧影视明星的人多了，明星身价自然就飙升。

拍卖就是制造众人争抢的交易场面，推高货品价格。拍卖中有许多炒作的手法，以刺激竞拍者的神经。

拍卖前及拍卖中可煽动竞拍者的情绪，给出远高于市场行情的价格。同时，拍卖价格也是风向标，影响着同类货品的市场行情。

5. 收藏家对名产地宝石的选择影响价格

收藏家对红蓝宝石的收藏有着丰富的经验，长期的收藏活动使他们知道哪些品种能升值。收藏家们收藏的货品通常都是稀缺而高档、高价值的精品。实际上拍卖行拍卖的货品有不少就是收藏家的藏品。藏品拍得高价，收藏家们获利丰厚，这使人们更信赖收藏家们的眼光。收藏家的爱好影响着普通消费者的价值取向。在红蓝宝石中，收藏家们收藏的就是名产地如缅甸抹谷、克什米尔的红蓝宝石，这也是这些名产地的红蓝宝石成为名牌、价格高昂的原因。

6. 人们对名产地宝石的认可影响价格

任何货品的知名度越高，品牌越响，人们对它的认知便越深。缅甸抹谷红宝石、克什米尔蓝宝石、缅甸蓝宝石、斯里兰卡蓝宝石，这些产地的红蓝宝石在人们的认知中就是高档优质的红蓝宝石，优质的宝石自然价格要高于其他产地的宝石。想得到著名产地宝石的欲望越高，追求的人越多，就得付出越多的价钱。

总之，名贵高档的红蓝宝石，不仅要求宝石材料本身客观的质量优秀，更要求其来自有名的产地，这就是检测实验室要验明红蓝宝石产地的原因。

四、有烧无烧的红蓝宝石区别大

有烧是指经人工热烧处理的红蓝宝石。无烧是指未经人工热烧处理的天然红蓝宝石。

（一）宝石的文化认知

曾有人做过试验，在火车站、百货商场门口开展随机问卷调查。随机询问过路的人，两个同样款式的钻石与立方氧化锆戒指（即仿钻石戒指），哪个更美。大家猜猜看，路人的答案是哪个？可能你猜对了，多数的人认为立方氧化锆戒指（假钻）更美。假设立方氧化锆换成合成钻石如何呢？合成钻石与天然钻石外观没有任何差别。天然红蓝宝石与合成红蓝宝石呢？显然后者更美，因为后者更纯净，颜色更艳丽。由此可知，单纯从美与不美这一尺度无法判断天然红蓝宝石与热处理红蓝宝石的价格差异，其价格的差异必另有其因，这就是人们的文化认知。

合成的宝石与天然的宝石本质上的区别是形成的环境不同、成本不同、稀少程度不同。天然宝石的形成经历了漫长时间，可能几十万年、几千万年，而且形成条件苛刻，是非常不容易的事。天然宝石中存在某些方面如净度、透明度不够完美的缺憾，需要人为进行改善、优化以臻完美，这就是人工优化的宝石。显然，天然红蓝宝石与经过热烧处理的红蓝宝石，二者在未烧之前的原始状态是完全不同的。

天然宝石是大自然的瑰宝，在人们的认知中，天然宝石最难获得，是正宗货，价值最高。人们不接受合成宝石，视其为假货。纯天然的宝石在人们心目中的价值地位高于优化处理的宝石，高于人工合成的宝石。人们追求纯天然的宝石，纯天然的宝石价值最高，反映在价格上也就最高。

（二）稀少性

稀少性是宝石价值的三大属性之一。天然的宝石越稀少，价格越高。纯天然的优质红蓝宝石满足不了人们的需求，人们就把某些方面不够完美的原料进行热烧处理，以提高其美感。目前市场上90%以上的红蓝宝石都是经过热烧处理的（即有烧）。显然无烧的红蓝宝石更稀少，其价值更高。

宝石的稀少程度有时也受人为所控制。天然大粒优质红蓝宝石受矿业公司控制，每年通过新加坡等地的专场拍卖投放到市场。投放市场的优质原料多，价格就下跌；投放市场的量少，竞投激烈，价格就上涨。由此，可知稀缺性对价格的影响。

（三）成本

珠宝商在售卖红蓝宝石时，要赚取利润。货品成本高，必须售价高，这样就要向购买者解释售高价的原因。珠宝商就要把无烧与有烧区别开来，必须阐明其经营的红蓝宝石是无烧的。在自己的声明缺乏公信力时，必须寻求更有公信力的机构——第三方珠宝检测实验室以证明。

从市场行情看，无烧、有烧红蓝宝石有如下规律。第一，颗粒越小，两者的价格差别越小；颗粒越大，两者的价差越大。小于1.0克拉的普通货，无烧高于有烧30%的价格。1~2克拉的无烧高于有烧30%~50%。3克拉以上的，无烧高于有烧50%~100%。第二，品质越高，差别越明显，优质纯净的皇家蓝蓝宝石、鸽血红红宝石，价差更大些。第三，著名产地比其他产地，价差更大，通常大于100%，也就是无烧是有烧1倍以上的价格。若是蓝宝石5克拉以上，红宝石3克拉以上，两者的价差视质量情况在1~3倍。例如，缅甸产鸽血红红宝石，2克拉规格的，无烧的价格5万~10万元/克拉，有烧的大几千~2万多元/克拉。皇家蓝蓝宝石，不分产地，4克拉规格的，无烧4万~5万元/克拉，有烧约1万元/克拉。

市场的行情如此，说明买卖双方接受了这样的价格体系，供需关系得以平衡。

（四）高消费人群对"无烧"的追捧抬高了价格

高消费人群对优质红蓝宝石主要追求其独特性、稀少性，而无烧和产地可为宝石的独一无二背书。高消费人群愿意为这两个属性支付金钱，以此彰显其不同于普通消费者。高消费人群认为产地承载着历史，无烧是天然的身价，这类货品更有价值，他们愿意为此付出更多的金钱。这就使无烧及著名产地的货品价格高于有烧和其他产地的货品。

（五）收藏人士对无烧宝石的追捧抬高了价格

珠宝收藏人士对珠宝有极深的研究，他们追求独特、稀少、高品质的宝石，而且这些宝石要有升值的潜力。收藏人士普遍持有这样一种看法，认为随着科学技术的发展，宝石的优化处理工艺将越来越成熟，越来越先进，经过优化处理的红蓝宝石也将越来越普遍。经"美容"的宝石很普遍，保持天然原始状态"素颜"美的宝石必定越来越稀少，这就凸显了无烧这类"素颜"红蓝宝石的弥足珍贵。稀缺程度的加大必将带来这类宝石的涨价。收藏人士在收藏红蓝宝石时，追逐无烧的货品，他们预期在未来的涨价潮中能大赚一把。正是这些专业人士看高未来无烧红蓝宝石的价格，使得市场上无烧的红蓝宝石与有烧的红蓝宝石拉开了价格的距离。

总之，人们的文化认知、消费理念、货品原材料成本、稀少性、专业人士意见，以及一些珠宝商的宣传引导，使无烧的红蓝宝石价格远高于有烧的红蓝宝石。

五、红蓝宝石的营销

由前面的叙述可知，红蓝宝石具有悠久的历史文化，一颗红蓝宝石的价值由三部分组成：产地、优化处理状况、材质，当然还可能有历史人文价值。一件红蓝宝石首饰的价值则由上述几方面再加艺术（文化）价值，以及镶嵌工艺价值几方面构成。红蓝宝石的营销就是阐述上述几方面的价值，打动他（她）的需求，从而达成交易。这节内容从裸石出发，寻找红蓝宝石的价值。

1. 名牌品种的营销

自2011年以来，红蓝宝石市场最火爆的莫过于鸽血红红宝石、皇家蓝蓝宝石、帕帕拉恰蓝宝石，以及矢车菊蓝宝石。这些已成为红蓝宝石的名牌品种，受市场所追捧，人们甚至把这些品种视为优质红蓝宝石的代名词，非这些品种不买。这些品种需要权威实验室的认证，越是权威的实验室证书，信誉越高，越有助于销售。

（1）鸽血红红宝石

鸽血红是一种形象的描述。颜色描述体系有孟赛尔（Munsell），或者国际通用的潘通色卡（PANTONE）。"鸽血红"是一个范围，不是某一个具体色号或标号。可见天然颜色的复杂性，不是人工制造的色标可以完全对应的。蓝宝石的矢车菊、皇家蓝色也是如此，在潘通色卡或孟赛尔色卡中没有完全对应色号的颜色。天然红蓝宝石色调变化复杂，而且具有多色性。宝石是一个立体的发光物体（照射后呈现颜色），有反射、内反射、漫反射等各种光线叠加，还可能有荧光色的叠加，不同角度颜色也会发生变化。作为随时变化的、立体的颜色很难用平面的、固定的、不发光的色标进行对应和表达。在实际的检测评价和交易中，人们还是以宝石的实物标样进行对比最为可靠和实用。潘通色卡、孟赛尔色标，以及描述颜色的CIE色度图（用紫外—可见吸收光谱仪如Gem3000的积分球进行测试，获得色度图及色度指标X、Y、Z、主波长λ_d、纯度（饱和度）P_e等）都难以准确表达红蓝宝石的颜色。

"鸽血红"颜色是早期人们用于描述产自缅甸极品红宝石的特征。在市场交易中，人们把缅甸红宝石纯正艳丽的红色称为"鸽血红"。这种颜色呈正红色，浓郁艳丽，絮状、团块状，如流动的蜜糖般。因产于缅甸的红宝石具有极强的荧光，颜色是红色荧光的叠加。

因"鸽血红"起源于缅甸红宝石，目前不同人对"鸽血红"的理解和定义不同。像Gubelin、SSEF这两个著名的实验室，他们的"鸽血红"有产地的含义，他们出具的"鸽血红"证书仅限于产自缅甸未经人工热处理的红宝石。而GRS则扩展其内涵，"鸽血红"没有产地的要求，热处理残留物不多于"中量（Hc）"（不含Hc级别）也可出具"鸽血红"证书。也就是说不仅来自缅甸，产于马达加斯加、莫桑比克、非洲的其他地方、越南、泰国等地，只要颜色达到艳红色（GRS自己的标准）都可出具"鸽血红"红宝石证书（Pigeon Blood）。荧光也仅作参考，荧光强者在主证出"鸽血红"，荧光弱者在副证（背后的说明中）出"鸽血红"。"主证""副证"的做法是GRS的创造，实际上是大大扩大了"鸽血红"分级的范围。"主证"与"副证"不同结论，是一粒宝石给出两个结论，主证是"Vivid Red"，副证又说是"Pigeon Blood"！这两者是矛盾的。副证的"Pigeon Blood"无非是为满足市场上商家对"鸽血红"名牌品种的追求。

这里要作特别的说明。据参加Gubelin彩色宝石培训班的学员转述，Gubelin近期调整了对"鸽血红"红宝石的定义，按照最新的定义，达到鸽血红的红宝石有如下七方面的内涵：①颜色漂亮、纯正、饱和度高的红色；②肉眼观察是干净的；③有生动的火彩；④不能有任何人工处理，宝石是纯天然的；⑤具有强荧光；⑥没有切割形状的要求；⑦没有产地要求。从中可见Gubelin对鸽血红的最新定义比GRS要严格。显然Gubelin的鸽血红红宝石要比GRS的鸽血红红宝石高档稀少，价值更高。

中国的国家标准对"鸽血红"的定义。国家标准GB/T 32863—2016《红宝石分级》对红宝石分级进行了明确的定义：红宝石分级是从颜色、净度、火彩、质量等方面对红宝石进行级别划分。根据红宝石彩度的差异，将其分为四个级别：深红（DR）、艳红（VR）、浓红（IR）、红（R）。其中"艳红"级别可称为"鸽血红"（商业名称），彩度（颜色饱和度）参考值80%≤C<90%（C是彩度指标%）。"艳红"包含正红和带紫色调的紫红。热

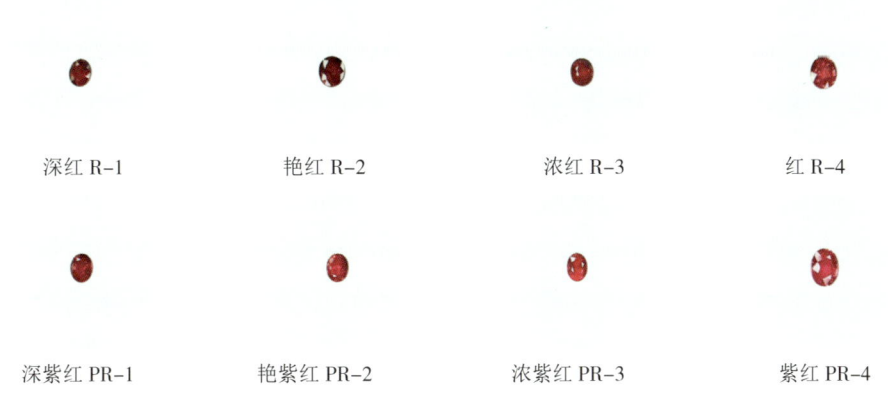

图 5-10　中国红宝石分级标样石

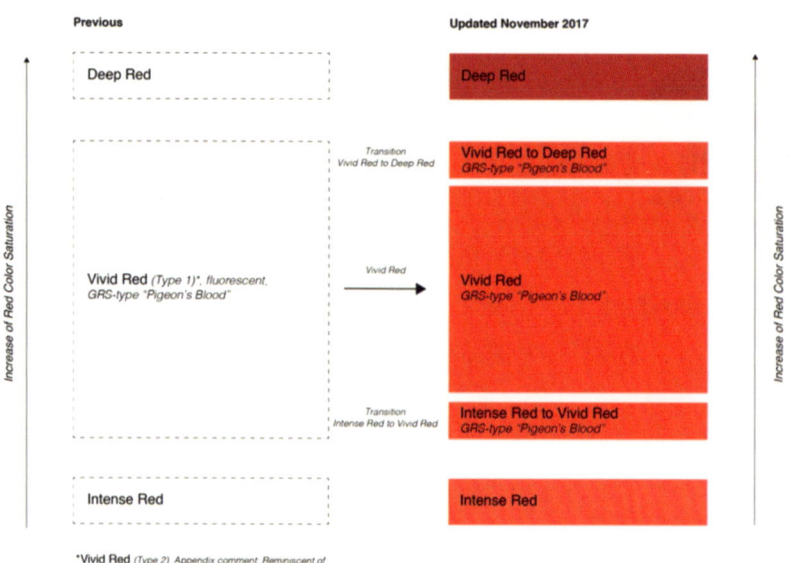

图 5-11　GRS 红宝石分级

处理净度级别分为H（热处理无残留）、H1（热处理少量残留）、H2（热处理中量残留）、H3（热处理大量残留）。"鸽血红"的评级仅限于H1（热处理少量残留）以上，对彩度有严格要求（达80%以上），而且对火彩也有要求。对荧光没有特定的要求，也不作产地的要求。在实际的标样中，有红及紫红两个色系。

"鸽血红""矢车菊""帕帕拉恰"等起源于商贸，由珠宝检测实验室进行定义和认证。国际上不同的实验室其定义不同。中国有统一的国家标准。

据GRS介绍，GRS率先对商贸中的"鸽血红"进行认证。1998年6月，第一张鸽血红红宝石证书出现在伦敦苏富比第140号拍品上，一枚1.35克拉的红宝石戒指被GRS判定为"鸽血红"。2015年5月，GRS为鸽血红与皇家蓝申请了专利。

（2）矢车菊、皇家蓝蓝宝石

矢车菊蓝色是商贸中人们用于形象描述产自克什米尔带紫色调的特殊蓝色。矢车菊是德国的国花，颜色为特别的紫蓝色，产于克什米尔优质蓝宝石特殊的紫蓝色与此颜色很相似。

对于"矢车菊"（英文名Cornflower）蓝宝石，Gubelin、SSEF等要求必须产自克什米尔，特指产自克什米尔的紫蓝色蓝宝石，而GRS、AIGS等则只

图 5-12　莫桑比克红宝石，鸽血红

图 5-13　非洲 Longido 红宝石，GRS 副证鸽血红。

图 5-14　中国蓝宝石分级标样石

要浓郁的蔚蓝色中带有紫色调，符合他们的颜色标准，不管产自何地，皆可被认证为"矢车菊"蓝宝石。

中国于2016年制定了蓝宝石分级国家标准GB/T 32862—2016，对"矢车菊"有着严格的定义。蓝色蓝宝石按彩度划分为深蓝（DB）、艳蓝（VB）、浓蓝（IB）、蓝（B）、淡蓝（LB）5个级别。"艳蓝"（VB）的彩度参考值（C%）75≤C<85，浓蓝的彩度参考值65≤C<75。其中"艳蓝"或"浓蓝"带紫色调者，商贸上可称为"矢车菊"，纯净浓郁的蓝色为"皇家蓝"。

皇家蓝（英文名Royal Blue）最先是商贸中用于描述产自缅甸的颜色浓郁纯净的优质蓝宝石，后被实验室引用并进行认证。近年以来，"皇家蓝"成为一个名牌，声名大噪。具有"皇家蓝"的蓝宝石在市场上十分火爆！在中国市场上，达不到"皇家蓝"标准的蓝宝石人们几乎不购买，商家更以"皇家蓝"招揽顾客。

"矢车菊"因其要求蓝宝石的蓝色中带紫色调,这种色调较少见,市场上没有"皇家蓝"那么火爆。

（3）帕帕拉恰蓝宝石

"帕帕拉恰"也称"帕德玛""莲花",其英文名为Padparadscha,用以形容粉-橙色的蓝宝石。这种色调以50%为粉红色、50%为橙色两种色调比例混合最为优质。有的实验室规定粉红色调占70%、橙色调占30%至各占50%的范围之内也被认定为帕帕拉恰。帕帕拉恰的艳丽之处在于其极强的火彩,因为颜色较其他红宝石、蓝宝石浅,透明度高,晶体干净,因而帕帕拉恰发出如烟花般灿烂的火彩。人们形容它的光芒如太阳一般。有些研究者认为,刚玉中含微量的Cr离子形成红色调,色心形成橙色调。也有人认为由Cr^{3+}、Fe^{3+}等致色元素以及色心致色的混合叠加所致。总之,帕帕拉恰的致色成因较复杂,目前未曾研究透彻。有一点要特别注意的是,市场上部分帕帕拉恰有褪色现象,当受光照射或置于光亮的环境中,颜色不稳定,经一段时间后褪色。褪色的帕帕拉恰经紫外光等高能射线照射后,可恢复颜色。特别提醒消费者注意的是,市场上发现有人工扩散处理的"帕帕拉恰"蓝宝石,购买帕帕拉恰蓝宝石应特别小心。

Padparadscha一词源于斯里兰卡土著语言僧伽罗语"Padmaraga",意为一种红莲花的颜色,是佛教信徒心目中神圣的颜色,所以帕帕拉恰蓝宝石也称"莲花蓝宝石""红莲花蓝宝石（刚玉）"。

帕帕拉恰的热销源于它与佛教联系在一起。相传佛祖诞生之初,脚踩七步、步步生莲。传说观世音（观音）菩萨的坐垫就是莲花,其道场的前面是莲花池,莲花池水是圣洁的神水,手持净瓶内的水也是此池中的水,可普度

图5-15　中国蓝宝石分级标样石

图 5-16　矢车菊蓝宝石

图 5-17　缅甸皇家蓝蓝宝石

众生，福荫有求的人。在许多佛教寺庙中，佛殿前都有莲花池。莲花是佛教圣洁之物，也代表着生命。莲花出淤泥而不染，代表着清高的君子品德。中国传统文化的文章与诗歌，不乏对莲花的赞美与讴歌，最为著名的当属北宋理学家周敦颐的《爱莲说》。周敦颐是一代理学、儒学大家，其影响深远。不管是佛教还是中国传统文化，莲花都是品德高尚的化身，是圣洁的代表，受到广大民众、特别是佛教信仰人士的推崇。帕帕拉恰蓝宝石被赋予特定的文化内涵，激发人们的佛教信仰、高尚的君子情操，因而为人们所尊崇。

目前帕帕拉恰蓝宝石的价格甚至比鸽血红红宝石还高。通常帕帕拉恰的大小在1~2克拉之间，切工完美、颜色艳丽、干净者市场价可达3万~5万美元/克拉，相当于每克拉20万元人民币。大粒优质的帕帕拉恰蓝宝石只能在拍卖会上见到。

帕帕拉恰蓝宝石以斯里兰卡所产为最正宗。在越南、坦桑尼亚、马达加斯加也发现有帕帕拉恰蓝宝石。

优质的金黄色蓝宝石，星光红蓝宝石、变色蓝宝石也是红蓝宝石中的名牌品种。

分析名牌品种畅销的原因，对我们的珠宝营销或许有启发。

第一，名牌品种一定有鲜明的特征，人们容易辨识。像矢车菊蓝宝石，它漂亮吗？现在许多人肯定说"是的，很漂亮"，也许还会加多一句，"很漂亮，很有味道"。所谓"很有味道"就是有特色。实际上，当对着一个普通消费者，他没有"矢车菊"的概念的时候，他未必喜欢矢车菊蓝宝石。因

图 5-18 帕帕拉恰蓝宝石

为矢车菊蓝宝石透明度不好,质地混浊不清,火彩不足,缺乏宝石的灵动,缺乏"宝气"。20世纪90年代当红蓝宝石刚在中国兴起的时候,许多人包括经营红蓝宝石的行家还没有"矢车菊"的概念,有些矢车菊的蓝宝石被当成净度不好没有火彩的次级品销售。帕帕拉恰也如此,这种橙-粉色、粉-橙色的蓝宝石在十几年前不受待见,甚至被丢弃,自从有了帕帕拉恰品牌后,才声名鹊起,身价倍升。这些名牌品种的畅销,就是品牌营销的结果。究其热销的原因,还是应了营销专家的那句老话,消费者不仅需要培养,更"需要教育"。

第二,给品牌品种注入故事。比如,帕帕拉恰与佛教的联系;"矢车菊"与稀少美丽矢车菊花的联系,自然界的神奇为人们所惊叹;与产量极度稀缺的克什米尔的联系;"皇家蓝"与优质缅甸蓝宝石的联系,与"皇家"的联系。"鸽血红"则被注入如血液般充满生命力的激情,早期市场上人们将其作为缅甸优质红宝石的代名词,这样的市场交易故事本身就非常有说服力。

第三,有规模品牌连锁店的公司通常不经营这些名品,不做无烧、产地认证。当前珠宝市场的状况是,有规模的品牌连锁店,他们对红蓝宝石的需求量大,上述这些名牌品种数量稀少,无法满足需求。同时,名牌品种的认证需要耗费巨大的人力、物力和时间成本。况且,若对"无烧"名牌品种进行认证,这些货品可能热销,但同时无疑会抑制达不到这些级别货品的销售,使公司原本大量的红蓝宝石库存成为滞销货。抬了一端,必定压低了另一端。另一方面,按照国家标准,热处理属于优化,无须特别声明,产地也无须认证。热处理的红蓝宝石也可标称为"红蓝宝石"(等同"天然"的内涵),这就大大降低购买"无烧"货品的成本。既符合国家标准,又节省成本,何乐而不为?红蓝宝石分级国家标准2017年才施行,对红蓝宝石的分级、名牌品种的认证,有烧无烧、产地等的检测技术要求高,目前中国GTC是国内首家开展红蓝宝石分级及热处理级别检测的机构,自2018年3月1日正式开始对外开展业务。除了广东省的GTC之外,NGTC于2019年也开展这方面的检测业务。

第四,这些名牌品种及无烧、著名产地货品适合于差异化需求的市场。

除了有规模有品牌的大型珠宝公司之外,大量的小公司小企业、个体经营者在市场上的生存空间越来越窄,他们只能靠做差异化的品种在这些大鳄的夹缝间求生存。上述的特殊品种及无烧、产地认证,提供了他们做差异化销售的条件,直播、微信等电商及网络平台提供了舞台。差异化的市场需求,促进了这些特殊品种的热销。有特色、有故事的红蓝宝石品种针对小众市场,特别是收藏市场。经销这些品种是小公司及众多小商户的生存之道。

第五,名牌品种需要权威的实验室进行认证。一方面,市场对名牌品种及产地、热处理程度的认证需求,推动了实验室的技术进步及差异化发展。另一方面,著名实验室的认证也促进了名牌品种市场的繁荣。

图5-19　金黄色蓝宝石

图5-20　香槟色蓝宝石

图5-21　斯里兰卡彩色蓝宝石

图5-22　星光蓝宝石

名牌品种的营销有益于整个行业，特别是那些与此相关的珠宝商。

2. 非名牌品种的营销

名牌品种的热销使非名牌品种受到冷落，价格相对低廉。作为珠宝商来说，这些非名牌品种进货成本低，若经营得当有销路，能有更高的利润空间。

如果宝石不是名牌品种，没法打动消费者，这样只能从设计首饰方面入手。首饰款式好，有故事能打动消费者，带动这些货品的销售。

像周大生推出的梵高系列珠宝首饰，就是很好的营销案例。以梵高最为著名的三幅画《向日葵》《鸢尾花》《盛开的杏花》为设计灵感，通过对画作的理解，将明艳的彩宝与靓丽的贵金属结合，造型的形似和神似，体现梵高画作的风韵，注入梵高"尽情尽兴"的生活态度。梵高系列珠宝打动痴迷梵高画作的人群：有艺术气质、追求自我，释放内心狂热，用艺术抚平生活中的焦虑。现代女性，特别是都市中的女性，受教育程度高，生长环境优渥，许多人自小学绘画，学各种艺术，受艺术的熏陶，普遍有艺术气质和艺术才能，她们属于独立性强的知性女性，有着对艺术的热爱和狂放的生活态度。梵高的生活态度和艺术特色切合了这一文化潮流，更兼首饰艳丽多彩，受到不少人的喜爱。

这些系列是群镶的彩宝钻石首饰，各种彩色宝石的搭配，突出珠宝靓丽的色彩。群镶宝石的款式带动着这些宝石的销售。

另外，突出非名牌品种的火彩、颜色魅力、配对性，以及无烧、产地等亮点，也有助于营销。通过镶嵌饰品的设计，突出艺术价值更是这些品种销售的好办法。

六、通过首饰设计注入故事

珠宝首饰要受消费者所欢迎，必须能打动消费者，引起共鸣，消费者认为有价值才会购买。

（一）珠宝首饰的价值构成

一件宝石首饰的价值由三部分构成：材料、工艺和文化。

1. 材料价值

材料是构成首饰的贵金属和宝石，材料贵重，首饰成本高，相应的价值高。宝石用钻石作为伴石，也是为了衬托宝石的贵重。2016年10月4日香港苏富比拍卖的缅甸鸽血红红宝石戒指,红宝石重5.07克拉。为衬托其名贵,镶嵌的4颗梨形伴钻共重7.56克拉,每粒重1.70~2.02克拉,全为D色,无瑕(FL~IF),极优打磨与对称,其中2.00克拉及1.80克拉这两粒为稀少的Type II A型钻石。宝石附SSEF证书,4粒钻石附GIA证书。并做分析报告,指出Type II A型钻石的稀少罕见,以其高纯净度见称,几乎不含氮元素,纯净亮白。可见货主选材之考究!功夫不负有心人,该红宝石戒指的拍卖成交价为1508万港元。佳士得2016年5月拍卖的5.03克拉绿钻,被称为全球最大鲜彩绿钻。该绿钻戒指用14粒天然粉红钻伴镶。天然绿钻被认为是天然地质体的辐射所形成,极其稀罕,大小一致的圆形粉红小钻也非常稀少,且粉红色与绿色反差大,更能突出主石绿色的鲜艳。该戒指最终以1.3亿港元成交。

2. 工艺价值

工艺精湛是首饰有档次的前提。复杂工艺、独家的工艺为首饰增添附加价值。例如,卡地亚的猎豹系列,甚至简单的经典款玫瑰金螺丝手镯,工艺之精湛,普通的镶嵌厂难以企及。一些卡地亚的发烧友说能够鉴别山寨版的首饰,因为山寨版的工艺与正宗货有差距,从这一侧面也说明名牌货工艺精湛。纯手工也是附加价值的来源,这是许多奢侈品号称"纯手工"制作的原因。但是,珠宝首饰的制作工艺并不是高科技,能制作复杂精美首饰的厂家越来越多,要增加首饰的附加价值,还得从文化中寻找。

3. 文化价值

文化附加价值范围很广,除材质及工艺外,对消费者有价值的内涵都属于文化价值。首饰中看不见摸不着的附加价值都属于文化附加价值。包括以下几方面。

(1)品牌溢价,即品牌多年积淀的商誉。商誉让消费者有安全感,同时品牌的身份象征就是一种价值。所以品牌珠宝商在制作售卖首饰时,重视树立货品的品牌形象,增加品牌辨识度,让消费者从首饰中辨识品牌。这方面西方的著名珠宝品牌都有他们辨识度高的首饰,体现品牌的风格。人们佩戴首饰,某种程度上就是佩戴品牌的标志、符号。既然喜欢品牌,也就喜欢这些代表品牌的符号与标志,像卡地亚的猎豹、宝格丽的灵蛇、香奈尔的山茶花、蒂芙尼的钥匙、梵克雅宝的四叶草、伯爵的玫瑰花、海瑞·温斯顿的百合花、尚美巴黎的蜘蛛蜜蜂……珠宝首饰体积小,只有在制作首饰中,植入标志性的元素,才能使人们通过首饰造型辨识品牌。

(2)限量版。虽然制作某款首饰并不难,生产更多的货品能够满足更多人的需求，但大众都有的货品无法凸显尊贵感。更多人拥有的货品是寻常品，流行之后就会过时，数量稀少才显珍贵。珠宝是奢侈品，奢侈品的精髓如此：消费者的渴望不是来自产品或者品牌本身，而是来自其他人。人无你有才显尊贵，才显身份和地位。限量版、稀少性的理念贯穿于珠宝首饰的营销中。像周大福限量版钻石戒指、吊坠、限量版御守招财猫，钻石世家限量版钻石手镯等，不一而足。

（3）以故事打动人。周大福的SOINLOVE轻奢珠宝品牌，有一款BB戒指产品作为项链上的吊坠或者手链上的挂饰，在2018年爆红。这个产品之所以爆红，是因为该戒指是"世界上最小的戒指"。周大福的说法深深打动了8~80岁女性那颗萌动的少女心。

（4）艺术性强。产品的艺术性越强，越受欢迎。艺术靠设计，设计的款式是买方眼中重要的购买因素。所有珠宝商都非常重视设计，在这些设计的款式中，100款若有1款成为爆款，已是非常成功了。但是艺术没有评判标准，人们也未必能欣赏，这就需要推广、培育和引导。

（二）讲好珠宝首饰故事

杰克·特劳特（Jack Trout）的定位理论深刻地影响着现代营销。一件首饰的销售对象只能针对某一特定的人群，希望某个公司的产品适合所有人，无异于痴人说梦。某件珠宝首饰让所有人都喜欢更不现实。讲好珠宝首饰故事，打动与故事产生共鸣的消费者是现代营销中屡试不爽的办法。

梵克雅宝有十二个跳舞公主系列产品。首饰设计的故事来自《格林童话》十二个跳舞的公主。梵克雅宝在推广文案中提及"娓娓再现皇宫中华丽舞会的愉悦氛围""令人仿佛如故事中的公主一般穿着舞鞋，随着舞步的款款律动映射出璀璨流光""与王子翩跹起舞，沉浸在欢快浪漫的气氛中"。女孩子谁不梦想有如十二个跳舞公主般的华丽、浪漫、甜蜜的生活？男人谁都梦想有似童话中的老兵那样的奇遇，成就美满婚姻，当上国王。以"一场奇幻境遇唤起沉醉于心底的美妙梦境"，男孩和女孩的梦想被唤起。对于梦想这样生活的人，佩戴这些首饰，仿佛置身于梦境之中。而男人给心爱的女人送上这款首饰，就是梦想着如童话的老兵那样，抱得美人归。

十二个跳舞公主系列，设计镶嵌各种彩色宝石。这个系列的首饰群镶包括红蓝宝石、橄榄石、绿松石、碧玺等各种彩宝，对宝石的品质没有特别的要求，只要色彩搭配合适，无形之中等于销售了普通品质的红蓝宝石等彩宝。把消费者关注点引向首饰的故事，减少对宝石品质的苛刻追求。

1. **产品通过造型和色彩传递故事**

小说通过文字叙述故事，电影电视通过人物表演故事，绘画和雕塑通过图形色彩刻画故事，珠宝首饰通过造型、色彩传递故事。要让人看到珠宝首饰就能联想到故事，需要设计大师高超的撷取故事元素的能力，也有赖于公司的宣传推广。例如，梵克雅宝的四叶草系列，有吊坠、戒指、项链、手链、耳饰等，人们一看就知道是四叶

图5-23 梵克雅宝十二个跳舞公主系列

草，因为造型中四叶草的元素很直观。十二个跳舞公主系列，与想象中的格林童话中十二个跳舞公主的形象吻合。潘多拉的蜜蜂小吊坠非常流行，人们一见造型就知道是蜜蜂。蒂芙尼的钥匙系列也是如此。

法国品牌梦宝星（Mauboussin）有一款头饰，名字叫"Nuit Claires"，法语意为"明朗的夜晚"，设计灵感来自丹麦的夏日夜空。由铂金打造的自然延展的藤蔓造型，表现夏日生机勃勃的植物，叶片表面镶满圆钻，花朵点缀蓝宝石。中央镶一颗水滴型蓝宝石，让人联想到深邃的夜色，钻石的星星点点，与夜晚的天空相像。

周六福的运动系列则用18K打造成跑道般的轨道，钻石可在轨道上滑动，既有运动场跑道的元素，也有滑动的钻石传递"运动"的理念。打造"会奔跑的珠宝"，演绎着"运动、健康、自信、拼搏"的现代生活理念，倡导"跑出新概念，戴出新生活"。

2. **故事的隐喻要被消费者认可**

《诗经》中有《周南·麟之趾》篇，是赞美诸侯公子的诗歌。以麟比人，祝贺人家多子多孙，且子孙品德高尚，如同麒麟。

在生活习俗中，有些地方还流行着迎新娘的寨门、大门、新婚床上贴"麒麟到此"的喜帖，表达新娘到来，为家室添丁，所生的儿子为王孙、公子、富贵之人的美好愿望。麒麟是瑞兽，有送子的隐喻。在珠宝首饰中，特

别是玉雕中，麒麟的造型更常见。中国那么多诗篇，还有那么多的诗歌都有比喻但却没有形成文化习俗，就是人们认知还不够广泛，没有达成共识。《诗经》作为五经之一，在古代是士子们必须诵读的经典，而且是我国的第一部诗歌总集，其影响广泛。例如，寿比南山，是向人祝寿的比喻；白驹空谷，比喻贤人在野不出仕；鹤鸣九皋，声闻于天，形容贤士身隐而声名卓著。大家用这些语言来表达一定的内涵，其他人也能理解明白，能够交流。

像鸳鸯、比翼鸟、双飞蝴蝶、连理枝等是爱情的象征，在珠宝玉石中普遍存在这些形象，中国人能理解其传递的文化内涵。而西方人不了解这些故事，也就没有这些文化寓意题材的珠宝。

中国的珠宝首饰很少有鸢尾花造型，西方的珠宝首饰却多见鸢尾花的造型。这是因为在西方鸢尾花是伊甸园之花，象征"复活""生命"。传说它是圣母玛丽亚甚至夏娃的眼泪生成的，是上天给法兰克王克洛维受洗礼时的礼物。荷兰画家梵高画有著名的鸢尾花画作。

3. 关于习俗的故事传播最广

2019年是中国农历猪年，这一年开年的黄金猪摆件、硬金猪手链、镶宝石的猪形象吊坠非常热销，许多珠宝店卖断货。这是因为生肖文化是中国的传统文化，与生肖有关的各种吉祥饰品的装饰与佩戴已成为一种习俗，人们相信佩戴这些猪形象饰品会给自己带来好运。中国的生肖习俗、风水五行等，西方的星座文化、生辰石文化、结婚周年纪念珠宝等文化习俗故事影响广泛，成为人们珠宝消费的动机。

习俗也称风土人情，是某区域人们的行为文化，是该地域人的道德准则，受到本地区人们的普遍遵守。我们说入乡随俗，就是到某地尊重该地的道德准则，融入当地的风俗文化。珠宝首饰要挖掘这种文化，融首饰设计于文化之中，人们因形成这种文化习俗而喜爱相应的珠宝首饰。

七、环境影响宝石的观感

（一）环境对感官的影响

有色宝石的美来自于颜色和火彩亮度，这些是光学效果。同样，环境也会影响人们对红蓝宝石的观感，有时还会误导消费者。环境对宝石观感的影响主要体现在背景色调和照明效果方面。

红宝石属于暖色调宝石，暖色灯光会使其颜色更浓艳，像白炽灯、带黄色调的射灯使红宝石看起来更红。有的珠宝店正是根据这一原理，在红宝石首饰的照明环境上做文章，采取暖光源照明，以提高红宝石的红色调。黄色的背景也能使红宝石看起来更红，淡红色变成鲜红色，有的珠宝商在销售红宝石时，常常用黄色的纸包装。更有甚者，在红宝石首饰的镶嵌中，在金属托上镀（涂）上黄色，以衬托红宝石的红色，像这种用镀（涂）黄色戒托的做法在业内是不被许可的，等同于做了"镀膜"。

蓝宝石属于冷色调宝石，像日光灯、LED灯等冷色照明使蓝宝石看起来更蓝。有的珠宝店装饰冷光源照明灯，如白色LED灯，以提高蓝宝石的蓝色，蓝色则更显柔和艳丽。

强的灯光会使红蓝宝石火彩增强，能提高其透明度和亮度，提高宝石颜色中的明度指标，使宝石看起来没那么暗。所以有的消费者在珠宝店挑选的红蓝宝石感觉很艳丽，带回家佩戴时变成了"褐宝石""黑宝石"——宝石变得很暗，没有在珠宝店购买时的那种鲜艳的感觉。以上这些是挑选红蓝宝石时要注意的。最保险的做法是在自然光中观察宝石，以对宝石的颜色色调、彩度、明度有更为真实的判断。

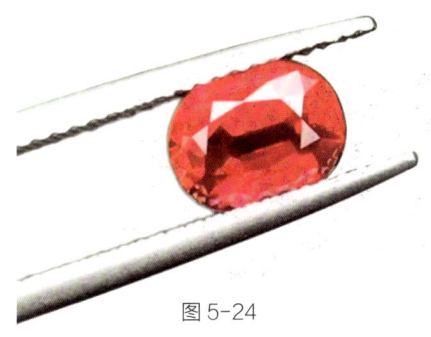

图 5-24

图 5-25

环境影响观感。光线的紫外线成分含量高,则会叠加荧光颜色。尖竹汶、缅甸地理环境阳光中紫外线成分多,红宝石观感更透亮、更红。阴天则有利于蓝宝石颜色看起来更蔚蓝。

图5-26 观察环境影响观感(价格)。强日光灯下的红宝石(白色背景下拍摄)

图5-27 观察环境影响观感(价格)。LED灯下(白色背景)的红宝石

图5-28 观察环境影响观感(价格)。白炽灯下(白色背景)的红宝石,颜色更红

图5-29 观察环境影响观感(价格)。白炽灯下(黄色背景)的红宝石,更红

图5-30 观察环境影响观感(价格)。日光灯下(白色背景)的蓝宝石,颜色更蔚蓝

图5-31 观察环境影响观感(价格)。LED灯下(白色背景)的蓝宝石,更蔚蓝

图 5-32 观察环境影响观感（价格）。白炽灯下（白色背景）的蓝宝石

图 5-33 观察环境影响观感（价格）。LED 灯下（黄色背景）的蓝宝石

（二）镶嵌方式对红蓝宝石的影响

包镶的方式能使宝石聚色。对于粉红色这种颜色较淡的蓝宝石，采用包镶方式能使颜色变得浓些，但由于金属托的封闭，周围的光线没能射入宝石，宝石的火彩亮度会受影响。高档、颜色浓艳的红蓝宝石一般采用爪镶，以凸显红蓝宝石的火彩及亮度。星光效应的红蓝宝石采用包镶，使光线主要来自顶光源，以产生并凸显星光效应。红蓝宝石是高折射率的宝石，强的火彩是它的特色所在。这一点不同于同为高档的有色宝石祖母绿，祖母绿的火

图 5-34　背景及镶嵌方式。爪镶，透射光线多

图 5-35　背景及镶嵌方式。包镶，透射光少，聚色

图 5-36　背景及镶嵌方式。包镶，聚光作用

彩不及红蓝宝石，镶嵌方式在于突出其碧绿的颜色及保护较为脆弱的宝石晶体，所以祖母绿多采用包镶的镶嵌方式。

八、中国市场的消费习惯

中国的珠宝市场特别是彩宝市场只是改革开放后三十年的事，尚处于发展未成熟的阶段，对宝石的认识不深，加上自身的文化理念，许多消费习惯与国际上成熟的市场不同，形成独特的市场。

1. 名牌品种追潮流

因为中国的珠宝市场不成熟，消费者未形成自己的价值标准，对彩宝，特别是红蓝宝石的认识不深，消费习惯容易跟风追潮流。这与中国珠宝市场起步晚，也与名贵宝石产自国外有关。

潮流式、跟风消费的特点明显。20世纪90年代斯里兰卡蓝宝石受市场所追捧。人们喜爱斯里兰卡蓝宝石清淡的颜色，晶体干净火彩好，相比当时国内的山东蓝宝石，显得清爽透亮。山东蓝宝石颜色深至黑色，呈黑蓝色，透明度差，宝石没有火彩。此时，泰国的红蓝宝石也畅销，主要原因是泰国的红蓝宝石较干净，切工好，有标准规格尺寸的切工。

近年来，许多消费者追捧"鸽血红""皇家蓝"品种，最近几年热衷"帕帕拉恰"。究其原因，是跟风式的消费，没有独立的见解，容易受外界所影响。消费者往往把这些热销的品种当成是红蓝宝石中最优质的代名词，非这些品种不买。尽管有的"鸽血红"颜色深至暗红色，没有火彩，消费者只要看到证书上"鸽血红"，他就欢喜不迭。蓝宝石也是如此，深蓝色没有火彩的皇家蓝也大受欢迎。消费者购买红蓝宝石，认证书不认货品。受他人的影响，没有主见。这些名牌品种市场的宣传营销，外国GRS等证书在中国的流行起到推波助澜的作用。

缅甸的红宝石在中国市场不流行。一是人们对产地的文化价值不理解；二是缅甸红宝石产量少；三是缅甸红宝石切工形状欠佳；四是缅甸红宝石净度欠佳，晶体不够莹澈、火彩不足。价格昂贵也是很重要的原因。

2. 名人、明星、珠宝大牌款式引领消费

一些珠宝行家到泰国尖竹汶市场进货，他们总在寻找特别的切工款式。有一行家从踏进泰国土地的那一刻起，就在寻找素面的、大约8~15克拉的塔糖状蓝宝石。开头几天"众里寻她千百度"难觅身影，到最后一天，总算在曼谷一个做中国市场生意的泰国公司那里找到货。还是经营中国市场的商人了解中国市场！以会所、电商平台、地区专卖店以及网络直销的商家，他们

图5-37 素面塔糖状蓝宝石

图5-38 镶嵌素面塔糖状蓝宝石首饰

图 5-39　巴黎芳登广场某知名品牌珠宝店，紫粉红蓝宝石

谈得最多的是外国皇室、名流、明星所佩戴的宝石及款式，以及国际大牌珠宝的最新款式。网络的发达使信息灵通快捷，哪个名流戴什么首饰，即时全世界都知道，第二天就有人跟风模仿。由此也可看出名流明星们对穿着打扮影响之大。

追名流、珠宝大牌款式是中国一些消费者的特点，一些小商户也乐于推广这些款式，因为这些款式容易说服消费者购买。反映出中国珠宝文化的发展不成熟，珠宝首饰欠缺原创性的创造，消费者也盲目跟风。以上述塔糖状素面蓝宝石为例，之所以加工成素面款式，说明净度不佳，颜色也较淡，它的品质并不高，但因为是明星款，大家也就跟风。

国外的大牌款式对中国的潮流影响很大。实际上这些大牌为了获得高利润，以款式及文化故事推广为抓手，以珠宝首饰款式打动人，销售的却是普通品质的宝石。图5-39是法国巴黎芳登广场某著名品牌珠宝店的橱窗及柜台的货品。货品几乎清一色的紫粉色蓝宝石，见不到中国市场上大热的"鸽血红""皇家蓝"。看到这照片，你是否觉得这些首饰很美？事实上就是很漂亮，虽然蓝宝石不是名牌品种，但绚丽而不失清雅的颜色，耀眼的光彩，自有一番韵味。

3. 克拉台阶溢价

在市场上，0.95、1.80、2.90克拉类似这些未达到完整克拉数的宝石，尽管切工很好，甚至台面不比接近它的完整克拉数的宝石小，恐怕少有珠宝商会购进这类货品。珠宝商之所以不购进这类货品是罕有消费者问津。对"大"粒宝石的偏爱是受炫耀心理的影响。通过宝石炫耀的心理是目前中国市场的消费行为之一。上台阶的完整克拉数是"大""足"的宝石，不上完整克拉数就是"小""不足"的宝石。国际上红蓝宝石以克拉重量报价，或以规格报价（如5mm×7mm，6mm×8mm规格，特别是小于2克拉的宝石）。

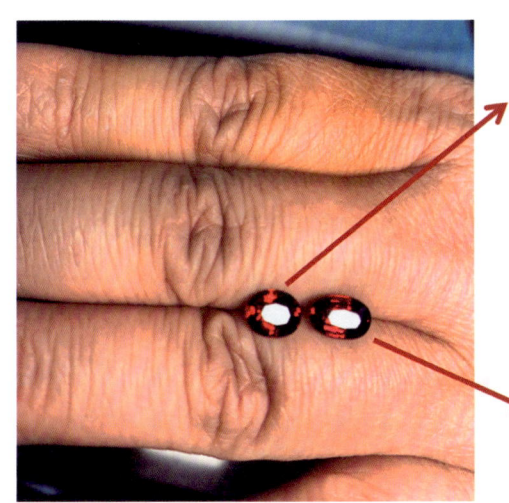

鸽血红红宝石 1.78 克拉（有烧）
18000 元 / 克拉，总价 =32040 元

鸽血红红宝石 2.04 克拉（有烧）
27000 元 / 克拉，总价 =55080 元

图 5-40　台阶溢价

因为中国市场的克拉台阶溢价明显，许多加工厂尽量保重，以达到满整克拉数的规格，单价就能上一个台阶。例如，只能加工成0.9克拉完美切工的，一定想方设法加工成1.0克拉的大小，尽管为了保重，可能宝石外观不对称，或许亭部过厚等。虽然切工欠佳，外形不美，但消费者还是乐此不疲，加上珠宝商在销售中也有意识推广完整克拉"大"货，使完整克拉货畅销。图5-40是两粒颜色净度相似的红宝石，一粒2.04克拉，另一粒1.78克拉，他们的市场批发价前者整粒55080元，后者为32040元，若是零售，再乘上一定的系数，两者的价差更大。您选择哪一粒？

实际上，宝石应以"大小"衡量其价值的标准，因"大小"是关于美感及首饰尺寸的规模的。"大小"作为衡量价值标准更公正、客观、准确，当然"大小"应建立在切工完美的基础上。但是交易中用"大小"（尺寸）衡量较烦琐，人们习惯于用重量，这就造成商人在重量上做文章。重量作为交易的标准，简易而客观，也有其不足的方面。

4. 对产地、有烧无烧不敏感

先说说产地。

宝石的产地文化价值是历史形成的，产地历史悠久名声大，犹如某一公司的名牌响亮，自然产品就有附加价值，这方面在本章前面已详述。与产地有关的是，新产地产出的宝石刚面市时，价格往往会低些。十几年前莫桑比克红宝石刚面市时，人们对它还不了解，尽管质量不错，它的售价还是偏低，大约仅为同品质其他产地的70%（缅甸产红宝石除外）。后来逐渐上升，现在已成为著名产地，其售价甚至比其他产地还高（缅甸产红宝石除外）。近两年，在坦桑尼亚（Tanzania）发现有新的红宝石矿区Longido。Longido所产红宝石颗粒较大，常有3~5克拉（成品戒面）的宝石面市，但颜色较暗，带黑色调，属暗红色（深红色），颜色浓郁，许多货品可达GRS的副证"鸽血红"。目前价格约为其他产地（缅甸除外）的60%以下。之所以新产地的价格低，是因为人们对该产地的宝石性质尚未完全掌握，对她品质有疑虑。尖竹汶市场有的行家说这种Longido的红宝石，放置一段时间后颜色会泛黑。对此种说法，未做实验，不敢妄下结论。

中国珠宝市场上缅甸产红宝石不多见，原因有多种，前面已作介绍，但最主要的是缅甸红宝石数量少，难以供应容量巨大的中国市场。另外，缅甸红宝石价格高，是莫桑比克的3倍价格，这个价格中国市场很难接受。其三是，中国的国家标准一直强调宝玉石的质量不以产地论优劣。重申质量以宝玉石本身的特征进行评价，无关产地。并在国家标准中特别强调"产地不参与定名"。虽然宝玉石的品质不能以产地衡量，但产地是人们传统的文化认知，也就是产地的品牌意识。品牌声名大，自然就有附加价值，售价就高。就像新疆所产的和田玉原材料售价会高些一样。其四，中国的珠宝市场尚处于发展阶段，消费者对珠宝文化的认识不深。随着宝石文化的深入，收藏人士必定会关注缅甸红宝石。缅甸的红宝石有其特点，具有辨识度，只要喜爱这种特点，就会追求缅甸产的红宝石。其五，缅甸的红宝石透明度较莫桑比克产的红宝石差，火彩不及后者，且裂纹较发育。其六，大量的品牌连锁店通常不会经营此种产量小价格高的产品，一方面不容易组织货源，另一方面成本较高。大品牌的做法影响了市场，也影响了人们的消费理念。

再说说红蓝宝石的有烧无烧问题。

这是近几年中国珠宝市场的热点问题。因为有大量附有如GRS、AIGS、GIT证书的红蓝宝石进入中国市场，这些证书都有产地及热处理程度（有烧无烧以及烧后残余物的分级）的认证，一时之间这些问题成为珠宝行业的热点。

随着居民收入的提高，人们越来越富有，珠宝文化的深入，以收藏为目的的需求越来越多。虽然部分人士追求这些著名产地、无烧的特色品种，但大部分消费者对此却不敏感。主渠道的品牌连锁店的红蓝宝石不分产地和有烧无烧。这样在中国的珠宝市场上就存在两种不同消费理念的人群：一种关注产地及无烧的收藏人士；另一种对此不敏感的普通消费人群。这些不同的消费理念，某种程度上与中国的国家标准有关。

在优化处理方面，中国的国家标准与国外的实验室存在差异。中国的国家标准分成"优化""处理"两种概念，是性质截然不相容的两个范畴。"优化"属传统的工艺，没有加入外来物质的处理工艺，为市场所认可，销售时无须特别声明，实际上等同于天然的宝石。"处理"则通常有外来物质加入（辐照除外，辐照虽没有外来物质加入，但属处理范畴），不被市场所普遍接受的优化处理工艺，销售时必须声明。中国的消费者往往视"处理"为"假货"（相对于天然货品而言），如同处理翡翠就是"假货"（相对于天然翡翠）。既然是假货，谁还会接受呢。这样"优化"与"处理"就是两种截然不同的范畴，非此即彼。在红蓝宝石上如此，在祖母绿等宝石上也是如此。

国外与此不同。我们来看看中国的国家标准与国外的GRS实验室对红蓝宝石检测出证上的差异（国外没有珠宝玉石国家标准，各个实验室有自己独立的标准）。

GRS实验室对红蓝宝石热处理检测出证的分级。无烧在证书中标明"No indication of thermal treatment"。有烧分为：H：热处理，没有残留物。H（a）：有烧，宝石内部裂隙中有微量残留物。H（b）：宝石内部裂隙中有少量残留物。H（c）：宝石内部裂隙中有中量残留物。H（d）：宝石内部裂隙中有大量残留物。在有烧的红蓝宝石中，H>H（a）>H（b）>H（c）>H（d），价值自左向右递减。H（Be）则指铍扩散。在GRS的标准中，这些是逐渐降低价值的等级，似乎是"渐变"而不像中国大陆是"突变"（性质截然不同的关系）。

红蓝宝石的"无烧"对"有烧"的价格影响，及其与大小的关系如表5-3，表5-4，以及图5-41，图5-42。

表5-3 莫桑比克红宝石批发参考价

莫桑比克红宝石 / 克拉	有烧（元 / 克拉）	无烧（元 / 克拉）
<1	5000	6000
1~2	12000	20000
2~3	15000	28000
3~4	30000	65000
4~5	40000	90000
>5	50000	130000

表 5-4 蓝宝石批发参考价

蓝宝石/克拉（不分产地）	有烧（元/克拉）	无烧（元/克拉）
<1	1000	1500
1~2	3000	5000
2~3	6000	13000
3~4	8000	25000
4~5	11000	35000
>5	13000	50000

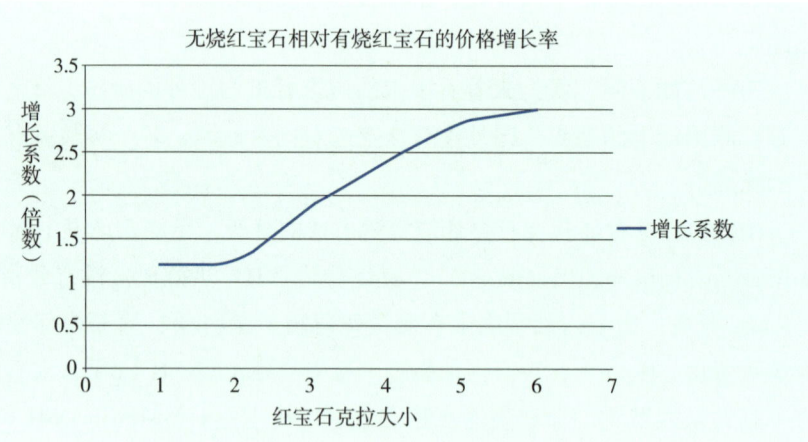

图 5-41　无烧红宝石相对有烧红宝石的价格增长

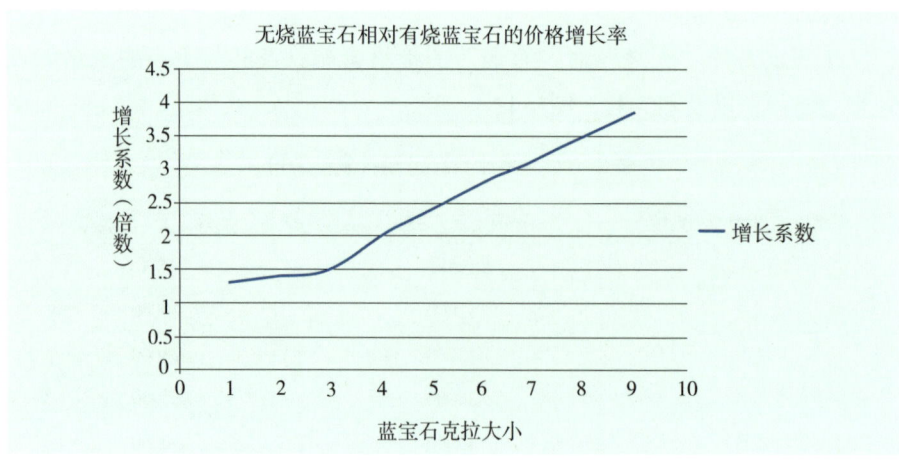

图 5-42　无烧蓝宝石相对有烧蓝宝石的价格增长

在中国大陆的执行标准中,上述GRS中的H为优化,与无烧"No indication of thermal treatment"一样,同属于天然宝石,而H(a~d)则为充填,属于处理宝石。H(Be)为铍扩散处理,属于处理宝石,鉴定结论为红蓝宝石(处理)或处理红蓝宝石,有时则在备注中注明"颜色成因不明或颜色成因未定",有时直接写铍扩散。

因为中国大陆的执行标准属非此即彼的性质划分,是截然的界线划分。在中国珠宝市场上,天然与热处理无残留(H)皆属天然范畴,无须声明,所以市场上流行这两类产品。而H(a~d)、H(Be)则属于处理范畴,必须声明。消费者往往把"处理"简单地理解为"假货",所以这类货品在中国不流行。

对热处理及充填物量的大小进行分级,不同级别对价格的影响不同,随着充填物的增加,热处理程度增高,货品价格降低,见图5-43。

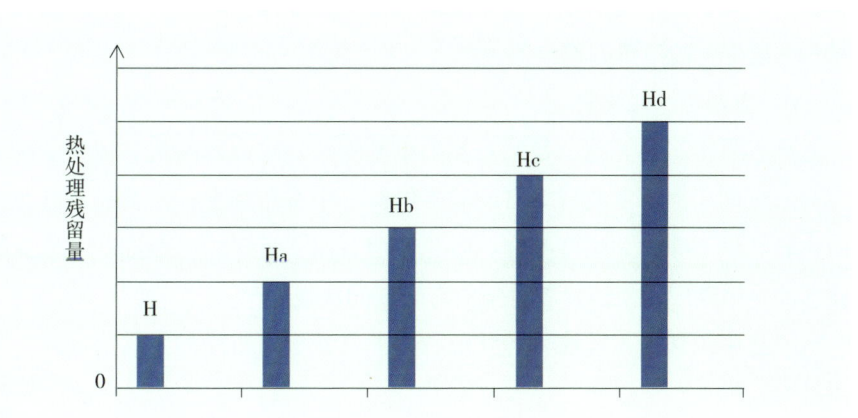

图5-43 热处理影响价格,热处理残留量与级别,残留量(充填物)越多,影响因子越大(价格降低越多)

中国市场上的红蓝宝石绝大部分都是热处理(有烧)的产品,而无烧的产品数量少,价格昂贵。"鸽血红""矢车菊""皇家蓝""帕帕拉恰"等名牌产品也是数量少价格高。品牌连锁店对红蓝宝石的需求量大,通常不会经营无烧及这些名牌品种。第一,这些品种远远不能满足他们的需求。第二,从节约成本考虑,上述品种会大大增加成本。第三,也是最为重要的,热处理(无充填)的红蓝宝石与无烧的红蓝宝石,按国家标准,同属于"天然"的红蓝宝石范畴,销售中不必声明。既然国家标准规定有烧的无须声明,何必增大成本经营"无烧"的品种呢!

大型品牌公司不经营"无烧"品种，使"无烧""产地"以及"鸽血红"等概念品种，留给小商户差异化销售的大量空间。红蓝宝石的这些特色正是小商户的市场竞争武器，所以他们热衷于做这些特色货品的认证。在红蓝宝石以及祖母绿、尖晶石等品种中，能够抓住大公司没有涉足的领域，就是抓住商机，就是生存之道。

5. 重视净度

中国的消费者购买宝石追求完美，非常重视净度。虽然红蓝宝石以美的装饰为主要功能，对装饰品的欣赏以肉眼观察为准，即便肉眼观察红蓝宝石内含物不明显，颜色火彩及耐用性也不受影响，但消费者往往很抵触这些微小的内含物，他会用10倍放大镜进行观察，以排除不完美的宝石。如此的消费观念影响到珠宝商的进货。对净度的苛刻要求使珠宝商进货很困难，因为完美干净的红蓝宝石非常稀少，从而限制了货品的供给。再加上对颜色"鸽血红""皇家蓝"的追求，使中国珠宝市场的红蓝宝石品种单一。这与"收藏""投资"的消费心理有关。

6. 重颜色、轻火彩

火彩是宝石的灵魂，是宝石美的重要因素。对火彩的优劣评判需要大量宝石的对比观察，需要有丰富的欣赏经验。中国市场上，消费者对红蓝宝石的火彩认识不深，关注度不够。颜色方面，由于近年"鸽血红""皇家蓝"概念的传播较广，使消费者对颜色有一定的认识。

上述中国珠宝市场的六种状况，随着红蓝宝石市场的发展与成熟，会有所改变。

九、如何消除售后顾客的反悔

王老板开着一家小珠宝店，生意做得小，平常靠熟客帮衬勉强维持生计，经营困难。她有一老客户小许，几年来每年在王老板店购买十来万元的珠宝玉石，是珠宝店的大客，王老板对这样的客户也格外照顾，极力维持良好的关系，希望该客户多多关照生意。每逢有新货，第一时间联系客户。有一天，王老板转发了一条售货微信，上有3克拉的红宝石，售价38万元。在转发微信时因货品金额大，不敢加价太多，仅加价5万元（货品成本33万元）。原本她仅想展示展示实力，未曾想到能够售出。照片让老顾客小许看到了，经一番讨价还价，小许以35万元购买了该红宝石，先支付了几万元，因为是熟客朋友，货就让小许带走了。过了十来天，小许却来退货，声称手头紧。这下让王老板犯难了。不退吧，得罪老熟客；退货吧，这种高价的货压在手上，没有销路。这货品本来是代销的，账已结给货主。作为一间资本实力不大的小店，实在压不起几十万元的货。

珠宝消费某种程度上是冲动消费，珠宝的靓丽及故事打动了消费者，消费者一时冲动决定购买。在经营中，像王老板这样的情况屡见不鲜。如何尽量避免顾客退货，是商家十分重视的问题。

1. 回访

许多商家认为，售后回访顾客是减少退货的有效办法。回访最礼貌的当属登门当面拜访。对顾客表示感谢的同时，再一次肯定货品的价值，让顾客自己肯定购买决定，觉得自己是有眼光的、明智的、正确的。如何才能达到这种效果呢？还是回忆顾客购买时的情景，顾客是如何喜欢该件珠宝的，该件珠宝有何独特之处。如果能为顾客带来额外价值或服务，给顾客额外的惊喜，增添该件珠宝的价值，则能达到更好的效果。方法很多，要视珠宝店的经营策略及规定，以及具体的货品情况而定。上述35万元的红宝石，可通过回访增强顾客信心，红宝石是纯天然无烧的货品，这类无烧红宝石市场越来越罕见，近年升价迅猛，未来升值的潜力明显，正是符合顾客购买时考虑收藏投资的初衷。提供免费设计，并为她加工镶嵌，免1000元以下的戒托费。这样一来，宝石既可收藏，平常也可佩戴。另外，店提供银行低息分期付款服务，提供维修、翻新服务。同时，介绍自己把握市场脉搏的专业眼光，以及信誉保证等。也可再一次强调顾客所购货品的特点、优点和价值。

回访的目的就是与顾客建立感情，提供增值服务，得到顾客再一次对自己决策的肯定。当然，若顾客发生动摇、产生顾虑，要了解具体的顾虑，设法打消顾客的顾虑，使交易确定下来。

2. 销售找代理人，自己不出面

找代理人这种做法在国外珠宝市场多见，泰国尖竹汶、斯里兰卡拉特纳普拉、哥伦比亚波哥大宝石交易中心等，无不采取中介代理制。货主不出面，达成交易后钱货两清，不再退货。

宝玉石的特点是，顾客在购买时可能被其艳丽的色彩、美丽的身姿所吸引，抑或是被珠宝的故事所打动，加上当时的环境，或许货品难寻，其他地方也价格昂贵，一时冲动就拍板决定购买。等到真正拥有了，回到家一看，又没那么喜欢了。回家后细心观察，宝玉石或许有瑕疵，或许款式不满意，或许颜色不够靓丽，总之是发现冷静下来的观感与购买时的感觉不同。这其中最主要的是感觉买价过高，后悔一时冲动购买该件珠宝。最要命的是，也许周围的家人朋友同事不赞赏，甚至说物非所值，这是最常发生的情况。过度的欣赏过后产生淡漠情绪，兴致勃勃的决定备受周围的打击……对这种情况，货主先要心中有数。特别是高价值的货品，未必人人都理解它的价格。揭阳阳美珠宝商在售卖货品时，往往会说要请示"老板"，要与股东商量，把自己置于营业员或者中介的位置，一旦买家退货，可推脱责任，争取回旋的余地。对销售中发生的退货情况，自己不出面，由店员或其他代理人出面，由他们进行沟通，给自己留下回旋的空间。

销售字画、古董的商人，常常找代理人。珠宝的销售也可借鉴。

3. 售前声明

销售的事前声明也有助于减少退货现象。销售时，顾客可能会要求各种优惠，或者要求珠宝商提供其他服务。珠宝商家在与顾客达成销售协议时（哪怕是口头协议），可把不能退货的规定（要求）绑定。这样有了顾客的不退货承诺，可减少退货现象。事前不能退货声明可降低顾客退货率。

4. 声明货品为代销货

声明货品为代销货，这在玉器市场是行家常采取的策略。玉器行家在销售高档高价货品时，常常讲一大箩筐故事，这些故事无非是如何购得赌石，如何有运气得到这高档货，如何用心设计，以及别的行家多么欣赏，出价多么高。最后不忘说是多个股东共同拥有的股份制的货品。特别是当顾客决定要购买时，有意提醒顾客，这是多股东共同拥有的货品。这实际上是先筑起防止退货的墙，一旦顾客真的想退货，"股东"就是挡箭牌。货主也许会说货款已分给"股东"了，或者其他"股东"不愿意退货等。用"股东"作借口，自己既不得罪客户，又能挡住顾客的退货。玉器行的做法在珠宝销售中可借鉴。

5. 搭配销售

在销售时，搭配多种货品，或者提供赠品，通常顾客要退货时，要求顾客把搭配、赠送的货品也完好无损地退回。赠送、搭配的货品通常为不值钱的廉价品，顾客不太在意，或随手转赠他人，或随意丢放。当他真要到商家退货时，一时之间也找不到，货就退不成了。

6. 对退货时间明确规定

规定24小时或一周的观赏（犹豫）期，实际上是与顾客约定，过期即不能退货。许多珠宝商在售给顾客的珠宝中，随货附有质保单、维修单、发票、收据等，上面写明售后服务，规定各种货品的退货政策。如三个月内无损退货收取货款10%的手续费等，明确顾客退货各种情况的约定。

老侯賣寶
有故事的珠宝才好卖

第六章
DI LIU ZHANG

钻石的文化营销

第六章 钻石的文化营销

一、钻石文化

钻石有两千多年历史,据说在古罗马帝国时代就有钻石的记载,后随着古罗马帝国的衰亡,对钻石的记录也销声匿迹。直到中世纪在印度发现钻石后,钻石才重回人们的视野。自19世纪末在南非发现钻石矿之后,戴比尔斯公司开始对钻石进行宣传推广,逐渐形成钻石文化。我们以下列几个故事来叙述钻石文化。

1. 名钻与王权

印度的戈尔康达地区是世界上最早发现钻石矿的地区,世界著名的"光明之山"钻石就发现于该地区。《极品珠宝首饰传奇》中介绍,"光明之山"钻石有着一段曲折的传奇经历,与国家兴衰和王权更迭密切相关。

16世纪,在印度的戈尔康达地区发现了一颗超大的钻石,后来被命名为"光明之山"。在1526年的第一次帕尼帕特(Panipat)战役中,"光明之山"钻石成了该地方国王巴卑尔的战利品。"光明之山"钻石作为珍贵、稀罕的宝物并代表胜利,象征至高无上的权力,被镶在孔雀御座上,这个御座是莫卧儿王朝的象征。第六任莫卧儿王朝的统治者奥朗则布(Aurangzeb)曾邀请大名鼎鼎的法国珠宝商兼旅行家吉恩·巴蒂斯特·塔沃尼(Jean Baptiste Tavernier)观察、测量和描述他珍宝库中的宝石。塔沃尼是历史上非常著名的珠宝商,也是细心而执着的作家,曾6次往返于印度与欧洲各王室之间从事钻石贸易。他细心观察并详细地记载了他看到和经手的许多著名钻石,这些名钻资料是宝贵的钻石历史档案,常被著名的拍卖行引用,对推动钻石业的发展起到巨大的作用,他也被后人誉为"钻石之父"。

到了1739年,纳第尔·沙赫(Nadir Shah)率领波斯军队占领了印度,"光明之山"钻石被纳第尔掠到了波斯。后来"光明之山"钻石落入阿富汗杜拉尼王朝的奠基者艾默德(Ahmed Shah Abdali)之手。此后艾默德的儿子们为争夺王位及"光明之山"钻石,相互残杀。再后来"光明之山"钻石落入锡克国的王室手中。之后英国与锡克国发生战争,战胜的一方——英国获得了"光明之山"钻石。

最终"光明之山"钻石归英国王室所有,被镶嵌在当时世界上最强盛的国家"日不落帝国"的国王维多利亚女王的王冠上,之后成为王权的象征。这就是钻石代表身份地位的文化的由来。

2. 钻石与爱情

钻石代表爱情,几乎家喻户晓。究其原因,既有西方历史文化的因素,也有戴比尔斯宣传推广的功效。

(1)婚礼需要庄重的仪式

自古以来,中西方都非常重视婚礼仪式,重视营造庄重热烈的场面。西方注重契约精神,男女婚姻也是一种契约。在中世纪的欧洲,宫廷中已有订婚戒指、结婚戒指作为信物的传统。据记载,罗马帝国皇帝奥地利大公马克西米安一世,在1477年同勃艮第大公查理独生女儿玛丽订婚时,由于查理非常喜欢钻石,因此他要求自己的女儿在订婚当天必须得戴一枚镶有钻石的戒指。这枚钻戒就是历史上有记载的第一枚订婚钻戒。

订婚、结婚的仪式需要庄重,体现在仪式公开、有程序、多人参加,特别是重要人物和长辈参加见证等方面。隆重的仪式需要高规格、高档次、高价值的见证物品,在欧洲王室贵族中,戒指越贵重,越能显示男方的诚意。在西方民间,也必定是以所能找到的贵重如金、银等材料制作的戒指手镯等作为信物。钻石被发现后,因其比黄金、白银更加贵重,富贵人家也就改用钻石戒指作为求婚、订婚、结婚的信物。

在中国,贵重的婚礼物品也表示婚礼的庄重。传统上是新郎送金手镯、金戒指给新娘,在婚礼上佩戴。有的民族如云南的白族、彝族则崇尚银镯、银戒指及各种银饰。到了20世纪90年代,随着人们财富的增多和西方文化的影响,比黄金白银更贵重的钻石逐渐成为人们婚礼饰物的选择。

（2）戴比尔斯公司的宣传推广

1866年，在南非发现了钻石矿，1888年，南非钻石矿山的托拉斯组织——戴比尔斯联合矿业公司成立，钻石的毛坯供给进入可控状态。戴比尔斯垄断了南非的钻石矿以后，曾一度掌控着市场90%的钻石毛坯，相当长时间里控制着市场50%以上毛坯的销售量。虽然20世纪90年代后苏联发现了大钻石矿，戴比尔斯的钻石毛坯销售市场份额逐渐减少，但直到今天戴比尔斯仍是世界上最大的钻石毛坯供应商。2015年戴比尔斯的市场份额是31%，俄罗斯的阿罗沙（Alrosa）占25%，两大寡头占据钻石毛坯市场的56%。

长期以来，戴比尔斯是钻石原材料的垄断者，它的利润来源于钻石行情。整个钻石市场销量大、钻石价格高，它的销量就大、利润就多。戴比尔斯是钻石市场上游的垄断供应商，具有定价权，它既要钻石市场价格高，又要销售量大、市场繁荣。它寻找到了钻石的文化，赋予了钻石情感文化，以打动消费者、刺激消费者的需求，形成并繁荣钻石市场。戴比尔斯一直花巨资进行营销推广，打造钻石的爱情文化。情侣间馈赠、订婚、求婚、结婚以及结婚纪念等与爱情相关的特定场景都可以使用钻饰，这是个很大的市场，统称婚嫁市场。按照上文分析，与爱情婚姻有关的文化体现在：庄重（珍贵）、纯洁、永恒。钻石的稀少珍贵能承担此庄重感；钻石纯净的晶体象征着纯洁，硬度最高、永不磨损表达着永恒，钻石的特性与爱情婚姻的内涵相吻合。

戴比尔斯的钻石核心文化"钻石恒久远，一颗永留传"（A Diamond is Forever），迅速传播渗透后成为经典，高超的营销技巧，影视中的爱情故事植入钻石戒指，皇室婚姻少不了代表爱情的钻戒，引领时尚潮流的明星名媛的婚姻爱情更少不了钻石戒指。以至人们在电影电视中见到钻戒，就会联想

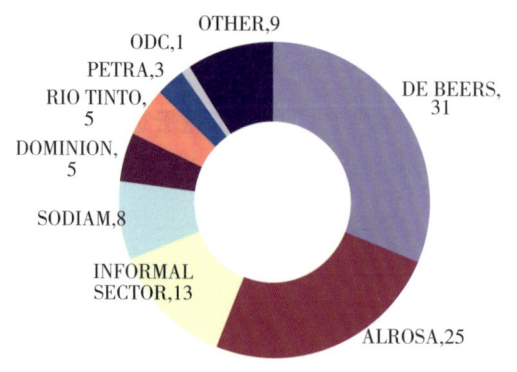

资料来源：De Beers，中信证券研究部

图6-1　2015年钻坯销售额结构（%，按生产商）

到爱情。钻戒已成为爱情的代名词、标志物和符号。同时，广大的下游钻石经销商、零售商也需要营销钻石文化，还有助于他们的销售。钻石消费文化的受益者是整个钻石行业。众多钻石商家也极力推广钻石文化，使钻石的爱情文化深入人心，也使钻戒成为婚礼中的刚需品，创造了市场。钻石搭上爱情的列车后，市场也如列车般向前飞驰。

时至今日，钻石饰品的销量已占据珠宝行业的半壁江山。据戴比尔斯资料，全球的钻石市场销售规模为820亿美元，美国市场就占了410亿美元。在中国，据中宝协估计，钻石饰品市场约占6000亿元珠宝市场的20%，达1200亿，超过了传统的玉石市场。在钻石饰品消费需求中，婚嫁占50%以上。

戴比尔斯于2018年推出Lightbox品牌经营合成钻石业务，但该品牌的合成钻石饰品，不涉足戒指类产品，特地把戒指的爱情文化留给天然钻石。可见钻戒的爱情文化影响之深。

3. 钻石彰显时尚美丽

（1）钻石的时尚

首先说时尚。"时"是时下，一定时间段；"尚"是高品位领先的意思。时尚就是一种风尚，在一定时期社会上普遍流行的风气和习惯。是什么力量促成这股风尚（时尚）呢？用大家非常熟悉的"楚王好细腰，后宫多饿死"的典故可以说明问题。战国时，楚灵王喜欢腰细的美女，后宫的女人就拼命节食，扎紧腰带，以致出现饿死人的情况。因为她们为迎合楚王的喜好，不惜损坏自己的身体。"楚王好细腰"说明两个问题：一是上有所好，下必甚焉；二是具有影响力的人（权威、领袖）有着巨大的影响力。核心或权威影响了社会风气。在现代版"楚王好细腰"中的"楚王"就是社会上层人物、明星模特，以及媒体。那么，时尚就是由有影响力的人引领，媒体作为重要的传播渠道引起的潮流。

钻石作为美的装饰时尚，众多如"楚王"般有影响力人物，如王室成员、上流名媛、模特明星等公众人物佩戴钻饰闪耀登场，流光溢彩。钻石也充斥于影视作品的俊男靓女形象中，星光熠熠。佩戴钻石饰品成了美的时尚装扮、有品位的生活方式。

钻石饰品中的非婚嫁市场，主要是作为美的时尚饰品，是"标榜自我""愉悦自我""展示个性""犒赏自我"的生活配饰。钻石在非婚嫁市场的比例越来越大，在美国，作为饰品而购买的件数占整个钻石市场的70%，金额占50%。而目前中国非婚嫁需求的钻石销量占比不足50%。

（2）钻石的美丽

其次说钻石的美。钻石的美来自三个方面：一是晶莹的白色；二是璀璨的火彩；三是纯净的晶体。

①晶莹的白色。

白色是素色，是极致的美。《诗经》中有"巧笑倩兮，美目盼兮，素以为绚兮"的诗句。据《论语》中记载，子夏与他的老师孔子在讨论这一诗句时，向老师请教如何理解这句诗。孔子说"绘事后素"。接下来师生的对答则引向了有关礼的话题。子夏问："礼后乎？"孔子说："起予者商也，始可与言诗矣。"对于孔子的回答"绘事后素"后世有不同的解读。一种解读为："先有白底，然后画画"。另一种解读是，此句话的意思是"在绘上了带色彩的画之后，最后的工序是再涂上白色的底色，以衬托色彩画之美"。我们先来探讨子夏的发问："素以为绚兮？""素"的意思是白色生绢，引申为白色、纯色。"绚"的意思是色彩华丽。那么，结合《诗经》内容是描述一个容貌姣好、眉眼转动令人销魂的女子。子夏发问的意思可能是："白色素雅就是最艳丽的吗？"孔子的回答似乎中间缺一句衔接的话，或许《论语》记漏了一两句话，因为子夏问的是关于人的，孔子答的是关于绘画的，缺少衔接。不管如何，孔子与子夏这两个师生都认为素色（白色）是绚丽的，最美的。美的极致就是白色。这一点可以从婚纱是纯白色得到证实。女人一生中最美丽、最需要美丽的时刻就是结婚的当天。这一天，新娘的着装婚纱是白色的，说明白色是纯洁的美、素雅的美，是顶级的美。19世纪英国女王维多利亚富甲天下，服装首饰无数，她也是爱美之人。1840年结婚，穿上一袭由漂亮的中国锦缎制作的白色礼服，配上白色的头纱，从头到脚的纯白色惊艳了全场。维多利亚女王临终时特别交代后事，她要一个白色的葬礼，身着白色的连衣裙礼服，连拉棺材的马都是白色的。

历史的文化形成了新娘的婚纱是纯净白色的。

钻石的白色是一种素雅的颜色，这是一种纯洁、知性、优雅、端庄的色调。钻石被认为是纯洁、优雅、端庄的美。

②璀璨的火彩。

钻石是世界上硬度最高的矿物，有很高的折射率及色散，独特的金刚光泽、晶莹透明的晶体，使切割后的钻石璀璨夺目，光芒四射。我们所看到的钻石的光芒实际上由三部分组成：亮光、色散和闪光。

亮光。钻石是高折射率的透明体，切割完美时，入射的光线在钻石的内部发生全内反射，再回到台面，使钻石如发光体般光芒闪烁。切割完美的钻石虽然是透明体，但从台面往下看，却看不到钻石亭部下的物体，因为光线全被反射回来了，这就是光线在钻石内部的全内反射现象。

色散。色散是自然光射入钻石后，根据不同刻面角度作内部反射，从而产生彩虹七色的现象。钻石的折射率高，色散值大，在宝石中具有很高的色散。光线照射钻石后，内反射出来的光带着七彩颜色的光芒，这就是让人痴迷的火彩。

闪光。光线照射钻石时，各个刻面的反射光会随着光源的移动或者观察者角度的变化而发生游移，称之为闪光。

亮光、色散、闪光习惯统称为火彩，火彩是钻石最具魅力的美。钻石的火彩在常见宝石中是最强的，这使钻石缤纷闪烁。

③纯净的晶体。

钻石由碳元素组成，虽然含有杂质元素氮、硼、氢等，但这些元素含量极微。随着氮元素含量的增加，钻石颜色从无色变为淡黄色、黄色。含微量的硼元素则使钻石呈蓝色。钻石分级中，达到最高色的D色时，钻石的晶体几乎由纯净的碳原子组成。纯净而晶莹剔透的钻石，人们容易把它与爱情的纯洁联系在一起。

④硬度最高。

钻石的莫氏硬度为10，它是自然界中硬度最高的物质，坚硬的特性使钻石永不磨损。切割好的钻石刻面不会因为空气中微尘砂粒的摩擦而起毛刮花，也不受其他物质所磨损，能够保持弥久如新。这个性质使钻石具有恒久不变的特点，它的光泽恒久靓丽，象征着爱情的忠贞不渝。

钻石的美丽是纯净、白色、灿烂的美丽，是一种优雅、知性、高贵的美丽。白色也可衬托任何色调，衬托任何颜色的服装，可与任何其他有色宝石、珍珠等进行搭配。

4. 钻石的珍稀

稀少性是个相对的概念。在宝石中，钻石不是最稀少的，它的产量比猫眼石、坦桑石、翠榴石、沙弗莱石等丰富。坦桑石虽不及钻石、红蓝宝石名贵，但全世界只有坦桑尼亚一个地方出产，且经多年的开采，资源已濒于枯竭。翠榴石、沙弗莱石的产地也不多。翠榴石主要产自俄罗斯的乌拉尔山脉、北意大利、伊朗，沙弗莱石产自肯尼亚的Tsavor国家公园。但是，钻石比红蓝宝石及其他许多宝石品种要稀少得多。我们可以从四方面理解钻石的稀少性。

（1）真正钻石矿山的发现仅有100多年历史。

关于钻石的记载虽有2000多年历史，但真正的钻石矿山开采是近100来年的事。在有记载的2000多年间，印度戈尔康达地区是世界钻石的主要来源地，许多世界闻名的名钻如光明之山、希望蓝钻、大莫卧尔、摄政王等都来自印度。17—18世纪，巴西零星地发现了钻石，19世纪中，巴西发现了钻石矿。真正的钻石大矿山是1866年在南非发现的，此后南非钻石闻名天下，此地成了钻石的主要来源。

中国目前有三处产钻石的地方：辽宁的瓦房店、山东的沂蒙及湖南的沅水流域。前两者是原生矿，有正式的矿山开采；沅水流域是人们偶尔在此捡到钻石，没有形成正式的矿山。沅水的钻石矿是砂矿，中国的地质工作者几十年来极力寻找沅水砂矿金刚石的原生矿，但一直未曾发现。

钻石是在地球深处地幔岩中高温高压的条件下形成的，随着火山岩喷发带到地表的火山岩筒中。目前仅在超基性的金伯利岩、钾镁煌斑岩中发现钻石。同时，钻石以零星小颗粒状存于岩石中，找到大颗粒的钻石纯属偶然与幸运，这给钻石增添了一份神秘色彩。

由钻石这么短的发现史，以及中国仅有二处正式的矿山可知，钻石矿不易寻找，产量稀少。

引自《2017年黄金珠宝行业分析报告》，转引自Bain & Company（含测算）的资料，目前（以2016年为例），钻坯的年生产量为128百万克拉。自2009年以来，钻坯的年产量稳定在120~128百万克拉，其中70%达到宝石级别，相当于宝石级的钻石10年来的年产量约为84~89.6百万克拉，就是16800~17920千克。目前钻石毛坯的销售结构（销售占比%）见图6-1，以及近10年钻坯生产量见图6-2。

资料来源：Bain & Company，（含测算），中信证券研究部。注：约70%为宝石级别

图6-2 2007—2016年钻坯生产量（百万克拉）
（图6-1～图6-2资料引自：《2017年黄金珠宝行业深度分析报告》）

（2）钻石开采的不易。

钻石矿石中金刚石的含量仅为0.00001%，其中达宝石级的不足一半，宝石级金刚石被切磨成钻石时，出品率约为40%。也就是说，要开采几十吨矿石，才能获得1克拉钻石。（按上述金刚石含量，10吨矿石，产5克拉金刚石毛坯，磨出1克拉成品钻石）。采矿的过程，如爆破、装车、运输、破碎、挑选至研磨钻石……这些都需要耗费大量成本。以上仅是直接成本，还未包括钻石矿的勘探、土地成本等间接成本。

（3）钻石原料的垄断供应。

自南非发现钻石矿以来，世界钻石的原料（毛坯）的供应市场受戴比尔斯公司的垄断控制，近年俄罗斯的阿罗沙公司加入了此队伍，钻石原料受到少数几家寡头公司控制。结果就是这些寡头公司根据市场需求调节钻石供给量，以维持原料市场的价格稳定，从而使成品钻石价格稳定，维持消费者的信心。

（4）从拍卖价格感知钻石的稀少性。

钻石是珠宝玉石拍卖的主角，特别是天然彩色钻石、大于10克拉的优质货品，这些珍稀的钻石常常拍出几千万元、上亿元的天价。如此高价与这些钻石的稀少罕见有关。

按照国际惯例，10.8~50克拉的钻石被称为特大钻，50克拉以上的钻石被称为记名钻，被给予专门的名字。100克拉以上的钻石为巨钻，有资格载入世界名钻史册。

5. 钻石的货币功能

历史上，犹太民族是全世界游居的民族，他们以善于经商闻名于世。第二次世界大战时，犹太人被迫移居世界各地，他们所携带的主要资产就是钻石。由于钻石体积小、价值高、携带方便，作为一种巨额财产可以随身带走。钻石的价值全世界认可，随时可以变现，充当了世界货币的角色。在20世纪50年代美国的GIA对钻石进行分级之后，钻石的交易有了标准，交易更加容易，市场更加繁荣。

二、钻石分级提升价值

在经济领域，市场上细分产品可以满足不同消费者的需求，提升商品的价值。

1. 分级提升价值

(1) 细分等级满足不同市场需要

顾客的经济状况有差别，消费理念也不同。有的顾客追求高品质的货品；有的顾客追求独特罕见的货品，达到"你无我有，你有我精"的炫耀消费心理；有的顾客则希望花较少的钱就能拥有钻石。钻石是一种奢侈品，奢侈品的消费心理在这里表露无遗。钻石虽然外观差别不大，但等级不同，价格相差悬殊。细分钻石等级，让消费者可以有更多的选择。

在钻石毛坯中，级别没分那么细。购买毛坯者依赖工厂设计、加工以及细分等级以提升价值。中国的钻石加工历史较安特卫普、以色列、印度等短，经验不及这些国外加工基地丰富，钻石加工业也没他们发达。

钻石批发分销商通常从工厂进货，自己再细分品级与货型进行分销，从中赚取差价。中国的珠宝商缺乏进统货再细分等级品类的经验，往往从国外的钻石商手中购进中国市场热销的狭窄品级。除中国市场外，中国的珠宝商缺乏其他分销渠道，从而没能从分选分销中获得利润。例如，每年香港珠宝展，有全品类的钻石统货拍卖，一手10万克拉，各品类齐全，由买家竞价购买。买家几乎是清一色的印度珠宝商，鲜见中国商人，中国珠宝商失去进一步分选产生利润的机会。

(2) 提高消费者的信心

消费者购买任何商品，如果对质量不熟悉，心里就会产生疑虑，影响他们购买的信心。对商品的品质越了解越熟悉，人们越敢于消费。钻石的4C分级标准，经戴比尔斯公司的大力推广、众多珠宝商的介绍传播，已经深入消费者的心。众多消费者熟悉钻石的4C分级标准，大大提高了消费信心，使钻石成为珠宝玉石品种中消费量最大的品种。

(3) 分级促进市场交易

钻石有着完整客观的分级体系，这使交易变得简单容易，再加上Rapaport报价体系，钻石的交易有了参考价格。钻石由第三方有信誉的机构进行分级认证，人们在交易中把证书作为品质的依据，甚至只需看证书不必看实物就可以进行交易，大大方便和避免了交易双方对品质的争执和缩短了讨价还价的过程，提高交易的效率。钻石的客观标准分级，使钻石在互联网上交易变得容易与活跃。以美国的Blue Nile 线上钻石销售公司为例，这家成立于1999年的公司，短短5年间就登陆纳斯达克，它在2004年的销售总额一举超越了Bvlgari、Cartier和Tiffany & Co三大世界著名珠宝品牌的销售总额。中国的网络销售公司如钻石小鸟、柯兰钻石也发展迅猛,这都与钻石的标准分级有关。

(4)钻石的细分等级

以美国宝石学院为例,钻石的4C分级系统,按颜色、净度、切工和重量进行分级,并根据荧光强弱再进一步细分。颜色分为D～Z,共分为23级;净度由最高的无瑕FL～重瑕P3共分为11级;切工由非常优良(Excellent)～很差(Poor)分为5级;荧光由无～强分为4级。钻石的细分等级为23×11×5×4=5060级!据说戴比尔斯公司在钻石毛坯的分选中,也是分成五千多级的。

应该说,钻石如此细分等级是人有意为之。钻石的等级划分是以10倍放大条件以及比色石为依据的,实际上仅凭肉眼无法区分这么多等级。例如:VS2～FL这六个净度级别,肉眼就没办法分辨;不借助比色石,相邻2～3个色级肉眼也难以区分。人为地扩大分级等级的目的只有一个——提高钻石的价值。

在GIA建立钻石分级系统之前,市场上钻石的交易仅作简单区分,而且各地的分级标准也不一致。颜色分为无色、近无色、略带黄色、非常浅的黄色、浅黄色;净度分干净、微瑕和有瑕。钻石的价值没有被充分挖掘出来,钻石的交易处于较原始的状态。

(5)分级规范并繁荣市场,提升钻石的价值

自从GIA建立了钻石分级体系之后,钻石的价值被充分挖掘出来,钻石的交易有了统一的标准,使交易简便,大大繁荣了钻石市场。

目前,钻石已成为珠宝市场中最重要的宝石品种,有许多珠宝公司以单一的钻石饰品为经营业务,走专业的钻石饰品路线,瞄准钻石市场。钻石的4C质量评价体系使钻石的货品质量有评价标准,有助于钻石饰品的规模生产,为扩张连锁店提供条件。钻石市场可分为婚嫁市场与以装饰为主的时尚饰品市场,许多专家预测时尚饰品市场将越来越大。

分级提升钻石价值。参照Rapaport钻石报价表,以1.00克拉规格为例,按2016年9月16日的报价表,D.IF的价格为21600美元,M色、净度P3的为1100美元,两者相差近20倍!市场常见的G.VVS1、I.VVS1、I.SI2、K.SI2的价格分别为10500美元、7400美元、5400美元、4000美元。同样是市场常见的克拉钻,切工一样的情况下,人们概念中的优质钻(G.VVS1)与普通钻(K.SI2)价格相差2.63倍。普通钻(K.SI2)若与顶级钻(D.IF)相比,两者价格相差5.4倍。在婚嫁市场、收藏市场中,消费者往往追求优秀的品质,就需要花高价

钱购买优质钻石。可见钻石的分级大大提高了钻石的价值。

（6）客观看待钻石的分级

钻石的分级带有人为划分的成分，与钻石的美丽程度、稀有程度有一定的关系，但并不完全等同。

首先，与美丽程度的关系。对颜色的喜好因人而异，往往带着主观的成分，未必钻石越白越美。有人就喜欢带黄色调的钻石，这给他一种暖的感觉，带着金色的贵气。钻石的美感来自于火彩，火彩与切工和净度有关，SI与VS、VVS、IF、FL的钻石，切工一样则火彩基本相同。切工优秀的钻石外观造型美、火彩强。难怪宝石学家兼作家安托瓦内特·马特林（Antoinette Matlins）说，"以美观的角度，我们按如下顺序排列这四个影响因素：切工和比例、颜色、净度、克拉重量"。她把"切工和比例"放在美观第一位。在净度方面，VS2级以上的钻石肉眼区别不出它们的差别。既然肉眼无法区分差别，也就无从对许多级别的钻石分出美丽程度的伯仲。

其次，与稀少程度的关系。一般来说，净度级别越高，钻石越稀少。但也不是绝对的，GIA会根据市场的需求调整级别。比如，市场对SI1的需求很大，GIA会把原本属于SI2甚至P1的级别划入SI1。颜色也一样，通过调整比色石以改变钻石的色级。像D色、FL、IF这些被称为"顶级全美"的级别可能最稀少（它们的标准也是可以调整的），但其他的不同颜色及不同净度的级别难以衡量哪些更稀少，不能简单地认为越高级别的货品越稀少。最有可能的情况是热销的级别其数量最多（如上面所言，GIA会根据市场需求调整级别），不热销的货品倒有可能更稀少。

总之，钻石的分级不是绝对尺度的划分，不是一成不变的，实验室可根据市场状况进行调整。

2. 钻石的顶级D色，FL、IF的认证

对于这些顶级的货品，普通消费者和一般行家难以确定，信誉度不高的实验室所认证的级别也未必可信。这些级别的货品实际上依赖证书进行买卖，有了有信誉的实验室的认证证书，身价倍升，没有证书，买方则不敢下手。因为这些级别的钻石价格是普通货品例如J、VS2的4倍，单靠肉眼不易区分。这类顶级的货品不是普通的饰品，多为收藏人士所关注，也是钻石拍卖场中彰显钻石独特身份的货品。

3. 粉红钻也分级

既然白色系列的钻石分级方便了市场交易，提升了钻石的价值，繁荣了钻石市场，对于价值连城的彩色钻石，更应该分级。彩钻的天价人尽皆知，以2017年苏富比香港春拍为例，一颗59.60克拉、GIA的分级为"无瑕艳彩粉红"钻，以7120万美元（5.53亿港元）被周大福郑家纯拍得。彩钻的分级以色调、颜色饱和度、颜色明度和净度进行分级。

粉红色这种颜色已经很淡了，GIA还进行精细的分级。GIA对粉红钻的评级从低到高依次为：Faint（微粉），Very Light（很淡粉），Light（淡粉），Fancy Light（淡彩粉），Fancy（中彩粉），Fancy Dark（暗彩粉），Fancy Intense（浓彩粉），Fancy Deep（深彩粉），Fancy Vivid（艳彩粉）。彩钻要做如此细致的划分，仅标准比色石就价格不菲，由此可见其价格之高。目前粉红钻石的唯一产地是澳大利亚的阿盖尔地区。据汤惠民《行家这样买钻石》记载，每年有40~60颗被送到拍卖行拍卖。阿盖尔产出的粉红钻腰围有激光编号，每一颗阿盖尔粉红钻都有专属证书。而且有自创的一套颜色评价系统，其分级更细。分PP：粉红带紫色（1PP~9PP，9PP颜色最浓）；P粉红色（1P~9P）；PR粉红玫瑰色（1PR~9PR）；White白色；PC粉红香槟色Pink Champagne（PC1~PC3）；BL靛蓝色Blue Violet（BL1~BL3）；红带紫色Purplish Red；红色Red。分级的精细令人感叹，如此精细的目的就是为了提高售价。

4. 二级市场促进一级市场的繁荣

珠宝变现后才能显示出其货币功能，人们才敢投资收藏，以及开展具有货币功能的抵押、贷款、典当等金融活动。在所有的珠宝玉石品类中，钻石具有分级标准，变现功能最强。具有变现功能使钻石的二级市场活跃，表现在行家批发市场的买卖交易，以及拍卖、典当等。在钻石的旧货市场，除了知名品牌的钻石首饰作为奢侈品进行买卖外，普通品牌的钻石饰品在二级市场的交易通常以原材料作为核价的标准。二级市场在中国并不是特别活跃，在日本和美国却较活跃。

三、讲述钻石的特性

有特点、有特色的货品，是独特的个体，才会真正受到人们的喜爱。发掘钻石中的独特之处，讲好故事才能打动人心。

1. 拍卖论著

如佳士得、苏富比等著名拍卖行拍卖珠宝时，除了附有鉴定证书外，还附有该货品的"论著"。所谓论著，就是发掘货品独特性的文字，这个独特性可以是货品独具的物理化学性质，也可以是它在同类中突出的特点、优点、稀罕性，还可以是它独特的经历，与它相关的人文历史故事，等等。

我们来看看2013年苏富比秋拍一粒7.59克拉蓝钻的论著。

这颗圆形艳彩蓝钻拥有专有的名称：The Premier Blue。

①讲述货品的独特性，表达其稀有罕见，遇到它纯属幸运。

该货品属于钻石的Type II B类型，在天然钻石中约占0.1%，极为罕见。因其含有微量硼元素，故呈蓝色。

该钻石的净度为内部无瑕。这在钻石的净度级别中是最高的，是罕见的顶级完美的货品。

颜色为鲜彩蓝色，为Fancy Vivid Blue，是蓝色彩钻中颜色最高的级别。

颗粒大。绝大部分彩钻小于1克拉，这粒钻石7.59克拉，极其罕见。

因为以上四个罕有特性的叠加，显示这颗蓝钻非常难得。还有一个"难得"，就是这颗钻石是圆形的，这在彩钻中十分稀少。由于圆琢形切割耗料，出品率低，对于材料极其珍贵的彩钻来说，极少切割成圆琢形。圆琢形的钻石火彩高于异形钻，这颗蓝钻不仅具有艳丽的蓝色，而且火彩极佳。颜色与火彩两个美的要素都非常卓越。

如此，货品是独一无二的，非凡的。货品的独特及珍稀我们已得知，关于这类货品前人是如何认识的呢。且看下边的历史。

②蓝钻的历史。

历史上蓝色钻石最早被发现于印度戈尔康达地区。著名的Tavernier蓝钻是其中的佼佼者，17世纪法国著名的宝石学家兼旅行家塔沃尼做了详尽的记载。传说中的神话、传奇的诅咒、王室贵族的故事、著名珠宝商的奋斗史等为这颗蓝钻添上诱人的色彩，令人为之魂牵梦萦。

著名的蓝钻Hope Diamond也有一段传奇的历史。此钻重44.52克拉，现收藏于美国华盛顿史密森博物馆（Smithsonian Institution）。风华绝代的玛丽娅托瓦内特皇后、美国名媛伊夫林·沃尔什麦克林，以及珠宝商卡地亚、海瑞·温斯顿都曾经是这宝物的主人。现在大部分人认为，蓝钻Hope Diamond的前身是蓝钻Tavernier，由Tavernier钻石经过二次切割而来。

讲了历史上的蓝钻。再讲讲现代的蓝钻。

为庆祝2000年的来临，戴比尔斯与The Steinmetz Group合作，推出一系列极其珍贵的蓝钻，并取名"千禧系列"，在伦敦举办展览。这一系列共11颗蓝钻总重118克拉，最小的一颗5.16克拉，最大的一颗27.64克拉的心形蓝钻被命名为"永恒之心"。这些蓝钻是花了几十年时间才收集到的,仅筹划切割也花了两年多的时间。(后来戴比尔斯的"千禧系列"蓝钻也被陆续用于拍卖,这次展览实际上也为日后的拍卖做铺垫。)

由历史故事及现代的"千禧蓝钻系列",可窥见蓝钻的稀罕珍贵。

了解蓝钻的传奇、神秘故事,对蓝钻的地位有了认识,那么,接下来就来了解它的行情。

图6-3　2013年苏富比秋拍7.59克拉蓝钻

以之前拍卖的蓝钻情况作比较。

2011年10月香港苏富比拍卖一颗6.01克拉古垫形鲜彩蓝色钻,每克拉的价格是168.6万美元,整颗成交价相当于7000万元人民币。那么,这颗7.59克拉的蓝钻The Premier Blue最终售价是多少呢?售价是1.2亿元人民币。

2. 异形钻的特色

市面常见圆形钻,却少见异形钻。这是因为圆形钻的切割工艺较成熟,加工程序已成固定的规范,而且圆钻火彩较异形钻好,受众面广,是市场的主流,容易销售。在中国,有不少消费者还不认识异形钻石,以为钻石都是圆形的。异形钻有什么特色?

异形钻有独一无二的外形,这些外形有独特的魅力。例如人们容易把心形的钻石与"爱"联系在一起。垫形(Cushion)则是古老的钻石切割形式的现代革新。方形是古代钻石的造型,1977年,钻石切磨师在古代造型基础上,革新了方形的切割工艺,使这种造型焕发出新的活力。新的垫形切工有58个切面,其台面较小,但其他刻面更大。垫形切工较标准圆形切工拥有更高的散射火彩,而且又源于古代的造型,带给人以古色古香又有灿烂火彩的独特风韵,深受许多明星喜爱。像好莱坞明星Liam Hemsworth(利亚姆·海姆斯沃斯)向Miley Cyrus(麦莉·塞勒斯)求婚用的就是19世纪的3.5克拉垫形钻石。Molly Sims(莫莉·希姆斯)的订婚戒指也用了垫形切割钻石。

异形钻传递着独特、浪漫、华丽美艳与精致优雅。为给钻石增添新的姿彩,许多商家在研究推出新的花式切工,如百合花形、三角明亮式、阿斯切形、雷地恩,以及上述的心形、垫形、公主方等。

图6-4 异形钻石

3. 荧光钻石

天然钻石常见荧光，且多为蓝色荧光（蓝色荧光占98%）。荧光是指在紫外线照射下的发光现象。阳光中含有紫外线，当照射到钻石时，产生的荧光会叠加到钻石的颜色上。对于钻石的荧光，有人喜欢，有人不喜欢。喜欢者认为蓝色的荧光叠加于白色钻石之上，使钻石增添幽幽的蓝彩，给钻石披上神秘的一层面纱。钻石在平常的状态一种颜色，在紫外灯下呈另外的颜色，如发光的蓝色火焰。在强烈的太阳光下，蓝色闪烁，钻石呈蓝白色。而且蓝色的荧光是天然钻石的鉴别特征之一，独特的荧光是钻石身份的鉴别特征。有的消费者却不喜欢荧光，理由是荧光使原本透明的钻石表面有一层朦胧感，整颗钻石如充满雾状，不够清亮，欠缺光芒。

有的珠宝商喜欢强荧光的钻石，结合钻石的荧光特性做营销。钻石中D、E色级就带着冰冷的泛"蓝"色调，被认为是高价值的颜色。荧光钻石在阳光下泛着蓝色色调，容易与高色级的D-E色钻石混淆，利用蓝色荧光的特性可大做文章。例如，蓝色火焰是燃烧透彻、高温度的火苗，炽热的火焰与钻石爱情文化的"炽热的爱"联系在一起。强的蓝色荧光有如高温的蓝色火焰，代表炽热的爱情。

4. 浅黄钻与浅褐色钻

浅黄钻与浅褐色钻（TTLB）在4C评级中级别比较低，单价也较低。许多人认为这些货品不及高等级的货品美，其实它与钻石的美没有毫厘关系，不是说色级低美丽程度就低。实际上，浅黄钻（如M、N、<N这些货品）因带有黄色的色彩，可以理解为带彩色的一种钻石。粉红钻的"粉色"色调还没

这么浓呢，它就那么昂贵，这有点瞧不起黄色了，黄色可是富贵之色、黄金之色、皇家之色。自从钻石4C标准把黄色调的钻石色级划分为低色级后，黄色钻石就被人为地贬低了。钻石的色散以紫色成分为主（紫的波长最短，其色散值最大，更容易显现），色散中的紫色色调与钻石浅黄色的体色混合，呈现出以黄紫色调为主的多彩光，钻石更加迷幻炫彩，独具风韵。

浅棕褐色的钻石，市场上称TTLB钻，用铂金镶嵌会提高色级。TTLB的碎钻被用于做伴石，镶嵌后其褐色调减弱。有的TTLB钻主要呈现"钢灰色"，有其独特的钢铁般的色调。浓颜色的棕褐色钻石也是一种彩钻。

5. "心箭"文化

十几年来，钻石市场最火爆的，莫过于"八心八箭"效应的钻石，消费者把"八心八箭"视同最优质切工的钻石，也是有文化寓意的钻石。"八心八箭"现象是日本人本村泽高于1984年提出的，指标准圆钻形切工钻石的一种刻面反射的影像。当一颗圆钻的切磨对称极为精确时，就会产生"八心八箭"的效果。"八心"指钻石的台面朝下、底尖朝上，由上端向下端观察时可见八个对称的心形。"八箭"是指台面朝上，由上往下观察冠部，可见八个对称的如箭头般的影像，箭头伸向冠部圆的周边。通过特别的切工镜（一种滤色片，可滤去钻石边上的其他散射光线，滤色片有蓝色、黄色的），能更清晰地观察到"八心八箭"现象。

"八心"的实质是冠部风筝面与近台面的星小面在底部的影像。而"八箭"则是亭部主刻面在风筝面上的影像。在评价钻石的切工时，用目估法估测冠角，就是利用亭部主刻面在风筝面与台面影像的宽度比例进行测算的。切工较好的钻石，亭部主刻面在台面的影像宽度小于风筝面的宽度。亭部主刻面在风筝面上宽，在台面窄，从而形成"箭"的形

图6-5 "八心八箭"现象

状，如图6-5所示。

在西方文化中，爱神丘比特的"箭"是爱情符号，"心"是生命和爱的象征，"心"与"箭"代表着爱情。"八心八箭"的钻石被赋予爱情的含义，成为爱情的信物。所以，十几年来"八心八箭"钻石特别热销。"八心八箭"钻石在中国销售的成功，使许多珠宝商在寻求有"心""箭"效果的切工钻石，以赋予新的爱情含义。像周六福推出的"十二箭一心"的新切工钻石，被赋予"一心一爱"的名字。ALLOVE品牌推出的"十心十箭"钻石，代表中国人对十全十美的追求。还有"九心一花"钻石等。

四、如何把品质不高的钻石销售出去

销售是门艺术，再好的货品也只有销售变现才能获利。是否容易把钻石销售出去，与品牌、货品质量、款式、价格、市场、销售时机等有关，更与销售人员有莫大的关系，所有公司都重视营销人员的素质。通常情况，许多珠宝公司都会有库存滞销货品，这些甚至永远也销不出去的尾货，其价值无法体现。所有的老板都关注尾货问题，因为这涉及公司资金的周转，是公司是否真正赢利的关键。

许多营业员往往抱怨这类滞销货为"差"货，他们称之为质量差、款式过时的货，对此束手无策，把销售情况不好推诿于上司以及公司。而老板们却非常看重滞销货品的销售情况，你把优质货品销售出去给他带来的喜悦，远不及把滞销货品销售出去给他带来的惊喜。销售"差"货有没有诀窍？

钻石饰品的"差"货主要指4C级别低、质量差、款式过时的货品，以及其他如荧光钻、浅褐色钻、奶油钻等。

1. 钻石4C级别低的货品

钻石重量（大小）与价格息息相关，不存在好坏之分，选择多大的钻石取决于消费者的购买目的和预算。我们说钻石质量差的货指净度、颜色或切工的级别低。

（1）净度级别低

在2010年之前，由于珠宝商及检测机构的片面宣传和引导，消费者非VVS级净度以上的钻石不买，把净度VVS级别视同钻石的品质标志。虽然此期间市场上流行的是10~30分，少部分50分的小钻，但消费者一听说钻石是P、SI，甚至是VS级的，跑得比兔子还快！低净度级别钻石的销售成为令人头痛的大难题，有什么好办法呢？可以把SI级的钻石，与VVS级的钻石放在一起，让消费者用自己的眼睛进行比较。显然外观上不会有明显差别，它们的差别只是"证书"上的级别不同，但消费者佩戴的是首饰，又不是证书。SI与VVS级钻石的耐用性与稀少特性没什么差异，而且这类小钻饰品的功能就是装饰，买一件15分的VVS级钻石的预算，可购得一件25分的SI级钻石，但后者要大许多，这不是更划算吗？

P级钻石的销售可要费一番口舌，价格与货品的款式是推销的亮点。同样大小的钻石首饰，购买一件VVS级钻石的金钱，可买3~5件P级钻饰，这对于喜欢变换服饰和首饰花样的人来说是具有吸引力的。不同花样款式的首饰可轮番佩戴，搭配不同的服装，做一个百变女人。像美国、我国香港地区的青春靓女就流行戴P级钻饰，毕竟美化是钻石的第一功能，况且价值不太昂贵的饰品不会给你增添平常保管的心理压力，无须特别存放保管。P级钻石的内含物是上天赐予人类的礼物，对每一颗钻石而言，它是独一无二的，它是钻石的身份指纹。在盘点核查你的饰品时，内含物特征是辨识的印记。在当前合成钻石肆虐市场、人心惶惶之际，钻石有内含物更易鉴别真假，这些也是介绍P级钻时应该掌握的知识。有些消费者对P级钻有质量低劣的忧虑，可以消除这一忧虑的是，只要不是P3级别（最低级别），实际上外观与其他级别钻石的差别甚微，钻饰也同样耐用。P级钻也是金刚石达到工艺用途的宝石，是金刚石矿产品中极少的精华部分。达不到P级的金刚石只能作工业用石了。VVS、VS、SI、P等钻石级别，实际上是在10倍放大条件下人为的划分，随着钻石产量的变化，人们对这些级别的划分也许会调整，SI及P级的钻石，以后升到VS级也是有可能的。

内含物中若有特殊图案，可寻找这些图案的文化含义，如七星、心形、佛光、金元宝造型，这时更是卖点所在，说不定还能卖个好价钱。

（2）颜色级别低

颜色的级别低是相对的。在2010年前的中国珠宝市场，最为流行的是I、J色，因为I、J两个颜色级别在镶嵌饰品的分级中同处I–J这一大级，在1996年的钻石分级国家标准中，I–J色与VVS净度组合的镶嵌饰品等级为"很好"，与净度VS组合的等级为"好"，这时期消费者并没有认为I、J色级别低。而当时像我国香港、美国、日本等市场流行的是G色以上的级别。我国直至近年才较注重高色级（H以上）的钻石。可见，随着市场和时间的推移，人们对颜色的要求在提升。对于低色级如K色以下的，特别是库存中大量的M、N

色级的钻石，往往使珠宝商头痛。

如何销售这些低级别颜色的钻石，还需回到颜色分级的原理上来，回到钻饰美感的含义中来。首先，对颜色的评价是人主观的感受，喜好因人而异，不能认为G、H以上颜色的钻就比浅黄色调的K以下色级的钻更美。实际上钻石的美来源于火彩，火彩主要由橙色与紫色这些暖色调组成，火彩中带点黄色调不是更加缤纷多姿、更丰富更迷人吗？所以，颜色级别低不能等同于"美"的级别低，之所以被划分为低级别的颜色，更大程度上是基于颜色类型的划分，也许还与产量有一定关系。

其次，颜色色级的细分是商业的需要。与其说低色级是"差"或"劣质"的货，不如说划分出高色级是为了满足部分有钱人追求"独特""人无我有"的虚荣心，这一虚荣心是要付出高昂的代价。细分产品有助于提高货品的价值，满足部分有钱人士追求差异的消费心理，因而商家极力推广引导。颜色微小的差别有赖于专业人士的区分，可为第三方中介机构——检测实验室带来业务，他们也不遗余力地普及。作为实在的消费者，应以功能效益为主导，同时节省金钱，没必要太过执拗于高一色低一色。

第三，钻石颜色相差3~4个色级对于一件镶嵌饰品来说，一般人是区别不出来的，例如I色与L色，I色与F色的镶嵌钻饰在感官上没有差别。要说有区别，可能就是证书级别不同，但人们更应关注首饰的美。相差3~4个色级，钻石单价却相差一倍多，实惠是打动消费者的有力武器之一。

第四，颜色级别的划分是人为的，不同时期、不同实验室得出的结论有差别。GIA就曾调整钻石颜色分级标准，几年前没人要的K、L色钻，现在却是市场上主流的I、J色钻了。

第五，K、L、M、N的色级并不是最低的色级，颜色的划分是D~Z，其下边还有X、Y、Z色。相对于X、Y、Z色，这些K、L、M、N已属中高档的色级了。

（3）切工差

切工差不完全等同于火彩差。影响切工的因素很多，为保重，加厚腰围是常见的切工差的表现形式。对于1克拉以下的小钻，切工差表现为火彩差，但越小的钻石越难以肉眼进行区分。1克拉以上的大钻，切工差主要表现为腰围直径小，也就是实际的钻石比标准切工（优质切工）规格小。例如一颗1.01克拉的钻石，可能腰围直径是6.0mm，与0.8克拉标准切工的钻石一样大，这是克拉钻中切工很差的例子。这颗直径6.0mm的克拉钻的价格是正常直径（6.50mm）克拉钻价格60%~70%的。虽然该克拉钻的切工很差，但它有两个卖点：价格便宜且是克拉"大钻"。人们对满克拉的钻石有偏爱，这满足人们炫耀"大"钻石的心理，符合部分人的需求。上了1克拉的钻石，无论是佩戴或馈赠都有"面子"。对这类钻石的销售，主要是找到有这些特殊需求的人群。

对于净度、颜色、切工都差的低级别钻石，应以钻石饰品的款式及价格取胜。如果是裸石，有时可作为镶嵌饰品的旁石，以衬托翡翠、红蓝宝石等。

2. 荧光钻石、浅褐色钻、奶油钻的销售

被认为"差"货的还有强荧光钻、浅褐色钻、奶油钻等，销售这类钻石则要根据它们的不同特点进行介绍。

荧光是在紫外光区的发光现象，也就是在紫外光照射下呈现的颜色，这种颜色通常是蓝色，强的荧光会影响钻石的火彩，故强荧光钻石的一般批发价较无（弱）荧光钻石低5%~10%。强荧光钻石的几个特点是推销这类钻石的卖点，其一是在自然光下，会感觉钻石更显白，颜色级别在感官上提高了1~2个色级，或带着蓝色闪光。因为蓝色与黄色是互补色，蓝色荧光会冲淡黄色调。其二，到目前为止，蓝色荧光被认为是天然钻石的其中一个鉴定依据，暂未发现合成钻石具有蓝色荧光。购买具有蓝色荧光的钻石，其天然钻石的身份更有保障。其三，荧光也是钻石的特征之一，有助于核对钻石的身份。例如把裸石委托镶嵌厂加工，在验收饰品时，可以根据荧光特征判断钻石是否被调包。其四，部分人喜爱蓝色荧光钻石，它是"蓝色火焰""蓝色妖姬"，蓝色荧光为钻石增添一份神奇的魅力和色彩。

浅褐色钻石。这类钻石用铂金或银这类灰白色贵金属镶嵌，可降低钻石中的褐灰色调，钻石呈钢灰色，感官上是"白色"。销售这类钻石最好是用上述金属托镶嵌成成品售卖，在售卖时不与其他钻石对比，消费者一般难以辨别出钻石的褐灰色调，钻石越小越难辨识。

奶油钻是指钻石晶体不够清亮，有朦胧的感觉，缺乏光芒与火彩，如奶油一般。有的奶油钻由于包裹体极细小，10倍放大条件下也难以辨识，以至该钻石的证书净度级别并不低，这类钻石颜色常在G色以上。销售这类钻石应避免与正常的货品对比，一经对比，光芒的优劣毕现。正因如此，一般奶油钻不设计有伴钻的款式，以免与旁钻形成对比。当然，销售这类钻石最好是实事求是地告知消费者，而不是欺瞒消费者。让消费者有知情权，根据自己的需求做出是否购买的决定。价格便宜而证书级别不低是其卖点，对于依赖证书选货，或是以赠送为目的的消费者来说，是省钱之选。

总之，钻石的"差"货是相对而言的，每一颗钻石都是一个独特的"生命体"。销售上述"差"货的总原则是"扬长避短"，注意发掘这些首饰的亮点，站在消费者的角度进行分析介绍。

3. 钻饰的款式过时

常常有营业员抱怨钻饰陈旧过时，或者款式不多，不能满足消费者的需要，因此公司补充了更多款式的货品，但所补的货品里又有许多是滞销的款式，滞销货品越积越多，造成恶性循环。如何销出这些"过时"的钻饰考验着营销者的销售水平。

销售这类货品确是不易，技艺高超的营销者也要根据具体货品、购买者的具体情况采取不同的策略，这里很难开出适合各种情形的"灵丹妙药"，但是，沟通技巧是必不可少的。

首先，销售者对所谓的"过时"款式要喜爱。你都不喜爱的货品，如何让你的客人朋友喜欢呢？要学会发现款式造型中的美，每件首饰都有其美的方面。面对一件首饰，如果自己找不到欣赏点，可与同事展开探讨，多阅读艺术鉴赏类的书籍，提高艺术欣赏水平，甚至请教高人、艺术家等，了解其艺术美点。同时关注镶嵌工艺特色，寻找货品的亮点。有自信且介绍得当，消费者才容易接受。

其次，消费者对款式的喜爱，具有可诱导性。卡地亚的螺丝款式钻石经久不衰，在于卡地亚的引导推广。在这喜新厌旧、流行款式转瞬即逝的时尚行业，人们却对这一款式不感到厌烦与过时，反而认可为"经典"，这实在有赖于卡地亚进行宣传推广，以及赋予它的文化内涵。蒂芙尼、卡地亚等国际大牌非常注重推广他们的珠宝设计艺术。利用各种媒体对这些款式进行介绍，必要的广告也使设计艺术得以传播，受到消费者的认可。十几年前戴比尔斯钻石推广中心在中国推广如"惹火""煽动"系列钻饰，使这些款式在中国走俏。基于款式艺术的可诱导性，必要时对这些"过时"的款式进行展览、报道、广告、撰文介绍也有助于销售，店铺陈列橱窗等显眼处，也要配合必要的介绍推广。销售人员也要有意识主动向客人推介。

第三，如果有明星、名人佩戴类似的款式，也能促进销售。这要靠平时多收集时尚界、娱乐界的信息，关注明星们的佩戴装饰。香港明星刘嘉玲佩戴的钻石，本为平常的戒壁镶碎钻，但却带动了这类款式的流行。在介绍钻饰时，以明星名人的喜爱为例子往往具有说服力。

第四，与名牌珠宝作对比。一般消费者往往认为知名品牌的款式都是漂亮、流行、时尚、奢华的。作为普通珠宝商，如果引用与大牌一样（或相近）的款式进行介绍，而价格又是你很大的竞争优势，无疑这对促成交易是有帮助的。

第五，许多消费者往往对款式没有评判力，自己缺乏自信，容易受其他人的影响。所以有经验的售货员、珠宝商往往自己佩戴某一款式，暗示自己喜欢这一类型。经验告诉我们，销售人员所佩戴的货品最容易售出，因为没人会佩戴自己不喜欢的款式。你的喜好影响了他人的审美，何况你又是专业人士，更加有说服力。对于顾客的同行家人朋友，他们的观点对顾客的影响尤其大，首饰是佩戴装饰给他们看的，他们认为美的货品，会增加购买者的信心。

有时特别介绍镶嵌工艺的优点也有助于销售。例如：爪镶的特点是牢固，突出主石，便于改款和换石；包镶的特点是稳固，不刮衣服，对宝石有保护作用；而壁镶则使金属与钻石的接触面小，更凸显钻石的光芒，线条更简洁流畅，更具现代感。

对所谓"款式过时"的货品要进行具体分析。实际上，很大可能是消费者面对众多货品不知如何选择。可根据滞销货的特点，按不同需求和不同使用场景对首饰分类。例如可分出礼品类、自我佩饰类、情侣互赠类、中年女士佩饰类等。分类的目的是帮助消费者在购买时做选择。

最后，什么办法都行不通时，也只有祭起价格这把"剑"了，把款式过时的货品定一个特别的优惠价。

五、钻石首饰注入文化元素

钻石首饰的价值由钻石、镶嵌材料、工艺、文化内涵及品牌附加价值五部分组成。前两部分属于原材料，所有公司几乎相同，工艺也大同小异。唯有文化内涵及品牌附加值不同，而且这两部分的价值有弹性，所以大规模的公司都在这两方面做文章。珠宝品牌靠积淀也靠投入资金进行营销推广，需要较长的时间。能够在短时间内提高首饰价值的就是靠钻石饰品的文化内涵。

文化内涵也是消费者购买的价值之一。消费者为什么购买这件珠宝首饰，一件珠宝首饰怎么打动消费者呢？奥美全营销做了调查。结果显示，"买方"眼中的购买因素从高到低是：设计、专业服务、美观度、故事性、品牌、佩戴需要、价格（图6-6）。有意思的是，这与卖方眼中的购买因素有差异。"卖方"眼中的购买因素从高到低是：价格、佩戴需要、设计、专业服务、美观度、品牌（图6-7）。从调查中可看到，珠宝首饰的设计、故事性应是珠宝商开发首饰的关注点所在，因这也关乎美观度及佩戴，而专业服务、品牌、价格是运营方面的内容。

珠宝首饰的设计及故事性，要从钻石切工及首饰的造型入手。

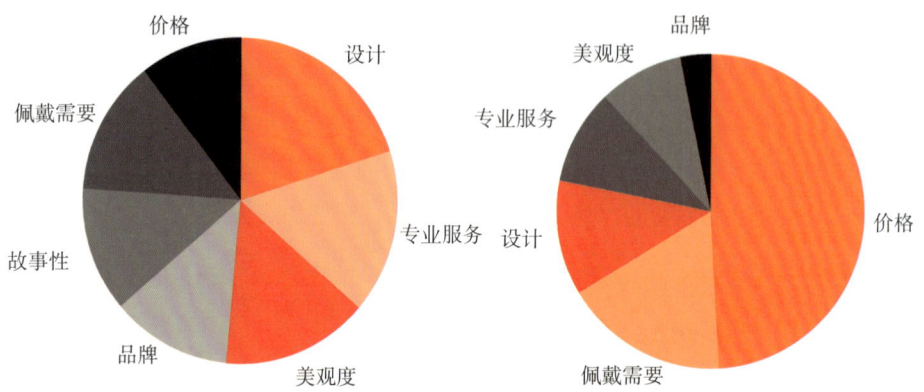

图6-6 "买方"眼中的购买因素　　　　图6-7 "卖方"眼中的购买因素
（图6-6、6-7资料引自：奥美全营销《2019年中国珠宝市场信心及趋势报告》）

1. 创新钻石切工

特殊的切工可以赋予钻石特别的文化含义，或提高钻石火彩。为保护知识产权，通常拥有新切割工艺的钻石公司会采取申请专利的方式以保护自己的权益。

钻石世家的专利产品"极慕之星"（Shining Star）钻石，就是外形与火彩两者俱佳的新琢形。极慕之星钻石的新切工使钻石的明亮度、闪耀度、火彩及光的对称性均达到最高水准的EX级。火彩既是全景的，又比传统的标准圆钻型高。

八边形轮廓重新定义钻石切割界极其罕见的八边形结构，"8"蕴含宇宙无限哲学。8支光芒之箭，8颗真爱之心，共同诠释亘古不变的真爱。极慕之星钻石的非凡特色及真爱的文化蕴意，一经面市，就受到青年人所追捧。

2. 注入情感的钻石首饰

设计师设计了首饰，注入文化内涵，同时申请外形专利。人们通过独特唯一的首饰款式认识品牌，因喜欢有文化品位的首饰而喜爱品牌，也因喜爱品牌而喜爱首饰，两者相得益彰。

国外知名品牌的钻饰，每款都有其文化含义，每家品牌都有其独特的艺术风格。款式的设计从历史、宗教、王室、爱情、自然等汲取灵感，注入打动人情感的文化元素。梵克雅宝的Snowflake系列钻饰就是以浪漫冬日为设计理念，钻石的纯净洁白以及首饰造型表达出冬日晶莹雪花的自然之美，再现自然的隽永风华。佩戴上Snowflake系列钻饰，犹如雪花飘落颈间，幻化出晶莹的光芒。

著名明星的婚礼往往受到万众瞩目，例如袁弘与张歆艺结婚时选择了宝格丽Bridal婚戒系列的"遇见·爱"，作为永恒之爱的承诺。如此简单的款式有什么特别之处吗？这种类似的款式在中国任何一家珠宝店中都能找到。但是，打动他们的是其中的戒指故事：两条别致的弧形铂金曲线缠绵盘绕，最终合二为一，记录着从初见到热情相拥的过程；外圈上密镶的钻石，如同相处时闪烁的热情火花；而盘旋至定点处的璀璨钻石，则象征着圆满的婚姻殿堂。明星们普遍喜欢购买外国知名品牌的首饰，是因为这些首饰带着一段甜蜜的爱情故事，一份有意义的祝愿。

图6-8　宝格丽Bridal"遇见·爱"婚戒

中国的珠宝品牌已越来越重视给首饰加入故事，重视珠宝首饰的设计创新。以周六福推出的"守护之光""臻爱Ⅲ元素""隐"系列珠宝首饰为例。"守护之光"采取精雕工艺，精度高达0.01mm，当光线射向首饰时，折射光与反射光聚集成强光点，在首饰周围产生所谓的"佛光效应"。光是希望所在，情侣们都渴望追逐爱情之光。"臻爱Ⅲ元素"则把爱情中不可或缺的三元素：激情、亲密、承诺，用K黄金、K白金、K红金镶嵌钻石、红宝石表达出来。首饰设计既注入文化元素，更是工艺的创新。"臻爱Ⅲ元素"首饰可作手链、项链、吊坠佩戴，还可变化成9种不同的款式花样，一经推出就成为热销爆款。"隐"系列则是运用新的设计与制作工艺使底部金属片的光芒叠加于钻石之上，首饰变得更加璀璨，10分的钻石能有20分钻石的光芒效果，但特殊的制作工艺让人不知道光芒来自何处，设计理念被巧妙地"隐"藏起来。"隐"系列既是创新的工艺，也表达低调的奢华。

有的珠宝品牌主打定制珠宝，根据结婚新人、情侣的爱情故事，由设计师设计独特的珠宝首饰。这是中国珠宝营销的创新之举。

3. 首饰的故事要有说服力

根据首饰的造型而塑造故事并不难，难的是这个故事要得到消费者的认可。近些年流行的皇冠首饰，包括戒指、吊坠、链牌等非常红火，这是尚美（CHAUMET）巴黎推出的"加冕·爱"系列款式。之所以它的故事能让人信服，是该系列款式来自拿破仑一世约瑟芬皇后的冠冕。约瑟芬皇后是挑剔而又有艺术气质的女人，对美和奢华的追求到了无以复加的地步，她常自己设计珠宝及腕表，作为皇后的冠冕自然是艺术的顶峰。该系列款式由约瑟芬皇后的冠冕演化而来，故事有来源，说服力强。

图6-9 红宝石戒指

这一"加冕·爱"的钻饰系列受市场所钟爱，由此也衍生出一些类似的彩宝款式，因故事性和设计美感俱佳，受消费者欢迎。

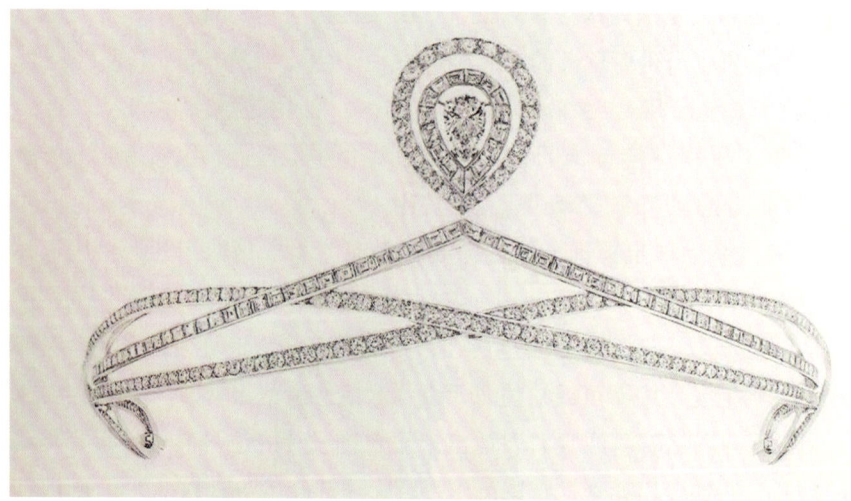

图6-10 尚美"加冕·爱"（图片来自《博物馆里的传世珠宝》，田翊编著）

六、如何寻找爆款

所谓爆款，就是销售特别火爆的款式。在钻饰销售中，市场上总会出现某一款或某几款特别畅销的款式，为商家们特别关注。

1. 基于消费者的数据

在电脑及网络尚不普及、对销售信息不容易统计的时候，商家通常通过原始的办法寻找热销款式。第一种方法是基于门店的统计，从店长、营业员口中了解哪些款式畅销，他们是接触顾客第一线的人，最清楚顾客的需要。在2005年之前，不少商家到工厂进货、下单加工货品时，总是带着营业员。这种做法还能促进营业员推销的积极性，有效减少营业员与公司业务人员的矛盾，降低业务与市场偏离的风险。第二种方法是通过工厂下单的业务员了解信息。中国的珠宝企业分工明细，工厂加工生产，专业做来料加工，做专业的生产商。一些商家则专做销售，专注于拓展销售渠道，把销售所需的货品委托厂家生产，或到厂家批发货品，什么是畅销的款式就是关键的问题。生产厂家的接单业务员、展厅的销售员视野更加开阔，了解的信息更多，他们面向全国各地众多来下单做货进货的商家，知道哪些款式商家进货多。许多珠宝商习惯请工厂的下单人员（业务人员）指点哪些款热销，但这导致了市场款式同质同款化严重。第三种方法是通过同行了解。当获知市场上某一类款式畅销时，珠宝商就跟风模仿。如此也造成市场的货品款式单一，品牌没有自己的特色。

2005年之后，数据统计分析逐渐实现自动化。网络及各种电脑软件普及后，通过数据统计分析，可以获得不同销售数据，由此总结出畅销款。现在电脑的数据分析甚至可以精确到顾客取出观看具体货品的频率和时间。货品取出的频率高，观看的时间长，但销售却不理想，这可能说明款式造型美吸引人，但可能不实用，或是价格太高。商家就可根据这种状况进行改良，或调整价格。这类受瞩目的吸睛货品适合于橱窗的摆设，以吸引顾客的关注。当然，顾客取出货品频率高、交易多就是市场畅销的款式。不仅钻饰商家重视顾客对货品反应的数据，玉器商也深谙此道。玉器商在做批发销售时，顾客观看多的货品，他们知道多人喜欢，往往不会轻易降低批发价，这类货品也是他们设计加工款式的依据。

以上这些寻找爆款的思路是基于消费者的数据，这种做法是被动的，把销售的权力交给了买方，是买方的市场。

2. 基于商家的营销推广

商家设计款式并营销推广,以引导顾客消费、创造市场,这是主动的营销,是卖方的市场。

(1) 植入品牌元素。设计有辨识度的品牌货品,消费者因钟情品牌而喜爱款式,这是很多著名外国品牌的策略,像卡地亚的猎豹、梵克雅宝的四叶草、香奈尔的山茶花、宝格丽的灵蛇、蒂芙尼的钥匙等。宝格丽善于用普通的宝玉石材料创造出火爆的销售市场。像宝格丽的裙子项链系列,所用材料为孔雀石、红玉髓,这些在我国珠宝市场作为观赏石大摆件的极其普通、低价格的原材料,却是宝格丽首饰的主要用材。这些带着宝格丽品牌元素的珠宝首饰价格不菲,动辄几万几十万,且非常热销。看来首饰的美和高端大气与材质的档次无关。

(2) 独特产品的营销推广。凡是品牌商做广告推广的主打产品,都会影响消费者的审美,打动他们的内心,因此往往热销。同时,根据心理学的原理,某款式你看得多了,有熟悉感,也会喜欢上该款式,从而使这款式成为热销款,即"日久生情"。

(3) 借助明星的影响力。由明星引领的消费时尚容易成为社会风潮。电影《泰坦尼克号》的主角露丝由明星凯特·温斯莱特主演,露丝佩戴的蓝色心形宝石带来了一股蓝色心形宝石的时尚风潮。电影《乘风破浪》中,彭于晏饰演的角色送给赵丽颖饰演的角色一枚戒指,这款戒指是周大福植入电影的广告,在明星效应下成了爆款,周大福这款戒指在电商销售平台上供不应求。

3. 基于社会文化潮流的营销

在2000年前后,人们刚富裕起来,接触珠宝钻石的时间不长。当时的社会文化潮流是投资赚钱,寻找各种商机进行投资。人们对钻石的理解是"货币",是可以保值增值的产品,对钻石的需求更侧重于"投资""收藏"。这时期对钻石品质特别是净度要求高,要求净度达到VVS级以上。珠宝商也极力推行高净度钻石,单颗美钻款式开始流行。因为单颗钻石的款式突显钻石材质,适合于大颗粒钻石的镶嵌,容易再交易变现,也容易改款。此阶段市场的主销款式是单颗主石六爪皇冠款式。

这期间,西方文化渗透强烈,年轻人热衷于过西方的情人节、圣诞节。在节日中赠送情侣礼物成为社会风气。在情侣互赠的礼物中,常见的就是情侣钻戒。近几年社会崇尚节俭之风,一些款式简约,品质普通如净度SI,颜色I、J、K,甚至M、N,价格便宜的货品成为热销款。为追求便宜的价格,外表又大方得体的"显大款"应运而生。

寻找社会文化潮流，理解消费者的消费理念，往往能找到适销对路的产品。

4. 反市场潮流，形成独特的风格

社会文化潮流影响市场潮流，形成主流的风格。但社会文化是多样化的，有主流文化也有亚文化。与主流相反的流派也有不少的受众，反潮流也有一定的市场。例如在2000年前后，当主流市场在销售VVS级钻石时，有的公司在销售SI级的钻石，一些切工较差的克拉钻也卖得很火。主要是因为SI钻石价格便宜，适合于自我犒赏佩戴及礼品市场，毕竟一枚克拉钻戒作为礼品是很有面子的。

其他珠宝也是如此。当市场主流售卖绿颜色翡翠时，福建的玉商关注冰种、玻璃种（不带色）的翡翠，销售畅旺。当市场热销花俏轻金的黄金饰品时，以实心厚重简朴的反潮流饰品也悄然兴起，这就是目前畅销的古法金。

5. 借鉴流行款式美的元素

市场某类款式流行虽说是由多种因素促成的，有时甚至带着幸运的成分，但其中设计的美感是必不可少的原因。以近年流行的"冠冕"戒指款式进行分析。首先，该款式有故事。第二，尚美巴黎品牌有影响力。第三，该设计突破了戒指的对称性和以主石为中心对称的传统戒指款式，使戒指正面设计空间大大扩宽，原来只能在吊坠、链牌出现的图案，现在戒指也能表现，给设计师留出创作的舞台。第四，拿破仑一世约瑟芬皇后的审美情趣具有说服力。在诸多元素中，"皇冠突出主石"是主要的审美元素，受此启发，可以设计出多种具有皇冠元素的作品。创新是艰难的，是从"0→1"的过程。萃取其审美元素及设计思路后，可以设计出无穷的类似款，这是在做"1→100"的事，显然容易得多。由此衍生的款式往往也畅销。

七、塑造品牌形象

品牌是企业最大的资产，品牌的营销与企业的定位有关，也是长期的。

1. 博物馆注入品牌形象

美国最著名的博物馆史密森博物馆（Smithsonian Institution）中有海瑞·温斯顿捐赠的"希望"钻石（Hope Diamond）、蒂芙尼捐赠的欧泊石等，因此博物馆为海瑞·温斯顿立塑像，镌刻这些珠宝公司的名字。该博物馆年参观人数达700百万人次，许多家庭是带着孩子来参观学习的。可以想象，海瑞·温斯顿等珠宝品牌早早便镌刻在孩子的心灵中，这对品牌的影响力有多大！而且这样的品牌宣传是长期的、久远的。

2. "便宜""低价"形象的营销

"便宜""低价"也是吸引顾客的手段，塑造货品价格便宜的形象也是一些珠宝商的竞争策略。人们要省钱购买钻饰时就会想到这些售价便宜的品牌。这些珠宝商场装修较简朴，并通过广告宣传等标出具体钻石的大小、级别、价格，让消费者自己对比市场价格，实行"透明化"销售策略，薄利多销。近年一些品牌推出"显大款"，以"小人物也有大梦想"为主题进行推广。"显大款"主要有两种方式：一是在钻石旁边的金属托刻画如钻石光芒般的放射纹，与钻石的光芒鱼目混珠，达到钻石"大"的视觉效果；二是由多粒小钻拼合成大钻，使钻石显得大（图6-11、图6-12、图6-13）。

这些公司的经营理念就是价格更便宜，货品的受众更广泛，并以低价位、多款式为卖点进行营销。低价格的优势往往能取得不俗的效果。许多网络销售的公司、厂家直销的珠宝店，以可对比的优惠价格招揽顾客。例如直径6.2mm的克拉钻，I-J色，SI的净度，在宣传上声称其价格是市场价的三分之一。

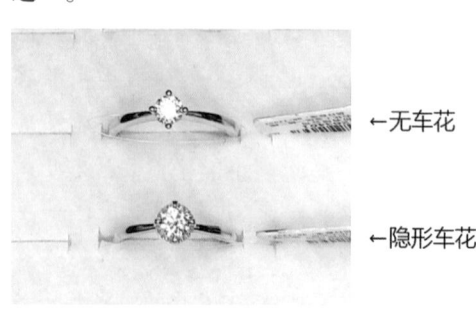

30分四爪镶嵌放大效果对比　　　　　　　　隐形效果手机实拍图

图6-11　显大款钻戒，金属片放射光芒　　图6-12　显大款钻戒，金属片放射光芒
（图由周六福提供）　　　　　　　　　　（图由周六福提供）

3. 塑造高档的形象

海瑞·温斯顿的品牌给人印象深刻，其中重要的一点就是它的货品高端、上档次。在珠宝玉石行业，由于珠宝玉石的艳丽、珍稀、罕见、高价，高档珍品往往为行家、大众所关注，也是人们茶余饭后的谈资。所以，经营高档货品的品牌，容易带来知名度。在著名拍卖行购物也受人瞩目，带来名

声。每年的苏富比、佳士得拍卖珠宝玉石，往往轰动业内，是人们热心关注的社会新闻。因为这些货品难得一见，而且小小的货品价值连城，容易勾起人们的好奇心。人们总是对这些不同寻常的货品及价格感兴趣（稀奇的货品，难以想象的价格）。媒体也热衷于对这类新闻进行跟踪报道。业内人士的关注，大众的传播，造成极大的宣传效应。这也是许多著名珠宝商喜欢到拍卖场购买珠宝的原因之一，这本身就是

图6-13　显大款钻戒，群镶小钻围成"大钻"

一次宣传的好机会。2017年周大福在苏富比香港春拍以5.53亿港元购得粉红钻，轰动了整个珠宝行业，在社会上也造成极大的声名传播效应，这本身就是一次品牌的营销。

高档、珍稀、特别的货品容易受人关注。哪家公司有收藏级的货品，业内人士了如指掌，也容易传播到消费者耳中。拥有高档货品也是企业实力和信心的标志。难怪戴比尔斯在2000年的时候要花心思组织千禧蓝钻，在伦敦千禧巨蛋（Millennium Collection）展览，展览引起了社会轰动，居民纷纷前往参观，一睹稀世之宝的风采，新闻媒体也争先报道。

许多珠宝品牌在举行相关高档货品观赏会时，会邀请明星、名流、高级官员出席，提高聚会档次。香港某公司常常举办这类观赏会，为货品造势，像刘嘉玲、关之琳等明星以及许多富商常是观赏会的座上宾。这类观赏会不适宜当场售卖珠宝，以免给客人留下推销货品之嫌，降低档次，即便要销售，也得另找时间和地方。苏富比、佳士得每年在香港举办春秋两次瑰丽珠宝拍卖会，在拍卖会前必定先公开展览，并举办品鉴会。会上名流荟萃，群星灿烂，明星可当场试戴珠宝体验，这也是让明星示范宣传的推广活动。

4. 营造时尚流行的光环

货品的时尚，除了与货品设计新颖、制作工艺精湛有关，最核心的是时尚界的认同与引领。明星、名流、模特，时尚杂志的记者、编辑等是时尚

群体，他们的喜爱对珠宝来说犹如伯乐相马，使之身价百倍。时尚杂志的宣传推广也很重要，在中国，像《时尚芭莎》就是较有影响力的杂志。时尚的珠宝要与时尚的服装、皮具、跑车、腕表等关联，与其他时尚品牌联合做活动，能给自己货品的时尚风范加分。

引入当下社会文化流行元素如影视、动漫的一些流行文化也可为货品的时尚性加分。我国越来越强大，中国风越来越盛行，周大福推出了故宫文化珠宝系列。凸显传统的喜庆祥瑞文化，借鉴皇室大婚首饰款式花样，突出传统黄金"囍"字及传统拉丝工艺，采用传统的黄金镶彩色宝石，这些设计使该系列珠宝有着浓浓的传统中国皇家气派，大受传统文化情结浓厚的人士青睐。

应时应景也是一种时尚。在中国，每年的生肖祥瑞文化就是这一年的时尚潮流。猪在中国文化中是福气祥瑞的象征，2019年是农历猪年，各个品牌适时地推出各种猪元素限量款饰品。施华洛世奇也以中国的生肖文化为元素，推出小飞猪系列首饰。小飞猪系列在设计理念上带着中国传统的吉祥文化内涵，小翅膀寓意"飞黄腾达"。同时，这只小飞猪具有可爱的卡通形象，给人以纯真、憨厚、可爱的风趣感。

另一知名品牌通灵珠宝，在2016年收购比利时王室专供珠宝品牌Leysen 81%的股权，品牌改名为"莱绅通灵"，把自己有着浓浓中国味的形象嫁接到外国王室品牌上。欧洲是奢侈品的发源地，通灵珠宝融入Leysen品牌，就注入了奢侈品、时尚的血液。根据品牌的变化，莱绅通灵相应地更新店面形

图6-14　施华洛世奇"小飞猪"系列

图6-15 施华洛世奇"小飞猪"挂坠

象,并推出莱绅通灵王室马车系列产品,加深消费者对"王室"产品的认知。同时注重塑造时尚形象,赞助国剧盛典、柏林电影节、时尚芭莎夜等影视娱乐活动,投资拍摄《克拉恋人》等。通过各种影视作品及时尚娱乐活动营销,莱绅通灵成功树立了品牌在消费者心目中的时尚形象。

老侯賣寶

有故事的珠宝才好卖

第七章
DI QI ZHANG

7

玉器的文化营销

第七章 玉器的文化营销

玉器不同于宝石，它是中国人喜爱的独特的珠宝。几乎在中国的任何角落，从偏僻的农村到繁华的都市，你都可以见到它的身影。它因独特的风采而受到人们的喜爱。

一、玉石材料的特性

玉石作为天然产出的材料，有其独特的地方。这些特性主要体现在文化载体、工艺性、美丽性、耐久性、稀少性、高价值，等等。

1. 文化载体

文化载体指玉石本身具有的文化，以及以玉石作为材料，通过雕刻、打磨赋予作品的文化意义。

雕塑家以石膏、钢材、陶瓷、大理石作为材料，画家以画布、纸张作为材料，玉雕师则把玉石作为材料，在上面塑造、描绘、雕琢各种造型图像，表达文化内涵。例如，玉雕件竹子牌，中国消费者非常喜爱，因为竹子象征君子的品德。竹子的特性是：清高，它无须人们施肥就能生长；耐寒，它是四季常青的植物，不惧严冬霜雪；安静，竹林是安静的地方，竹林七贤就是在这种安静的竹林中抒发自己炽热的内心世界；内心通明，竹子是中空的，也就是内心通透，心地光明。竹子的这些特性正是一个君子所需要的品德。

宋代大文学家苏东坡酷爱竹子，同时代的大画家文同善画竹。清代画家郑板桥擅长画竹，痴迷竹子，以竹子自比。消费者面对一块玉雕竹牌，因为竹子的君子品德形象打动了他而愿意购买。可能另外的消费者看中竹子寓意节节高升寄托心愿，或者是竹报平安……不同的消费者心中有不同的情感诉求，作品所承载的故事满足了他的诉求，他就会购买。反之，若不了解竹子的寓意，或没有相关情感上的诉求，他就不会喜欢这块竹子牌。

2. 工艺性

玉石可以被施以很多技艺，制作出各种手工艺品、饰品等。像故宫中的珍藏品《大禹治水图》《秋山行旅图》《会昌九老图》等就是著名的玉雕工艺品。中国有着传统的工艺技术，手工艺制作是中国的特长艺术形式。工艺能凸显玉石材质之美，工匠可将玉石雕琢出各种造型图案。这些造型图案蕴含丰富的文化寓意，同时也是美丽的装饰品，往往能打动消费者。

3. 美丽性

玉器的美丽来自玉石的天然属性及人工雕琢。玉器的美有靓丽的色泽、温润通透的质地等。人工雕琢的技艺使玉器有着色彩、造型、图画的艺术美。

4. 耐久性

玉石，特别是和田玉与翡翠，具有高的硬度，其莫氏硬度6~6.5，高于小刀，更有着卓越的韧性。优秀的物理化学性质使玉器历久弥新，历时几千年的玉器也美丽依旧。

5. 稀少性

有商业价值的翡翠矿仅产自缅甸，经多年开采，资源日趋枯竭，优质材料更是少之又少。新疆的和田玉产于海拔3500米的雪线以上，开采不易，子料仅在玉龙喀什河、喀拉喀什河和叶尔羌河产出。几千年的捡、挖，特别是近几十年的现代化机械挖掘，使资源濒临枯竭，要得到一块子料已属不易。缅甸公盘成交的状况可见优质翡翠原料的稀少金贵。优质原材料竞投激烈，一块几千克重的原料，成交价达几千万元或上亿元人民币。在香港佳士得、苏富比拍卖会上，一只玉手镯拍卖价几千万元，由此可见优质玉器的稀少性。

6. 高价值

玉器的价值来自于人们的需求以及资源的稀缺。人们的需求可以是装饰方面的，也可以是心理情感方面的。玉石被雕琢成各种工艺品，供人们佩戴装饰、把玩以及作为陈列品供观赏。玉石的这种玩赏及陈列价值，是其不同于钻石、宝石的突出特点。

二、玉石的文化属性

玉石代表着传统的中华文化。自从远古时代人们开始使用玉石，便逐渐形成玉石的文化属性。玉石文化最核心的就是：①通灵；②爵位等级；③君子德玉；④往来礼物；⑤精美工艺品。这几方面的玉石文化实际上有着传承的关系，都是由"通灵"发展而来。所谓玉石的"通灵"文化是最原始，也是最核心的文化。难怪发端于以经营玉器起家的江苏通灵公司，公司名、品牌名就以"通灵"命名。关于玉器文化几乎所有玉器类书籍都有这方面的论述，这里不展开叙述。尝试用故事的方式把这几方面的文化内涵表述出来。

在远古的洪荒时代，人类尚未开化。在山洞中住着一群人，有一个人我们姑且称之为"大龙"吧。"大龙"带着他的伙伴、他的儿女一群人到野林中狩猎、采果子。细心的"大龙"观察到太阳出来时天就亮，太阳不见了天就黑了；有太阳照射就温暖，没太阳照射就寒冷。太阳的光芒四射，主宰着一切生机。因为太阳的轮转造成昼夜变化、寒暑更替，决定植物的枯荣。他们感觉到山川树色的变化，以及人类的温饱存活，维系生命旺盛不衰的是宇宙中一种"精气"的主宰。"大龙"及其家人常遭风雨水火的摧残，他似乎明白了，这是因为"精气"在起作用。天、地、日、月、山、川、草、木万物都有"精气"。这些主宰的"精气"就是"灵魂"。

过了好久好久。有一天，"大龙"与伙伴们照常到林子里狩猎。忽然，前面见到一只凶猛的老虎龇牙舞爪向他扑来，情急之下，"大龙"双手捡起身边的两块石头，由于用力过猛，两块石头相碰闪出火花，"大龙"非常诧异。等到打死了老虎，他再看看石头，石头也泛着光泽，很像赋予大地生机的阳光。他平常用石头制作工具，可帮他打下果子，打死猎物，劈开猎物的胸腔，取得食物，帮他渡过许多难关，这些石头犹如"神物"一般。打死老虎的这两块石头锋利，又曾碰出火花，那就是"神物"。这两块石头坚韧而发出如太阳照射般的光泽，这样的美石或许也蕴含着可催化生机的"精气"吧！"大龙"他们这样想着，就把这些美石叫作"玉"。

又过了许多年，"大龙"的子孙们遇到了生死关头。连天的干旱，周围植物枯死，山洞的一群人没水喝，大家都不知道怎么办。"大龙"的后代"小龙"记得有一种叫作"玉"的神物，能帮人渡过难关。他找来玉块，祭拜了玉块，请求玉灵魂帮忙。第二天，天上果真下了雨，大家相信玉有灵魂，能帮人们渡过难关。人们想，上天之所以下雨，是玉的灵魂告知主管雨的神灵。"小龙"拯救了族群,有了威信,以后大家凡事都听"小龙"的。"小龙"遇到困难就找玉来祭拜,请玉的灵魂帮忙找神灵寻求帮助。但是,也常常有不灵验的时候。这时群落中有人说话了,那么多神灵,玉也不知找哪位来帮忙呀。此后,"小龙"要人们磨制各种玉器,上面雕琢有主管雨的"闪电纹"。"小龙"他们观察到,每逢下雨总是伴随电闪雷鸣,是"闪电状"的神在主宰着下雨,把玉雕制成"闪电"的模样,就是电闪雷鸣时的模样,玉灵魂就知道去找管雨的"闪电神"。这种祈雨的、闪电状纹样的玉件,被后人称为"玉龙"。管雨的神灵被后人称为"龙"。此后,还有各种请玉灵帮告知的神:天、星星、山川、祖宗、兽……各种玉雕件出现。

此后,聪敏又能通神的"小龙",因有着过人的本领,被族群拥戴着,成为大祭司,也就是首领。对外,带领着族群为扩大地盘而争战。对内,对族群中不同的人进行分工。社会分化,阶级形成,逐渐向国家发展。

又过了大约三四千年,周武王姬发灭商而建立了叫"周"的国家。国家的地域广袤,让他的弟兄儿子、大臣到各地去管理。规定诸侯们要定期来朝觐,但山长水远,有的诸侯这时候可能已经死了,传位给了儿子,周王又不认识该诸侯的儿子。怎么办?周武王想到了能通神有灵气又珍贵的玉石,按爵位等级给他们制作了玉圭,让他们代表周天子镇守四方,是皇权的信符,又是朝觐时身份的证明。同时,周天子又派各大臣代表天子到四方巡视,处理政务,这些外派的官员也要有信物,众臣民才会听从。这样就有了代表爵位等级的各种圭:"王执镇圭,公执桓圭,侯执信圭,伯执躬圭,子执谷璧,男执蒲璧"(《周礼·春官·典瑞》)。各种外派大臣不同的使命执不同的圭:日圭,祭日;玄圭(黑色的圭),帝王典礼;土圭,测量土地,定四时,珍圭,召守臣回朝,或镇恤四方;琬圭,有嘉奖功能(执此圭行使嘉奖职能);琰圭,有处罚功能(执此圭行使处罚职能)。

五百年之后,孔子降世,这时是春秋战国时期。各个诸侯国之间混战,不尊周王,出现了"春秋无义战"。诸侯国之内臣弑其君,子弑其父……礼崩乐坏,秩序大乱。孔子认为,天下混乱的根源是各种统治者道德败坏,要天下安宁,首先这些统治者要遵守礼,而要守礼先要有"德",也就是品德。这群大大小小的各种统治者被称为"君子"。君子有好品德,做好表率,才能上行下效。君子要有好的品德要靠修行,要修德。修德要天天时时刻刻记住并约束自己、反省自己和修炼自身。如何才能办得到呢?那个时候还没有法律,也没有学校教育,孔子想到了玉,总结了玉有十一种特性,也就是玉有十一德（东汉许慎总结为五德：仁、义、智、勇、洁），玉的十一德能形象比喻君子们要修行的品德。此时，玉器已发展了相当长的时间，为上层统治者所熟悉和尊崇。因此，孔子提倡"君子必佩玉"，让君子们（统治者、贵族）对着他们所崇拜的通灵的玉产生敬畏，对照玉的十一德时刻提醒自己的行为。对玉的敬畏就是要修炼如玉一般的德行。对照玉的"切磋琢磨"方能成为美玉，要求自己也要"如切如磋，如琢如磨"，经过艰苦的修行方能成为真正的君子（"有斐君子"）。

孔子之后三百年，汉高祖刘邦被项羽（西楚霸王）邀请到一个叫鸿门的地方赴宴。刘邦知道宴无好宴，项羽会加害自己，而自己的实力不及项羽，宴会又不能不去，要想保命只能讨好项羽。靠什么能讨好项羽及他身边最有影响力的范增呢？刘邦想到了用珍贵的玉器，向项羽献上最贵重的一对白璧，向范增献上一双玉斗，并借机逃离了宴会。白璧是权力的标志和贵族身份的象征，白璧也是国事中的礼仪馈赠，这是春秋战国以来所形成的礼仪风俗。刘邦怀着请罪的身份去见项羽，献上白璧是表示尊崇项羽是王侯等级的贵族，是最高的礼数。赠送范增玉斗一双喻范增为"太宰"，"太宰持斗而御户右"（《大戴礼记·保傅》）。

战国时代，和氏璧的故事家喻户晓。

隋唐之后，玉器逐渐成为各种精美雕刻工艺品，也逐渐走入民间，成为王侯富贵家高档的玩物及装饰品。

三、玉器的价值构成

1. 玉器满足消费者什么需求

消费者购买玉器，有精神和物质两个层面的需求。因为玉文化传统，上述所讲的玉的文化属性，使人们在购买玉器时，有文化（精神）方面的需求。玉的文化积淀以及经雕琢所表达的宗教、历史、人文、习俗、艺术等满足消费者精神层面的需求。玉的材质则满足人们的物质需求。文化与材质又相辅相成。优质的材料能更好地表达文化，好的文化故事使人们更喜爱玉器。总的来说，玉文化（精神层面）是人们消费玉器的前提，只有接受并懂得玉文化，才会喜爱玉器，这是玉器消费的门槛。中国有了玉器文化，才有了玉器市场；西方没有玉器文化，也就没有玉器市场。在消费者有了这一精神层面（文化）需求后，在消费过程中又讲求物质（材质）的优劣。当然，玉器作为珠宝首饰的一员，消费者消费玉器时，也有纯物质层面的需求，而且这种需求正在日益增长。表现在玉器作为首饰的功能，突显材质之美。例如各种作首饰用的光身戒面、珠链与镶金玉首饰。

2. 玉器的价值构成

玉器的价值有材料、工艺、文化及历史人文价值。材料指各种材质，材质的价值在于材料的取得难易程度（稀少性）及其材质本身的物理特性。材料也含有文化价值。例如，和田玉被历代帝王贵族所使用，它的身价较其他玉材高（明末清初，翡翠为皇室所用，它的身价也高）。在和田玉中，子料被人们赋予文化价值，况且稀少，其价值较高。工艺的价值指雕琢的难易程度及工艺的优劣、精细程度。文化价值则指一件玉器的创意、故事能否打动人。例如，一块材质低档的翡翠，将它雕成山子，只能卖1万元。但是若雕刻成鸳鸯戏水，对于新婚夫妇来说，代表着爱情的甜蜜，他们愿意花5万元购买。历史及人文的价值指该玉器曾经为哪些皇家贵族或名人所拥有，这种独特的历史是普通玉器所没有的。2008年香港苏富比拍卖一方"龙钮'乾隆御笔'"的玉玺，印面边长1.25厘米，是清代乾隆皇帝的印鉴，拍卖成交价5593.29万元人民币。在这里，历史的文物价值占绝大部分份额。若无历史文物价值，同样质量大小的印章，价值不过几十万元。

四、常见玉器款式的文化营销

玉器文化的积淀以及人们的喜爱，逐渐形成玉器一些经典款式，不论何种玉种，常见这些款式的玉器。这些款式之所以受人们的喜爱，是历史积淀的故事打动了消费者。历史积淀的故事是通用的营销，为全行业所共有。行业玉商在销售中的推广，又促使故事传播得更广泛。这些常见玉器款式的来源说法有多种，在推销这些款式时，只能根据实际情况讲故事，以打动消费者。

1. 玉镯

传说在远古的时候，部落之间打仗，胜者给他看中的女人戴上手镯，他的部下就不敢伤害戴手镯的女子，随后，胜者娶了戴手镯的女子。原始的手镯手环逐渐演变成现在各种手镯的款式。后来宫廷、豪门富室定亲的彩礼中就有金镯、银镯或者玉镯。至今新婚大礼中，新娘还有佩戴金手镯、银手镯的习俗。

玉镯还被人们赋予保平安之意，成为子女孝敬老人、祈求健康平安的许愿物品。古代的千金小姐不用干活，养尊处优，戴玉镯更显优雅温婉。《红楼梦》中贾宝玉衔玉而生，随身佩戴通灵宝玉。林黛玉佩戴珍贵的玉石手镯，尤显玲珑可人。富贵的小姐、老人佩戴玉镯成为习俗，代代相传。

2. 玉扣（玉璧）

玉扣的款式来自古代的玉璧。古书记载，"肉倍好谓之璧，好倍肉谓之瑗"。玉璧最初是古代祭天的礼器，祈求风调雨顺。在汉代，王侯之家制作玉璧，老人佩戴刻有"益寿"的玉璧，以求健康长寿。中青年、小孩这些后辈佩戴刻有"长寿"的玉璧，以求平安。在汉代有一种习俗，在死者的陪葬品中，放入"宜子孙"的玉璧，可为后代子孙带来福祉。

玉扣是玉璧的演化与改良，有多种类型，也有保留古代玉璧形制的，传承着玉璧文化，即"辟邪""圆满""平安"，所以玉扣通称平安扣，老少皆适宜佩戴。

3. 玉如意

玉如意是灵芝的造型，饰以传统的卷云纹。这种款式汉代就已出现。

灵芝生长于丛林树荫处，寿命很长，人们用灵芝寓意长寿吉祥。中国传统的宗教道教非常崇拜灵芝，视灵芝为仙草、瑶草，是仙家的宝物，在得道成仙的仙家处所会开满灵芝，神仙所住的蓬莱瑶阙，就有灵芝簇拥着。

据说，佛教的文殊菩萨也手执灵芝如意，对拜佛有求的人，洒以灵芝水，就能逢凶化吉，事事如愿以偿。

卷云纹也称勾云纹，是最古老的纹饰，在5000年前新石器时代的彩陶玉器中就已出现，此后在青铜器及各种玉器、陶瓷纹饰、宫殿的装饰纹饰中多用卷云纹。像良渚文化、龙山文化的玉器中就出现了卷云纹。这种纹饰的起源，许多人认为，古代先民在观察大自然时，天空中的云彩能左右人类的生活，给人类带来幸福。有了云彩，就能带来雨，滋润禾苗万物。云彩也可遮挡猛烈的骄阳，给人们带来荫凉。天空中飘动的云彩是一幅生动美丽的画卷，是一幅祥和的景象，是生命活泼灵动的象征。有一种说法，古代先民在祈雨时，认为云有神灵，刻画上云纹，能通云神，带来雨水。卷云纹已演化为祥瑞的符号。

自从远古时代的先民崇拜卷云纹，喜欢卷云纹，成为各种物体的装饰花纹之后，卷云纹充斥于生活的方方面面。卷云纹已成为中华文化的特征元素，中国美的风格代表。卷云纹圆曲舒缓，没有突出的棱角，与中国人的内敛、圆通的性格相吻合。这也是中国人喜爱卷云纹，喜爱温润的玉器的原因。灵芝的形状饰以卷云纹的如意造型，源自于古代上朝时大臣手执的"笏"。大臣手执笏上朝，祈求事随所愿，吉祥如意，天下太平。所以玉雕的如意，也称"吉祥如意"。也有一种说法，如意造型来源于挠痒的搔杖，挠到痒处，方能如意。

玉如意还被作为国事中赠予邦交国的礼物，以示缔结友好，国泰民安。清乾隆皇帝接见英国使臣马嘎尔尼时，赠予他的是一柄碧玉如意，另一柄白玉如意送给英国国王。古代皇宫贵族，富贵人家多用玉如意摆件装饰，以求吉祥安康。

清朝皇帝常将翡翠如意赠予皇子皇孙，寓意"玉者，国之重器"，寄予皇子皇孙们能自爱自重，成长为国之栋梁的愿望。

4. 葫芦

葫芦造型深受人们喜爱。葫芦腔内多子，寓意多子多孙。古代认为葫芦由两瓣合二为一，象征男女结合，孕育子孙。葫芦在道教中象征阴阳和合为一，是道教仙家的宝物，随身携带。古代的医生随身携带葫芦，内装药品，以治病救人，悬壶济世的"壶"就是指葫芦。古代行医者在门顶挂一葫芦，作为标志。《诗·豳风·七月》中"八月断壶"，指的就是盛药的葫芦，即"药葫芦"。

传说中"八仙"之一的铁拐李，就常背一个装有"灵丹妙药"的葫芦。

葫芦谐音福禄，蕴含人们美好的愿望。

5. 神话、宗教及传说人物

像观音、弥勒佛、关公、钟馗、孙悟空等也常作为玉雕的人物形象。观音与弥勒佛是中国最常见的佛的形象，佩戴观音，心有所安，生活祥和安宁。弥勒佛"大肚能容，容天下难容之事；笑口常开，笑世间可笑之人"让多少世人看透一切。身边总有不如意的事，佩戴弥勒佛，荡涤心中杂念与怨气，达观开朗，笑对人生，笑口常开。关公是"忠义"的化身，也是财神爷。商人行商走天下，要靠忠义，所以商人多供奉关公像。关公也是勇武的象征，深受人们的崇拜。钟馗捉鬼，使得世间太平。孙悟空一条金箍棒，横扫群魔乱妖，使得玉宇澄清。

6. 子冈牌

陆子冈，明代琢玉大师，一代巨匠，名满天下。据说曾应召为明穆宗朱载垕雕制玉扳指。《苏州府志》及许多文人笔记都有记载。徐渭有"略有风情陈妙常，绝无烟火杜兰香，昆吾峰尽终南似，愁钉苏州陆子冈"的诗句。

陆子冈的琢玉技艺几百年来为业内所推崇，普通消费者也声闻陆子冈之名。虽然没有证据证明陆子冈最擅长制作方牌，但方形的牌子冠以陆子冈名，以提高牌子的技艺声名，唤起人们对牌子高超技艺的联想。

市场上常见"子冈"牌子玉雕件。子冈牌呈方形，长、宽、厚有一定的比例要求。人们普遍认为，"四六"的牌子较美观大气，即4cm×6cm，厚度0.8~1cm。材料要求高，耗材大。和田玉中，子冈（刚）牌名声大，制作不易，要求外形方形规整，边线括直，版面平整，牌内构图疏密有致，如同在平板上作画，而平板面要求纯净无瑕疵。子冈牌受许多收藏人士所青睐。

7. 花草山子

花草玉雕件把大自然的风光微缩于方寸之间，既有田园风光，也有壮丽山河景色。花有花语，动物有动物的象征。例如，玫瑰花代表爱情；兰花代表高尚的君子品德；康乃馨代表母亲我爱你；鸿鹄象征志向远大；蝴蝶双飞象征着美丽的爱情，等等。造型图案要在具体的情境中讲述故事，阐发其文化价值。以历史典故、民间习俗为题材的玉雕件，本身就蕴含着故事。

8. 光身饰品、戒面

光身（也称素身）的玉饰品主要是突出玉石的材质。因为光身没有施以花纹，无法遮绺避瑕，表现的是玉材的真实原貌。戒面等主要用于如宝石戒面般的镶嵌首饰，与金钻结合，利用玉的色调、质地设计成各种流行款式，使古老的玉石焕发出现代时尚感，突出饰品的瑰丽。手镯、配对的珠链、大颗粒的戒面，更是难得取材的珍品，常为拍卖行的拍卖品。

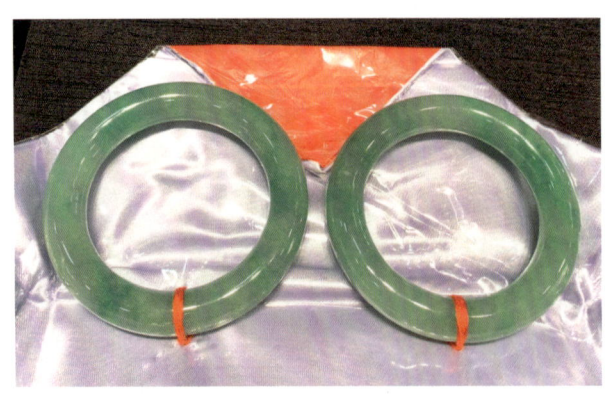

图 7-1　翡翠手镯—摄于翠逢祥

图 7-2　翡翠玉璧

第七章　玉器的文化营销

图 7-3　翡翠玉扣—翠竹林提供 　　　图 7-4　翡翠玉如意

图 7-5　翡翠玉观音（图 7-4~图 7-5 由广地珠宝提供） 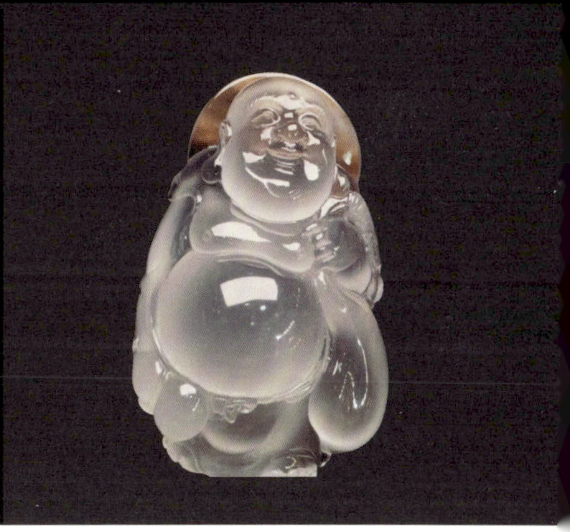　图 7-6　翡翠弥勒佛

图 7-7　翡翠子冈牌—玉缘天华提供　　图 7-8　翡翠葫芦—翠竹林提供　　图 7-9　翡翠关公—摄于征和珠宝

图 7-10 墨翠钟馗—摄于华林玉器街

图 7-11 墨翠关公—摄于华林玉器城

图 7-12 翡翠光身戒面饰品—翠竹林提供

五、和田玉子料的营销

和田玉子料稀少且珍贵，原料成本较其他料高。但因与山料及其他产地的和田玉不易鉴别，市场上假子料泛滥。如何营销子料成为难题。

（一）决定玉石价值上升的因素

宝玉石的价值稳定与上升给消费者以信心。奥美全营销研究了宝石价值上升的原因，最主要的影响因素是：稀有、美丽、推广力度和历史悠久（图7-13）。

稀有。稀有决定货品的供给，从而影响供需关系，左右着市场的价格。这一点所有的珠宝商人都明白，所以戴比尔斯控制源头钻坯的供给量，以平衡钻石市场。缅甸政府垄断玉石的开采，限制原料公盘的次数。经营和田玉原料（包括俄料）的商家，他们深谙此道。每遇原料多时，囤积起来，而且对外极度保密，若是走漏了风声，主要原料市场的南阳市场价格立即下跌。和田玉子料经几千年的开采，资源枯竭，一料难求，这是它价格高企不下的原因。新疆在产子料的和田市设立原料拍卖交易中心，统一拍卖子料，建立信息联盟，确保价格有序。

市场上热销的珠宝玉石货品，常常是"限量版"的产品。

奥美全营销说："让购买者觉得稀有的宝石，会对其长期价值更放心"。

美丽。美丽的珠宝是打动人的直接因素。不同的珠宝玉石其"美丽"性不同，唯有懂得欣赏，才能体会"美丽"。"美丽"不仅仅指眼观，耳听（声音）也是一种悦耳动听的"美丽"。和田玉除了颜色，盘玩温润的质地就是一种享受。越盘玩，和田玉的质地越油润，如同养宠物一般，你对它好，它回报于你的是一种亲昵，这也是一种乐趣。盘玩和田玉的乐趣与此相类似，这种乐趣就是心灵获得的"美丽"，是一种"愉悦自我"。珠宝玉石的各种"美丽"需要培养、引导品赏。

敲击和田玉，清脆绵长的声音悦耳动听，也是一种愉悦。

推广力度。除了推广珠宝的美、各种工艺艺术之外，文化的推广更重要。奥美全营销在发表《2019中国珠宝市场信心及趋势报告》中，列出了"买方"眼中的购买因素（第六章图6-6）。这些因素是设计、专业服务、美观度、品牌、故事性、佩戴需要和价格。作为一个珠宝玉石品种而言，美观

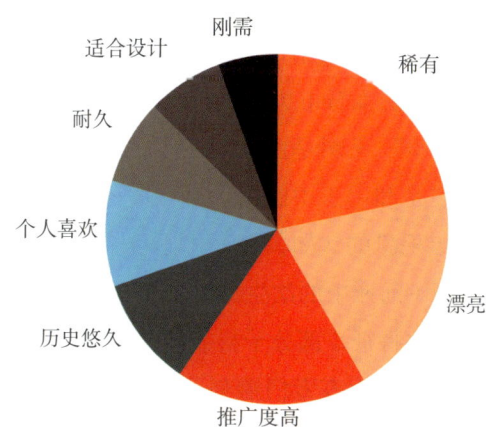

图7-13　宝石价值上升的原因（资料引自：奥美全营销《2019年中国珠宝市场信心及趋势报告》）

度、故事性、佩戴需要这些要有推广力度。消费者爱听故事，需要懂得欣赏美，如何装饰佩戴，在什么场合佩戴和装饰。和田玉作为有七千年文化的最古老玉种，不缺乏故事，推广这些故事的力度越大，越有助于销售。和田玉子料形成过程、特殊的产状就是很好的故事，讲好子料的故事能够吸引更多的消费者，它的市场会更大。市场大了，价格上升，人们对它更有信心。

历史悠久。历史越悠久，说明我们的先人使用该宝玉石的时间越长，对之越熟悉，认识的程度越深。宝玉石的使用历史悠久，积淀的文化越厚，知名度越高。人类的文化靠历史的传承，有着悠久历史的宝玉石，形成了传统的消费文化。这一消费文化影响着我们现代的消费理念。和田玉是古老的玉种，历史的文化深深地刻印于中国人的观念中。对和田玉的热爱是中国人特有的文化，是由悠久的历史形成的。

（二）和田玉市场为什么要分子料

国家标准规定和田玉不分产地产状，也就是不分新疆产的和其他地方产的和田玉，不分山料、子料。但是市场上却区分不同产地、山料、子料。

国家标准是根据材料的性质以及能否科学准确区分它们而制定的，针对的是材料，而不是文化。就材料特征，目前没有客观科学的数据以区分山料、子料和产地，所以国家标准规定不予区分。但是和田玉市场是古老的市场，因历史原因，以及文化认知不同、成本不同等，在市场上却是区分产地和产状的。和田玉市场区分子料有以下几方面原因。

第一，原料成本不同。子料的开采成本高，行内称"一半靠运气，一半靠开采规模"，这与山料矿山开采完全不同。子料产于喀拉喀什河与玉龙喀什河，因几千年的开采，资源已枯竭。子料的难得可见一斑。子料与山料的获得成本不同，在最源头的原料市场上，它们的成本不同，售价也不同。

第二，文化认知不同。子料是山料经千万年的风化水洗，河流淘选所沉淀下来的，人们认为它是和田玉中的精华。如同一个君子的养成，需要岁月的磨炼。因历史上长年积累的认知，在人们心目中，子料的质量优于山料。如同缅甸的翡翠，水石（河滩中的次生砂矿）质量优于原生山矿。

第三，子料有产出的特征，部分子料靠经验可与山料区分。

第四，市场情况。市场上有专门雕刻子料的玉雕师，专门经营子料的商家，收藏家也以子料为收藏对象。知名的和田玉玉雕师傅，特别是国家大师如吴德升、易少勇、瞿倚卫、于泾等，以及苏州的相王路、十全街、园林路等许多玉雕师工作室，他们以雕琢经营子料为特色，闻名遐迩。

第五，商家的信誉。经营靠信誉立足，商家货品可以溯源。这是市场上一些商家专营子料，收藏家钟情收藏子料，拍卖行拍卖子料的原因。

（三）如何营销子料

同样大小、外观相差无几的两块和田玉，若是山料或其他产地的料，价格可能2万元，若是子料，则要20万元！如何才能做好子料的营销呢？

1. 掌握技术，树立权威

首先要懂行，即便是没有实验数据，也要熟悉子料的经验鉴别。

在市场实践中练就一双法眼是营销子料的前提。一是懂得鉴别真假子料、新疆料、俄料、青海料等。二是懂得品质高低的评价。三是熟悉从原料到成品的设计，因为经营子料，许多时候要从购买原料开始，这样对子料的身份验明更有保障。四是懂得讲好子料的故事，毕竟子料的价格是山料的几倍、十倍。对于子料，更应该有精美的工艺、好的创意故事以打动消费者。只有树立起自己是鉴别子料的权威，才能让客人信任，敢于购买。

2. 经营的商誉

商誉在经营子料上尤其重要。子料买卖更多的是靠商人的信誉。商誉就是品牌，要让品牌在行业内、社会上脱颖而出，那是不容易的事。要让购买者相信货品是子料不容易，拓展市场不容易，比经营山料、普通俄料、青海料困难得多。凡事都有两面性，经营子料的难点在于获得消费者的信任，但消费者一旦信任你，也就不会轻易信任别的商家。有了商誉，顾客的忠诚度高、黏度大。

3. 形成自己的营销圈子

喜欢并接受子料高价格的人并不多，主要是盘玩收藏人士，以男性居多。不管是购原料还是进成品货，有自己的圈子最可靠。销售中建立自己的客户群。喜欢子料的消费者往往很痴迷，既然形成了消费习惯，他们的兴趣不易改变。但是他们也担心购买到假货，所以需要可靠的渠道。而且，他们喜欢与同兴趣的人交流盘玩心得，欣赏和田玉文化。总之，消费者也需要有同兴趣的圈子。这有点类似古董圈子，喜好的人不多，一旦钻进去就出不来。和田玉子料的市场是小众市场，形成圈子文化有助于销售、交流，提高自己的鉴赏力。正是因为小众市场与圈子文化，和田玉子料的销售模式多采用会所的形式。

4. 会所销售

子料的经营适合于会所，会所的经营理念实质上是以玉会友，以会所作为平台，以玉作为媒介，形成圈子文化。会所来往的客人有各式人物。顾客通过与商家的接触交流，透过对会所的品位、货品，以及来往的其他顾客的了解，建立起对商家的印象。高档次的客人能提高会所的层次。能得到专家、名家的青睐，能提高会所信誉，有助于销售。会所以口口相传的形式传播品牌。现代的网络已经接通了每家每户每人的手机，甚至汽车的导航仪、宠物狗的项圈，良好的口碑传播迅速广泛。行业内有名望的玉雕大师，专家学者的推荐，也可为商家的声誉加分。形成自己的朋友圈和会所的营销圈子，实际上是建立风格货品的细分市场。

5. 借用渠道

借用渠道背书是提高商誉的好办法，这是许多经营子料的玉商聚集于苏州的相王路、十全街、园林路的原因。这里形成经营子料的商圈，其实可看作是会所的扩大版。经营子料的氛围吸引了子料的购买收藏人士。知名商场、有信誉的拍卖行也是不错的销售渠道。拍卖行的和田玉拍品，多以文物和田玉、大师雕刻品、稀罕的子料为主要拍卖对象。

6. 从原料到成品，全过程跟踪溯源

好奇心和确保正宗货品的心理促使消费者希望掌握溯源，了解从原料到成品的制作过程。现代的科技使记录变得容易。一些玉商也愿意让消费者了解甚至参与到玉器的设计过程。消费者参与得越多，就会产生"禀赋效应"，越来越喜爱他自己参与设计的货品，提高对货品价值的认知。这也是许多直播平台翡翠毛坯、琥珀原料销售火爆的原因，消费者购买原料、毛

图 7-14 设计

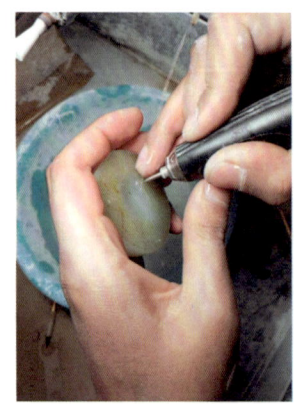

图 7-15 雕琢

图 7-16 未抛光成品

坯，并参与设计，他会更喜爱该件玉器、琥珀，提高对货品价值的感觉，"禀赋效应"在发生作用。所以，从原料到成品，掌握全过程可让消费者对子料放心。同时，现场观看设计及雕琢的全过程，也会使消费者感知一件玉雕工艺品来之不易，为玉雕师的技艺所震撼，从而产生钦佩之情，有着从玉雕师手上购买货品的感激心理。消费者的情感被转移到技艺上，减少对货品价格的敏感。因此，许多商家把原料到成品的全过程拍录成视频（或直播），每个步骤少不了与他的朋友圈互动，这一销售模式取得不俗的营销效果。

图7-17　成品
（图7-14~图7-17由李鑫提供）

六、传世概念的营销

在商场，你常常可见到，婆婆带着儿媳妇挑选手镯，经过七挑八选的，总算把手镯戴上儿媳妇的手上。她购买的理由是给儿媳妇作纪念并希望传给后代。这种为后辈购买玉器的情况司空见惯，是常见的消费理念。这使笔者想起母亲手上佩戴的手镯，尽管手镯的档次很普通，也有机会和可能换上更好的，但母亲就是不愿摘下更换。她常说，这是祖上传下的，能保佑子孙。她讲了手镯的来历。这个手镯原来是祖母手上佩戴的，20世纪50年代祖母辞世时，随同陪葬入土，后来迁坟拾骸骨时，把此手镯取出来，作为传家之宝，戴在自己手上。中国人认为，曾与先祖陪葬的玉器，即见过土的玉器带有辟邪保平安的灵气，能为子孙带来福气，是家中的宝贝，要代代相传。

在博物馆和民间，有许许多多的传家之宝。中国人为什么喜欢以玉传世呢？

1. 传承文化信仰

中国人崇尚玉器，认为玉有灵气，是辟邪保平安的宝物，既然是宝物就应传承。传承的不仅仅是祖上的宝物，还有玉的品德。玉有五德"仁、义、智、勇、洁"，这是君子的品德，人要修养自己如玉一般的君子品德。"言念君子，温其如玉""君子无故，玉不去身"。有玉佩戴于身，时刻提醒自己，要修炼自己的品德，升华自己的情操。

2. 对祖上的纪念

孔子说："祭如在，祭神如神在。"说的是祭祀祖先如同祖先真在那里，祭祀神明就如同神明真在那里。我们说"睹物思人"，见到祖上传下的玉器，自然会追念到祖上，缅怀祖上的恩德。这是一种真情的思念，一种感恩，一种不忘本。中国人有祖先崇拜的文化，对祖上的追思，继承先祖的优良传统是作为子孙的一种信仰和责任。同时，玉器代表先祖，中国人相信，先祖会保佑儿孙平安，佩戴祖传的玉器，可带来福分，可保平安。

3. 传承家族文化传统

家书祖训是中华文化的重要组成部分。家书祖训寄托着祖上告诫当代及后代子孙的行为要求和寄望，是行为的箴言，是处世的规矩。教化的不仅仅是本族的人，往往影响着更广泛的人，甚至整个中国。最为著名的有《诫子书》《颜氏家训》《曾国藩家书》《傅雷家书》等。曾国藩家书中介绍祖训"考、宝、早、扫、书、蔬、鱼、猪"，即敬奉祖先、和睦亲邻、起早、扫屋、读书、种菜、养鱼、养猪八事。许多家族都有"耕读传家"方面的祖训，曾国藩家的祖训把这"耕读"具体化了。祖上历经世事变迁，阅尽人生沧桑，总结为人处世的箴言以劝导子孙。对于有祖宗崇拜信仰的中华民族，祖训的影响是深远而广泛的。祖训是经验与智慧的结晶，往往简约易记，也切实可行。有的祖训被铭刻于宗庙祠堂、村落石碑，有的刻于玉佩上，让子孙铭记，时刻提醒自己。据收藏家马未都介绍，在一次和田玉拍卖会上，有一块刻有"清、慎、勤、忍"四字的牌子，据说是某人传世的玉器，要他后代谨记此四字箴言。因欣赏这四个字，原本估价3万元的玉牌，玉石爱好者竞投激烈，最后以40万元被一买家买走。

玉石因块头大，可施以花纹图案，展现雕琢技艺，也可铭刻文字，记载人事。这是独特的珠宝工艺形式，是钻石、宝石、珍珠等其他珠宝首饰所不具有的功能。正是如此，对热爱工艺又崇拜文字的中国人来说，玉器是最好的载体。难怪玉器文化流传了几千年。

玉器既有以铭文形式传世，也有以器形寓意传世的。山西的渠家是清朝时的富家望族，留给几个儿子每人一块玉如意，表达对子孙做生意和生活事事如意的祝愿。通过如意的寓意告诫子孙，要像玉如意那样，做人外圆而内韧。"玉者，国之大器"，要时刻提醒自己，要成才成器，要自尊、自爱、自重。真是拳拳慈父心。

4. 传承家族荣耀

中国有乱世黄金、盛世藏玉的习俗。因黄金随时可变现以解燃眉之急，正是动乱时人们所需。太平盛世歌舞升平则收藏玩赏之风盛行，富贵人家一般都有玉器收藏。最著名的是陕西西安何家村唐代窖藏的发现，窖藏中有玉器、金银器、银饼和药材千余件，其中有玉带10条、玛瑙器3件、琉璃器1件、水晶器1件、玉臂环1对。兽首玛瑙杯等被定为中国国宝级文物，还是海内孤品，中国政府禁止其出境。这批文物原来的归属虽有争议，但肯定是唐代王公大臣甚至是皇家的财物，为逃避战乱仓促埋下。这说明豪门大家收藏玉器之风盛行，这些玉器当时是要留传给子孙的，让后代儿孙传承这些玉器，也记住祖上曾经的辉煌，以此为荣耀。玉在古代只有达官贵人才可以佩戴，代表着身份地位。这点与黄金不同，黄金只要是有钱人家就可佩戴。另外，黄金可任意锻造做成相同成色器形之饰物，玉器则是唯一的，世上没有完全一样的两块玉。也就是玉可辨识是属于谁家的，黄金则不能。玉作为尊贵身份的象征，又有着文化寓意，使其在传世中可传承文化，记载祖上的显赫家世。

当然，玉的高价值也承载着财富，留给儿孙。

总之，玉承载着为后代子孙带来福气，传承文化信仰，纪录历史的使命，这是许许多多人钟情于玉器传世的传统。"传世"也是人们的一种需求。

七、养生概念的营销

"人养玉，玉养人"是文化习俗，深入人心。这里是说人对玉的品鉴盘玩能使玉更美，而玉也有益于人的身心健康。

1. 传统中医的说法

在中国，知名的中医著作如《本草纲目》，人们把《本草纲目》奉为经典。在《本草纲目》中就有对玉功效的记载，玉具有"滋阴气、壮肾阳、除中热、解烦懑、润心肠、助声喉、滋毛发、养五脏、安魂魄、疏血脉、明耳目"的功效。中医是经验之学，虽然未必有明显的疗效，其药理功能也未必清楚，但人们相信传统的经验，相信古人的说法。中国人的治病又与养生密不可分，要治病先养生，非常看重养生，对传统的养生极为重视，玉能"养人"的说法深入人心。心理的安慰本身就是一剂良方，有助于人的健康。

2. 从对玉的品赏中得到快乐

翡翠、和田玉美在其玲珑剔透温润的质地。古人喜欢玉，在对玉的欣赏中总结出玉有五德（五种特性）。古人说，"温润而泽，仁之方也"。"仁"就是大爱，就是善，就是人与人之间相互友爱、互助，给人以温暖，这就是玉的品性，所以"君子比德于玉"。

玉的突出特点是外润内韧，质地纯洁，瑕不掩瑜。在为人处事上，希望人的品格行为如玉一般，对人温厚有仁爱之心，有同情心，尊重他人而不失自己的原则，内心坚韧强大，既谦逊而又刚毅。在佩戴玉时，人要时刻参悟玉的品性，在欣赏玉中体味做人的道理，所以孔子说，"君子无故，玉不去身"。

人在欣赏玉中既陶冶了情操，又升华了品德，养玉兼养德，怡情且逸致。品德好，与人交往使人愉悦，人也乐与之往来。性格好，心胸开阔使他人快乐，自己也得到快乐。心情的愉悦是养生的关键，有好的品德也有益于健康。《中庸》也说，"大德者必得其寿"。

3. 绿色的品赏与身体健康

翡翠中美的颜色是绿色。人类的感官在接受各种物体时会产生各种联想。当我们看到绿色时，会联想到的形象有视觉和文化两方面。视觉的形象有自然、原野森林、草木、松竹、蔬菜……文化上的形象是环保、和平、安全、慰藉、自然、自由、平静……代表环保的标志图案多为绿色，"绿色和平组织"是世界上著名的保护大自然组织，绿颜色的通道代表自由通行。

当我们欣赏翡翠的绿色时，会联想到印象中的森林、草木，这些自然之象有缓解眼睛疲劳的作用。每当我们看书写字时，要时不时地看远处，看绿色植物，这有助于保护眼睛。

在文化形象上，看到绿色会联想到和平、自由、平安，给人以安全平静之感，有助于人的心情平静，减轻各种烦躁，减缓身心疲惫，调解不健康的精神状态，促进身心平衡。

许多人有这样的经验，心情烦躁或轻微头痛，到户外旷野中散散步，看看绿色的花草树木就放松了身心，头痛好了身心觉得轻松，神清气爽。绿色有益于身体健康，既有色彩印象的效果，也有眼睛机能方面的作用。翠绿色的翡翠有益于人的健康也是以上因素的综合作用。

4. 紫色的欣赏

紫色是由红色和蓝色混合而成，所以在翡翠的紫色系列中，有偏红色调的"红紫"，也有偏蓝色调的"蓝紫（茄紫）"。红色代表热烈和行动力，蓝色代表冷静与平和。对于由可见光中波长两端组成的紫色，偏红与偏蓝的感觉不同，给人的印象、联想也相反。对紫色的喜爱也完全不同，有人非常喜爱，视之为高贵之色，有人则鄙视其为低劣之色。孔子说，"恶紫之夺朱也，恶郑声之乱雅乐也"。"朱"是红色，紫是混合色，这里孔子指间色的紫色替代正色的红色，以这样形象的比喻表达他反对淫邪的郑卫之音取代正统的音乐。

当人们欣赏紫色的翡翠时，从印象上会联想到薰衣草花、紫丁香、紫薯、紫藤、茄子、紫色水晶。紫色是非常复杂的颜色，紫色的物体自然界中较少，当人们看到紫色时，会认为是稀少的、珍贵的。

在文化蕴意里，紫色给人的形象是"高贵的""神秘的""娇艳的""高档的"。中国皇帝居住、办公的殿堂被称为"紫禁城"，传说玉皇大帝居住的宫殿是太微玉清宫，是"紫金阙"，被认为是紫色的。《皇经集注》称，"渺渺紫金，瑞光玄象之金阙"。紫气东来典故来自汉代刘向《神仙传》中的老子出函谷关，之后"紫气"被人们认为是吉祥的征兆。在中国古代，紫色衣袍是仕官、绅宦的服色，所以有"脱下青衣换紫袍"之说。因而人们对紫色联想到的是"富贵的""祥瑞的"。在玩赏紫色翡翠时，人们会感觉与高档之物在一起，感觉有一种贵气，因而带给人以自信、自豪之感，也就有益于健康。

图 7-18　绿色翡翠

图 7-19　紫罗兰翡翠

5. 盘玩中得到乐趣

有过收藏翡翠、和田玉的人都知道，经盘玩摩挲，这些玉石的颜色更加靓丽，质地更加温润，甚至表面起了包浆。为何能够如此？这是因为经盘玩，人体的油脂渗透于微裂隙中，使玉石表面更完整，裂纹减少，散射光减少，表面看起来更润，而颜色在更润的质地上会显得更加明显、更加艳丽，好像颜色见长了。例如，我们在观察翡翠原石时，为了更好地观察其颜色，往往把原石泼上水，或浸于水中，使表面湿润，这样颜色会表现得更加清晰艳丽，这与盘玩玉器后颜色"见长""更加艳丽"的道理相同。

盘玩后表面更光滑有光泽，甚至起包浆的原理可解释为对玉器的抛光。抛光时局部产生表面微米级空间范围的热，从而产生热塑变形和流动，有可能出现热软化以致熔融，从而产生一种非结晶层面，该层面就像一层清漆涂在玉器表面，使得玉器光滑莹润有光泽。

越盘玩玉器越莹润有光泽，这使盘玩的人有收获感，有回报感。这种投入与收获使人有成就感，从中获得乐趣。

人在工作生活中难免有烦躁不安的时候，难免有烦心事，使自己的心境宁静安逸是大家追求的目标。心境平和是一剂良药，能医治生活中的烦恼，僧士以坐禅念经数佛珠给自己一颗平静淡泊之心。凡尘俗世的我们，日常生活中，在青烟袅袅、茶香阵阵的小室里，盘玩着翡翠，可让心静下来，排除私心杂念，减少烦躁，给心以滋养。

八、稀少性概念的营销

稀少性是宝石价值的支撑，营销宝玉石的稀少性，给消费者以信心，也能提高宝玉石的价值。

1. 给予专有身份：制定宝玉石品种国家标准

经过几千年人类的发掘，新的宝玉石种类已越来越少，但这并不妨碍宝石商人宝石学家们的不停探索，而且事实上不断有新的品种出现在世人面前。在叙述玉石的时候，先简单了解国外如何推出宝石的新品种。

近几十年来，新面市最为著名并在市场上畅销一时的品种莫过于沙佛莱石、芬达石、坦桑石、帕拉伊巴、帕帕拉恰、摩根石。当然还有以前没做宝石用材，近年用于作宝石的红纹石、舒俱来、紫龙晶、海纹石、葡萄石等。

沙弗莱石、芬达石同为石榴石矿物族中的一员。石榴石是自然界常见的矿物，虽然石榴石类矿物的宝石性质很优秀，硬度比翡翠、水晶、月光石、欧泊等还高，颜色艳丽，晶体干净，光泽好，但它的销售价低，实际上是最低价格档次的宝石。红色石榴石的市场批发价是每克拉几十元。究其原因，就是产量丰富，缺乏推广。当蒂芙尼公司于1967年在肯尼亚发现沙弗莱石的时候，按常规，该称这种宝石为石榴石，或是铬钒钙铝榴石。但是，蒂芙尼专门给它取了名字沙弗莱石，并囤积货品。此后的市场情况大家清楚，当2010年前后进入中国的时候，市场热销，成为畅销的宝石品种。小粒的1克拉左右的沙弗莱石市场批发价3000～5000元/克拉，2～3克拉的批发价为6000～10000元/克拉，一跃成为高档宝石，媲美传统的高档红蓝宝石，而且还上了苏富比的拍卖会。2008年，苏富比以80万港元成交了一枚10.3克拉的沙弗莱石戒指。2009年5月，一枚梨形沙弗莱石吊坠以170500瑞士法郎（相当于115万元人民币）成交。

假设按常规称这种绿色石榴石为石榴石，或石榴石矿物的亚种铬钒钙铝榴石，甚或是绿色石榴石，市场的情形如何呢？我们不敢预料，但不难想象。石榴石是产量丰富的低档宝石，只要联系到石榴石，人们就会把它当成低档宝石的一种，这是人尽皆知的事，在这种几十元/克拉的低档品种里，再优质能卖多少价格呢，出身已决定了档次。给这种绿色的石榴石以专有的名称，实际上就是把它从石榴石中分离出来，作为单独的品种"沙弗莱石"，割离与低档石榴石的关系，也可以理解为撇开了与"寒门"的关系。石榴石不稀少，沙弗莱石这种宝石稀少。这就是给予专门的名称，单独的身份，作为独立的品种，提高其稀少性，提高其档次。

沙弗莱石的价格能与高档的红蓝宝石比肩，少不了蒂芙尼公司的匠心独运。蒂芙尼为沙弗莱石取专有名字，并不遗余力地推广，请名设计师设计款式，好莱坞明星凯特·温丝莱特（Kate Winslet）、安妮·海瑟薇（Anne Hathaway）等也没少帮蒂芙尼推广沙弗莱石。蒂芙尼每年出版Blue Book高级珠宝目录，这个具有影响力的蓝书也有沙弗莱石的身影。蒂芙尼的卖力推广，只因蒂芙尼是资源的掌控者。

芬达石是石榴石中的锰铝榴石，橘黄色，如芬达汽水般的颜色。目前的市场批发价是5克拉以下者，500～1500元/克拉；5～10克拉者，1500～3000元/克拉。对比普通的石榴石，其价格也高出几十倍。这与它有一个专有的名称芬达石，从普通的、常见的石榴石中分离出来不无关系。

营销中最成功的莫过于帕拉伊巴碧玺，市场通称帕拉伊巴。这是一种含铜的蓝色碧玺,以产地巴西帕拉伊巴州命名,给予专有名称,从碧玺这种中档宝石中分离出来。现在帕拉伊巴的价格远比红蓝宝石高,真正成为宝石之王。帕帕拉恰是粉红-橙的蓝宝石,作为独立的品种,专有的名称,以及营销推广,现在这种蓝宝石的价格比闻名遐迩的鸽血红红宝石还高。以上两种宝石之所以能售出极高的价格,是因为大家知道这两种宝石极其稀少。但若不从碧玺中分离出独立的帕拉伊巴,不从蓝宝石中分离出帕帕拉恰,则无法显现这两种宝石的独特与稀少性。正是作为独立的品种,专有的名称,才凸显它的稀少。

其实稀少的宝石何止以上这些,例如铬碧玺就非常稀少,甚至比帕拉伊巴还稀少,颜色独特而瑰丽,也具有独特的辨识度,可惜它只能屈身于中档宝石之列,与普通碧玺为伍。这一切只因缺乏推广,没有专有的身份。

宝石在国外的营销可圈可点。有着几千年玉文化的中国在玉石的营销上也屡有创新。

黄龙玉兴起于2008年。2008—2012年市场热销价格大涨,升价百倍千倍,甚至出现了收藏潮。南红于2012年前后流行,从篱笆、猪圈、围墙的垒石,桌椅的垫脚石一跃而成为价值不菲的玉石。这一切的原因是黄龙玉从黄蜡石中脱离出来,从产量丰富随处可见的硅质岩中独立出来,成为独立的品种,有独立的身份,这一切有赖于国家标准的支持。南红从玛瑙中分离出来,有了自己专有名称,与黄龙玉一样,也有国家标准的支撑。

专有名称、独立的身份,在市场上的作用,主要是提高了它的稀有度。近年通过制定国家标准、地方标准的台山玉、金丝玉、密玉、阿拉善玉、通天玉、大别山玉、贺州玉、鸡血玉等,以及上文提到的黄龙玉、南红玛瑙,其实都是同样的成分——石英质玉。它们之间不易区分。通过国家标准、地方标准的制定,这些石英质玉都成为独立的个体,从大家庭中分出来,自立门户,成为小的一类,提高玉石的稀有度。

按照我国规定,宝玉石的名称需要有相关国家标准的规定。

国外的情况则是由市场形成,或有影响力的公司进行定名和推广。

2. 在大类中细分品种——以和田玉中的黄玉为例

国家珠宝玉石的名称、鉴定标准是珠宝玉石的最基本标准。我国自1996年制定第一部标准,此后在此基础上经多次修改。新疆维吾尔自治区是和田玉的产区,也制定了相关标准,并经多次修改。我们来看看国家标准、新疆地方标准关于软玉(和田玉)名称及分类名称的变化。

国家标准GB/T 16552—1996《珠宝玉石名称》，对软玉（和田玉）的分类及命名：白玉、青玉。

"和田玉"不能作为一个玉种名，"白玉""青玉"可统称为"软玉"。

国家标准GB/T 16552—2003《珠宝玉石名称》分类及命名：白玉、青白玉、青玉。

"和田玉"可以作为软玉一类玉石的定名，但不具有产地意义。也就是说"和田玉"与"软玉"含义相同，可以互代。

国家标准GB/T 16552—2010《珠宝玉石名称》分类及命名：白玉、青白玉、青玉、碧玉、墨玉、糖玉。

新疆地方标准DB/T 035—1999分类及命名：羊脂玉、白玉、青白玉、青玉、碧玉、黄玉、墨玉。

新疆地方标准DB/T 035—2010 分类及命名：羊脂白玉、白玉、青白玉、青玉、黄玉、糖玉、碧玉、墨玉。

表7-1　国家标准《珠宝玉石名称》及新疆地方标准对和田玉的分类及命名
从中可看出他们之间的差异以及分类命名的历史演化

	软玉	分类	命名备注
国家标准《珠宝玉石名称》GB/T 16552	GB/T 16552—1996	白玉 青玉	"和田玉"不能作为一个玉种名，"白玉""青玉"可统称为"软玉"
	GB/T 16552—2003	白玉 青白玉 青玉	"和田玉"可以作为软玉一类玉石的定名，但不具有产地意义。"和田玉"与"软玉"含义相同，可以互代
	GB/T 16552—2010	白玉 青白玉 青玉 碧玉 墨玉 糖玉	以实物样品作为区分依据

（续上表）

	软玉	分类	命名备注
新疆地方标准 DB/T 035	GB/T 035—1999	羊脂玉 白玉 青白玉 青玉 碧玉 黄玉 墨玉	以实物样品作为区分依据
	GB/T 035—2010	羊脂白玉 白玉 青白玉 青玉 黄玉 糖玉 碧玉 墨玉	以实物样品作为区分依据

我们列举了和田玉的新疆地方标准及国家标准的分类命名变化，从中看到很有意思的现象，现在进行总结讨论。

第一，无论地方标准还是国家标准，软玉这一大类的玉种，其分类品种越来越多。自1996年、2003年至2010年，国家标准软玉的分类（品种）数量由2→3→6。新疆地方标准的品种数量从7→8。

第二，新疆地方标准的品种始终多于国家标准。

第三，有文化含义及地域文化的和田玉替代软玉（2003年）。

第四，国家标准似乎跟随着地方标准而变化，地方标准走在前头，而地方标准又紧随市场。新疆和田玉市场历史悠久，市场繁荣，除了批发交易市场外，还有大量的零售市场，是我国主要的和田玉市场。市场的活跃，出现了许多细分的品种，满足不同消费者的需求。市场上出现的这些细分品种都具有某些方面的特征，为地方标准的制定提供条件。地方标准的制定，也是为了繁荣市场。

我们得出结论：随着时间的推移，品种越分越细，越来越多。市场催着新地方标准的诞生，新疆地方标准催生新的国家标准。

品种分得越细，对具体该品种而言，是提高"稀有度"。以青白玉、黄玉为例。1996版的国家标准没有"青白玉""黄玉"的定名。青白玉是介于白玉与青玉间的过渡品种，可归入其中之一。黄玉则归入青白玉或青玉。当市场上出现"青白玉""黄玉"时，消费者只会想到它是和田玉。假设和田玉市场总供应量是100吨，平均分配到各个品种，按目前新疆地方标准分8个品种，平均每个品种的量是12.5吨。"青白玉""黄玉"各自12.5吨。这时，商家、消费者提到"青白玉""黄玉"时，在心里会认为，各自的量是12.5吨，而不是100吨！稀少性大大提高！反之，若按1996年的国家标准，提到这两品种时，因没有独立的身份，人们只能放到和田玉中思考，它的量则是100

图 7-20　和田玉黄玉。图由李新岭提供

图 7-21　和田玉白玉与黄玉的对比

图 7-22　和田玉黄口料

图 7-23　和田玉淡黄色 - 黄色 - 青色渐变过渡

图 7-24　新疆和田玉分类实物标样

吨！即使归入青玉、白玉中的一种，每种的量也是50吨！没有什么稀少性可言！

黄玉是近年市场上的热销品，价格远比白玉、青白玉、青玉高。黄玉原料市场批发价格10万～30万元/千克，中等货20万元/千克。白玉原料市场批发价格1万～12万元/千克。青白玉2000～2万元/千克，青玉＜5000元/千克。可见，分出独立黄玉品种后，价格大为提升。黄玉的高价格来自市场的推广。

黄玉是指浅–中等黄色调，常为绿黄色、栗黄色，常有灰绿等色调，半透明–微透明状，质地细腻致密，油脂–玻璃光泽。这是新疆地方标准DB/T 035—2010对黄玉所下的定义。从定义可看出，除了"黄色、绿黄色、栗黄色"这些色调有差别外，与其他品种的和田玉没有差别。

为何市场上要分出单独的黄玉品种？正如上述所言，分出独立的品种有利于营销。这是利益的驱使，市场的需要。黄玉有历史的依据，在历史上古人就认为"黄如蒸粟"为最贵。实际上浓艳黄色的和田玉十分罕见，其珍稀程度高于羊脂白玉。在传世的清代古玉中，就有黄玉鼻烟壶、清乾隆黄玉兽面纹盖尊（据陈令霞说法）、清乾隆黄玉佛手花插等。市场上也出现许多瑰丽的黄玉作品，并以黄玉的名称销售。既是市场的需要，又有历史的记

图 7-25　和田玉翠青玉

载，古文物的支持，分出单独的黄玉品种也就顺理成章了。

问题在于，黄色调有浓淡，黄绿色调与青玉的青色调是渐变过渡的，新疆若羌且末又有大量的黄口料，是带灰黄色调的青白玉、青玉。如何才能区分它们呢？新疆的地方标准用实物标样进行厘清，设有黄玉的颜色边界标样，作为鉴别的标样。这实际上是人为的划分品种。人为划分品种未尝不是分类命名的好思路。

分出独立的品种，就是抓住这一品种的特点、亮点，并推广营销，打动部分消费者的心，创造细分市场。这与工业产品越分越细的道理是一样的。

在和田玉的市场上，人们还分出青花、烟青玉、翠青玉等品种。近两年又从青玉中分出一种"沙枣青"，而且还很热销。下文再叙述沙枣青和田玉。

子料上人们根据皮色，分出枣红皮、秋梨皮、黄皮、乌鸦皮等。在子料上又分出独子。独子就是整块玉件是单独的一块子料。因为独子料细小，河流的搬运远，人们认为独子是经充分淘洗分选的子料，较之大块的子料，经历的风霜水洗更多，水岩作用更充分，更是和田玉中的精华，质量更好。大块的、需要切割再加工雕琢的和田玉子料，被称为"作料"，无须切割即可把玩的，被称为"玩料"。"玩料"的单价远较"作料"高，"玩料"就是独子。独子受到和田玉玩家的追捧。这种独子货，"独立完整一块子料"的特色常被用于营销中，售价较其他子料高。

以上所有这些就是寻找特色，增加此类货品"稀少性""特别性"的概念以打动人心。只要有特色，不管是天然的独立品种还是人为地划分品种，都能提高稀有度，从而提高价值。

图 7-26 和田玉子料，独子

图 7-27 和田玉独子手玩件。
（图 7-22～图 7-27 由李新岭提供）

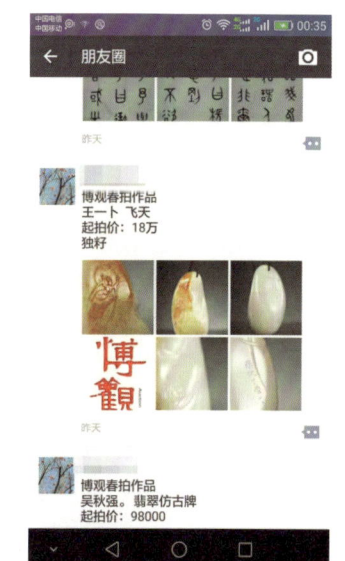

图 7-28 拍卖中独子的营销

图 7-29 和田玉青玉

图 7-30 和田玉青玉牌子

图 7-31 和田玉沙枣青。原料

3. 在普通货品中寻找特色货——"沙枣青"青玉

近两年,沙枣青和田玉在市场上声名鹊起,备受关注。据和田玉研究专家李新岭说"一时爱好者情有独钟"。"沙枣青"是什么来头,什么新品种?其实就是青玉!据说产自和田市的这种青玉(和田玉青玉)有其独特的品质,油糯性好、质地干净,因颜色近似沙枣叶子,被新疆的玉商称为"沙枣青"。沙枣叶子正面的颜色与背面不同,老叶子与嫩叶子有别,远观与近看有异,不同地方的沙枣树也有差别,这些都无关紧要。紧要的是,用沙

图 7-32 和田玉沙枣青茶壶

图 7-33 和田玉沙枣青雕件

枣青形象描述这种青玉，表达着这种青玉的"特色"。人们接受了这种"特色"，把青玉联系到了沙枣树，嫁接了沙枣树的故事，赋予青玉文化内涵，从而提高"沙枣青"这类青玉的价值。

沙枣是什么树种？沙枣树是新疆常见的、最普遍的树种，是沙漠中耐旱抗风沙的树种。别的树种无法在如此干旱而风沙漫天的恶劣环境中存活，唯独沙枣树能在此顶风而生，御旱而起。任你风沙狂暴，我自昂然挺立。沙枣的耐力与和田玉的韧性仿然相合。沙枣树是一种英雄树，人们崇拜沙枣树的生命力、沙枣树的品格，钟情于沙枣树所散发出的力量。既然沙枣树与青玉有颜色相近、韧（耐）性相通的特点，顺理成章青玉命名为"沙枣青"，消费者因崇拜沙枣树而喜爱青玉。提到沙枣青和田玉，人们自然会联系到是新疆所产的和田玉，新疆产地是玉文化重镇等。

青玉注入沙枣树的文化，使人们喜爱这种青玉，冠以沙枣之名赋予青玉独特的特点，增强其独特性、稀少性，"沙枣青"也就身价倍升。目前沙枣青的价格比优质白玉还高。

九、如何寻找新玉种品类

既然独特的、有文化内涵的玉种能提升玉石的价值，那么，怎么找新的玉种呢？

在《故事营销》这一章中，我们已探讨了故事的来源。具体而言，对于玉石，我们要从以下这些方面入手。

①在大自然中寻找有意义的形象物。上述的沙枣青即是。秋梨皮、乌鸦皮，其他玉种的桃花玉、梅花玉……大自然的形象给人以鲜活的气息，也是人们耳濡目染的喜爱之物。

②从历史中找故事。像黄玉在历史上就有"黄如蒸栗"的记载。明代高濂在《燕闲清赏鉴》中描述，"玉以甘黄为上，羊脂次之"，这里的"玉"指和田玉。寿山石、鸡血石等虽说多以制印，以印章石出现，也多做工艺品，在国家标准中归入玉石这一大类。在寿山石中，田黄的名称誉满天下，为人们所钟爱，其原因就是历史上的故事。明朝时闽籍官员，把田黄带到京城，为同僚及文人墨客所喜爱。清朝乾隆皇帝就有一块上等田黄雕刻的"三链章"，爱不释手。寿山石中分出田黄品类，大大提高了寿山石的价值。黄龙玉、南红的热销，琥珀中蜜蜡的销售畅旺，无不与作为贡品及与宗教的故

事有关。

③在博物馆、古墓中找故事。文物博物馆中藏有传世和出土的文物，古墓中也有珠宝玉石陪葬品，这些反映出古代达官贵族上层社会的生活方式、风俗文化。这些风俗文化体现了我们先辈的价值观、宗教文化、审美情趣等。人类文化靠历史长河的积淀，我们现在的文化与生活是历史的传承与发展。古人，特别是古代上流社会的文化风俗深深地影响着我们，我们也崇尚古代的文化。

博物馆与古墓发掘的古代艺术与文化，对我们有影响力。这种文化有说服力，也是我们认定一种玉种的最有力依据。近年新疆的金丝玉地方标准，正是根据古代的用玉历史，在博物馆中有实物的证物，文献的记载而制定该玉种的标准，使古代曾在达官贵人中使用的玉再放异彩。南红、岫玉、独山玉、黄龙玉等，无不具有古代的用玉历史。近年各地在深挖历史这个宝藏，以繁荣地方玉石市场。据说，2017年在湖南通过地方标准的"通天玉"也有历史文化作依托。广东2018年由省政府立项，开展广东古驿道的研究，其中重要内容之一是对古驿道沿途古代观赏石（玉）的市场和历史的研究，发掘古驿道沿途的观赏石（玉）的历史文化，繁荣今日的观赏石（玉）市场。据说乳源彩石、英德的英石就有近千年的欣赏历史，在宋朝时这些古驿道附近的观赏石已是当时大户人家庭院中的摆设之物。广东古代四大名园东莞可园、番禺的余荫山房、佛山梁园、顺德清晖园中就多摆设有广东本地产的黄蜡石、乳源彩石、英德的英石等，给这些岭南名园增添不少雅趣。

④制定玉种的地方标准、国家标准。寻找这些玉种的特点、辨识度、鉴别依据，由专业人士起草相关标准，报省、国家的标准委员会评审。一旦被标准委员会评审通过颁布，就能以通过的品名标识，在市场上进行交易。相关的检测机构也以该标准检测认证。

十、工艺营销——玉雕师的营销

1. 玉器行业没有品牌，玉雕工艺价值高

人们通过经典的首饰认知珠宝品牌，如见到螺丝纹的椭圆形18K金镶钻手镯就知道是卡地亚品牌，见到蛇形元素首饰就知道是宝格丽品牌。金属能锻造和复制，使品牌的经典款式有数量众多的同款货品。玉雕件根据材料的特性进行加工设计，每一件玉器都不同。人们不可能通过玉器造型辨识品

牌。因玉石的材料不同，不同时期玉器商的货品变化大。因此，玉器没能形成特色的品牌。但玉商定位不同，货品档次有别。玉商通过营销特殊的品种以获利。

一个玉种，或玉种中某一类品种的营销成功，获利者是掌握这一类原料货品的商人。翡翠、和田玉这一大类的营销成功，繁荣整个行业，"沙枣青""黄玉""墨翠翡翠""冰种翡翠""金丝玉"这些具体品种的营销成功，既繁荣玉器行业，也有利于掌握这些品种资源的人。但是，玉器行业不同于钻石、彩宝、黄金首饰，这些首饰有自己的风格，有自己的定位和文化，形成自己的品牌。玉雕制品造型传统，是全行业所共有的，如手镯、观音、佛公、玉扣、玉如意等，并不属于具体哪个品牌。玉器文化更是全行业所共有，不是哪个品牌的专利。而赌石又充满风险，并非资金实力雄厚的大公司就一定胜于小公司。如此种种因素，目前玉石行业没有具影响力的牌子。这种状况有利有弊。没有市场领导者品牌，市场集中度不高，不存在由几个品牌垄断市场的局面，这有利于如恒河沙数的众多小商户生存和就业。另一方面，没有品牌集中度，在玉器行业就不可能发展像蒂芙尼、梵克雅宝这样的大品牌。

玉器行业既然难以发展品牌，也就难以有品牌的附加价值。那么，货品又要有附加价值，这就要从玉雕工艺中寻找。

2. 玉雕工艺的营销

玉器是玉雕工艺品，靠工艺展现玉石之美。随着玉器市场的发展与成熟，消费者越来越重视工艺，工艺不佳的玉雕品难以销售。工艺成为玉雕品附加价值的主要来源。市场的竞争以及技师们的努力，近年玉雕工艺有了长足的进步。当市场上的工艺难分伯仲的时候，如何提升工艺的价值？玉雕工艺的附加价值，主要体现在玉雕师上。人们常常把玉雕师的名气地位视同工艺优劣的衡量标准。因此，玉雕师的身价，反映出工艺附加价值的大小。玉雕师的营销就是工艺的营销。

在玉器收藏家中，常常以某类货品或者某玉雕大师的作品为藏品，玉雕师的名气越大，其作品的附加价值越高。就目前苏州和田玉子料市场大致而言，国家级的玉雕大师的加工费约为30万元/100克（手玩件多为100克左右/件），省级的玉雕师行业稍知名者加工费约5万～10万元/100克，被当地市场公认但没名气的玉雕师加工费约1万～3万元/100克。由此可见，玉雕师的知名与否，其加工费相差10倍以上！委托这些工作室的加工费大致是以上水平，向这些不同名气的玉雕师工作室购买成品，他们的货品也大约如此计价，由原材料价格加上不同地位身价玉雕师的加工费。玉雕加工费就是工艺附加价值，可以体现在委托加工收费，或包含于玉雕师作品的售价中。

打造玉雕师个人品牌尤为重要，在玉器销售中玉雕师成为品牌形象，附加值的来源。

（1）技艺过硬

雕琢技艺精湛，题材设计具有创新性，能够充分利用材质特性因材施艺，化瑕为瑜。总之，雕刻工艺在行内受认可，能够提高材料的工艺附加价值。有过硬的技艺，积累多年的经验，作品受人们喜爱。

（2）展销推广

行业的展销会、各种精品品鉴会是推广工艺艺术的重要场合。对于一门艺术、一件作品，你看的次数越多就会越喜欢它。许多人不懂欣赏艺术文化，要通过教育、引导，使其理解艺术，欣赏此种艺术风格。许多书画家、建筑师之所以热衷办各类展览，就是传播艺术，让人们熟知他的艺术风格。若能得到同行专家、社会名流的青睐，影响力更大。玉雕师也可借鉴书画家、建筑师的做法，举办个人作品展，组织玉雕艺术推广活动，积极推广艺术文化。

（3）名家点评

玉雕师往往都是实干家，一方面不擅长营销自己，另一方面又认为这些营销炒作是虚的，没有什么价值，还不如埋头苦干，多做些玉雕作品。甚至认为，酒香不怕巷子深，只要技艺好自然就有人找上门来。其实酒香也需要靠吆喝。技艺再好，知名度未必高。行家们虽然认可你的技艺，但当他委托加工时，不会给太高的加工费，他也要节省成本啊！愿意给工艺更高附加价值的是消费者而不是业内商家。

玉雕师要形成自己的特点，有自己的风格，提高辨识度，在作品中留下印记，附上可溯源、网络可查找的证书。通过宣传推广，让消费者、特别是收藏家了解你、喜爱你，在他们中间有知名度，由消费者的追慕促成行家（玉商）经营玉雕大师的作品。这也是目前玉雕大师们普遍采用的办法。像苏州侯晓峰雕刻的弥勒佛，突出佛头，玉件上大部分留白，留出意境，形成有辨识度的风格，得到行内的肯定、和田玉收藏家们的追捧，在消费者中有很高的知名度，人称"侯弥勒"。吴德升夸张的女性臀部、大腿、乳房，大胆突出女性的性征，特别是臀部及大腿部位，与真实的女性身体完全不成比例，但这并不影响人们对他作品的欣赏。这种夸张的雕刻风格已成为玉雕大师吴德升的名片，业内外享有盛誉。

俗语说，"千里马常有，而伯乐不常有"。得到有影响力的名家点评赞赏，引起更多人共鸣，个人品牌才能更好地传播。

（4）注重宣传

许多玉雕师认识到宣传推广的重要性，越来越注重包装和宣传。出版专业著作，利用自媒体进行宣传推广。与各类普通高等学校建立产学研合作基地，一方面培养玉雕人才，传授技艺；另一方面，自己的技艺名声也通过学生的口碑得以传播，更为重要的是，这些学生是未来珠宝行业的骨干，他们有着潜在的影响力。

（5）参加各类评奖

各种评奖、比赛是行业内技艺的竞技场。作为消费者、社会人士，可能不熟悉玉雕水平，但可通过你在行业中的地位了解你。你在行业举办的各类评奖中胜出，说明在同行中你的技艺是领先的，得到行家的好评。各个珠宝市场行业协会定期、不定期组织玉雕作品评比活动。广东每年由省宝玉石行业协会组织玉雕大赛，前三名给予广东省玉雕师称号；每年组织一次玉魂奖作品的评奖活动，获奖作品身价倍升。举个例子，原四会玉雕师廖先生的俏雕翡色翡翠作品黄油鸡摆件，长约15厘米，宽9厘米左右，未参加评奖前，行家出价5万元，获得银奖后，售出价12万元。和田玉加工基地苏州也是明代玉雕大师陆子冈琢玉的地方，每年举办子冈杯评奖活动，并对获奖作品进行展览。在行业内较有影响力的评奖活动是中国珠宝首饰行业协会主办的玉雕"天工奖"评选，每年12月与中宝协主办的北京珠宝展同时举办。"天工奖"评选活动在行业中影响最大，许多玉雕师的作品获得天工奖，提高了在行业中的地位，为获评国家玉雕大师提供支撑。对获奖作品进行展览，印制成书，是极好的宣传展示机会。许多收藏家及拍卖公司也瞄准了"天工

图7-34 和田玉香炉嵌宝

图7-35 和田玉薄胎嵌宝

奖"的获奖作品，收藏家高价收藏，拍卖行拍出高价。例如，专营珠宝拍卖的北京博观拍卖公司，从获奖作品中寻找拍品，与有潜力的玉雕师合作，进行玉雕师专场拍卖活动。除了"天工奖"之外，"中国和田玉'玉鼎杯'奖""玉雕百花奖"也具有一定的影响力。

通过各类有影响力的评奖活动，提高了玉雕师的社会地位，许多玉雕师成为地方玉雕师、省玉雕师、国家玉雕师。消费者对玉雕工艺难以评判的时候，往往会通过玉雕师的名气、头衔衡量工艺的价值。许多收藏家往往因喜爱某玉雕大师的风格而收藏他的作品，因喜爱他的工艺而愿意支付更高的工艺附加价。

3. **特殊的工艺**

和田玉中的薄胎、链环、螺纹、多层镂雕、压丝镶宝等，是工艺中的绝活。掌握这些绝活的玉雕师不多，工艺价值很高。压丝镶宝是中国传统手工艺"非物质文化遗产"。薄胎是和田玉品种独有的工艺，因和田玉的韧性大，才能制作薄胎。一个花纹繁缛、雕刻精美的碧玉碗，口径13厘米，重量仅80克，相当于一件小的玉佩重量。像薄胎器皿、茶酒具等，薄如纸张，轻巧灵动，澄澈晶莹。消费者常为这些绝活所震撼，因而购买这些玉器。这些绝活工艺是玉雕制品主要的价值来源。

图7-36 和田玉瓶子（图7-29~图7-36由李新岭提供）

十一、玉雕件的故事营销

玉石是故事的载体,工艺是故事的表达手段,文化故事依靠玉雕工艺得以体现。

1. 玉雕件的故事

(1)和田玉玉雕作品"日升月恒"(图7-37)

这是一件牌形浮雕的和田玉雕件。上部阳雕太阳和月亮,左下方为合十的双手。阳刻图案的剩余部分为阴影,阴影的边缘勾勒出佛的侧面状,在侧面佛的颈部,留有凸起的圆形阳雕,可以看作是佛的腮下部位。玉雕的阴影部分有剪影的图形效果。整个玉件图画分成阴阳两部分,各自构成不同的图案意境,表达不同的主题思想。寥寥几笔,勾勒出有深厚文化底蕴的图案。

①宇宙与生命

代表生命的双手在欢呼宇宙中的太阳与月亮。有了太阳和月亮,世间万物得以诞生、延续和进化。这是宇宙生命的图景。这个玉雕诉说着生命的故事,表达宇宙的永恒。

图7-37 和田玉"日升月恒"牌子。王一卜作品

②"日升月恒"

观察阳雕图案,可见高悬的太阳与月亮图形。太阳冉冉升起,月亮从上弦月正逐渐走向满月,逐渐圆满。作品名称典出《诗经·小雅·天保》中的"如日之升,如月之恒"。在周宣王时,大臣用这样的诗句祝颂君主,祝君主的事业如初升的太阳冉冉升起,又似月亮走向圆满。"日升月恒"的图景,象征事业兴旺发达,生意兴隆。也比喻有强大的生命力和美好的前景,寓意官运亨通,仕途光明。

③佛祖念经

阴线的花纹图案为一佛祖,双手合十,口念真经,正在为佩戴者祷告纳福和祝颂。佛祖保佑那些行善积德的人。佛祖的形象带着禅意,要世人排除心中杂念,大悟大彻。以修行的心意佩戴玉器,懂得放下就是自在。相由心生,境随心转。《楞严经》上说:"若能转境,则同如来"。修禅获得静心

图 7-38 翡翠"枯木逢春"作品

安心。

④阴阳和合

画面阳中有阴，阴中有阳，阴阳和合，统一为一体。这是中国的传统文化，阴阳平衡，万物生发。

⑤简洁与留白

简洁与留白是中国的审美情趣，留给消费者以无限的想象空间。简约的线条给人以简单的清爽之感。《道德经》说"见素抱朴"，简单、朴素、率真就是生活的本源。

一件玉雕品有不同的故事，打动不同的消费者。如何讲故事，这要视当时的情况进行讲述。

（2）枯木逢春

这是一件老树头中长出新芽的翡翠摆件。有的消费者会理解为枯木逢春。当新的一年春风吹来的时候，老树又开出了新芽，重获生机。这种自然界中的景象蕴含着特别的文化寓意。假若消费者是商人，生意受到挫折时，盼望的是生机，让他焕发新的活力，事业再度蓬勃发展。这个玉雕件时刻提醒他要有信心，要有耐心，等待时机，克服困难，渡过难关，再现辉煌。

也许对于一个离异的老人来讲，这是在祝福他找到心中所爱，生命的第二春已到来，点燃新生活的希望。

图 7-39 翡翠蜜蜂摆件。赵玉谦工作室作品

枯木都能长出新芽，自然界的生命力是多么强大，我们不管遇到什么困难，都要相信自己旺盛的生命力。

这块瑕疵众多绵绺发育的翡翠璞玉，平洲玉雕师以3000元购进，雕成的"枯木逢春"摆件，以8万元售出。消费者支付的8万元当中，更大的部分就是"枯木逢春"寓意的价值。

（3）玉雕蜜蜂

翡翠中翡色的部分被巧雕成一群蜜蜂。有些消费者，认为它讲述的是"甜甜蜜蜜的生活"。另一些消费者，喜欢的是蜜蜂所象征的勤劳、奉献、团结协作和守秩序，这种精神正是一个公司所需要的。有一家公司的厅堂就摆放着翡翠蜜蜂的摆件。

（4）没有故事的"故事"

当所有的玉雕师在雕琢各类题材的时候，四会的庄家翡翠公司的作品却不雕任何有故事的题材，把原料剜脏去绺后，保持天然翡翠的"原汁原味"，留下没有花纹的奇异造型。这种别出心裁的玉雕件没有明显的、直白的故事，却隐含着无数的故事，让人回味无穷。没有故事题材的"故事"玉佩，以其特别及稀少性在市场中独树一帜，取得不俗的销售效果。

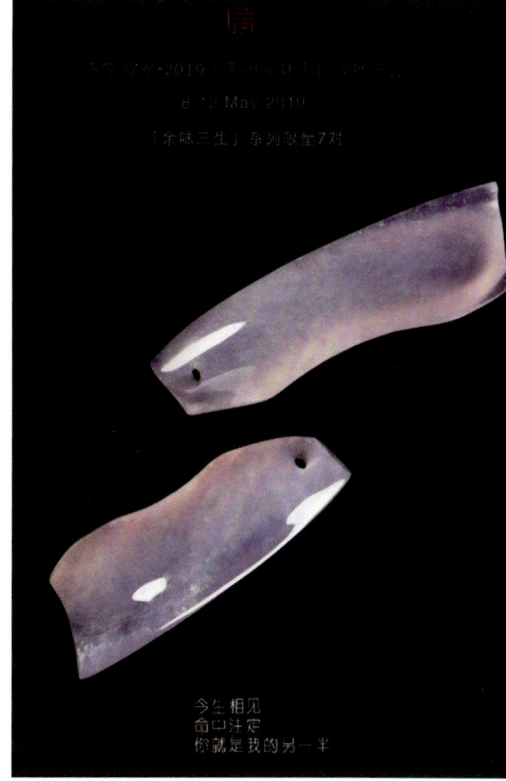

图 7-40　没有故事的"故事"作品，庄家翡翠

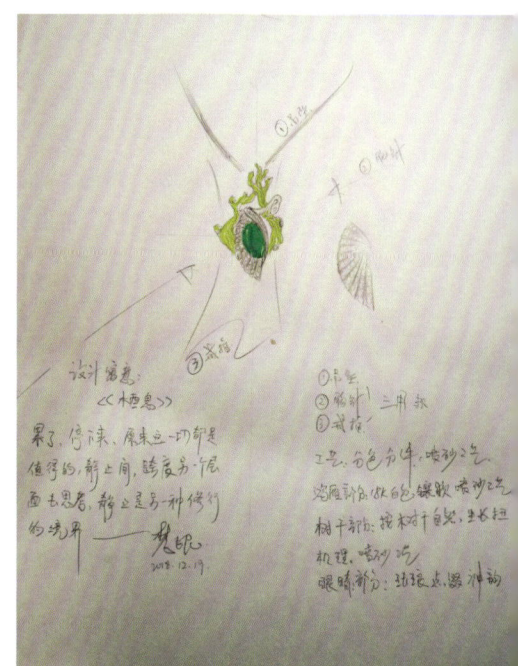

图 7-41　梵妮设计翡翠作品

图 7-42　18K 金镶翡翠同心锁，玉缘天华提供

2. 镶嵌饰品的故事

鸿雁千里飞行，也要停下栖息，积蓄能量，养足精神再出发。现代社会，发展迅猛，竞争激烈，工作生活充满压力。许多商人脚不停步，只知奋力往前冲，不想放过任何商机，但却常常碰壁。何不学学鸿雁，停下来歇一歇，养精蓄锐，看准目标再一飞冲天？梵妮设计的18K镶嵌翡翠"栖息"，讲述的是工作生活中累了，何妨停下来静静地安享一段闲适时光，好好地参悟人生，让思想的翅膀飞入更高的境界。等待时机，让自己飞得更高更远。

3. 注入时尚元素

玉石是古老的珠宝，玉石文化有着几千年的历史，人们往往会把玉石与"传统""古老""过时"甚至"老土"联系在一起。的确，相当部分人因信仰古老的玉文化而喜爱玉器。玉器的图案造型以传统的题材见长，这些题材已存在几千年，没有新鲜感，缺乏时代气息。更兼玉石的色彩不如彩宝艳丽，璀璨不及钻石，款式花样灵巧不及钻石彩宝的首饰丰富。在玉石镶嵌首饰中，缺乏时尚的"爱情"元素，而"爱情"题材是年轻人所钟爱的。

玉器商人及设计师们已明白了这方面的短板，正在弥补这些不足。用金、钻、各种彩宝与玉器相结合,设计各种有时尚元素的饰品。利用金钻的造型线条,增强美丽与装饰功能,给古老的玉石注入时尚的元素,使镶嵌的玉器饰品款式众多。与金钻的结合,使玉器饰品成为时尚的装饰品。像图7-42和图7-43所示的18K金镶嵌翡翠同心锁、18K镶嵌翡翠蝴蝶胸针等,就是古老与时尚相结合的作品。同心锁文化是古老中国的传统文化。相传月老用同心锁锁住男女双方,永不分离。一直以来,在新婚仪式中,新婚洞房以及新娘新郎的各种用品中,常有同心锁的图像,寓意新人永结同心。蝴蝶在中国文化中是爱情的象征。"鸳鸯双栖蝶双飞,满园春色惹人醉",展现一幅甜蜜温馨的爱情生活图景。

图7-43 翡翠蝴蝶胸针,摄于华林玉器城

参考文献

[1] 田翊.博物馆里的传世珠宝［M］.北京：化学工业出版社，2018.

[2] （美）艾·里斯（Al Ries），劳拉·里斯（Laura Ries）.品牌的起源［M］.寿雯，译.北京：机械工业出版社，2013.

[3] （美）杰克·特劳特（Jack Trout）.特劳特营销十要［M］.邓德隆，火华强，译.北京：机械工业出版社，2017.

[4] （法）让-诺埃尔·凯费洛（Jean-Noel Kapferer）.论奢侈［M］.谢绮红，译.北京：机械工业出版社，2016.

[5] 胡雨馨.奢侈的诱惑：遇见顶级珠宝和腕表品牌的梦幻世界［M］.北京：社会科学文献出版社，2017.

[6] （荷兰）奥拉夫·维尔苏斯（Olav Velthuis）.艺术品如何定价：价格在当代艺术市场中的象征意义［M］.何国卿，译.南京：译林出版社，2017.

[7] （澳）亚当·费里尔（Adam Ferrier），珍妮弗·弗莱明（Jennifer Fleming）.如何让他买：改变消费者行为的十大策略［M］.王直上，译.北京：中信出版集团，2018.

[8] （美）罗宾·伦特（Robin Lent），（法）热纳维耶芙·图尔（Geneviève Tour）.奢侈品销售的艺术：顶级奢侈品品牌的销售圣经［M］.牛继业，译.北京：机械工业出版社，2016.

[9] （美）马丁·林斯特龙（Martin Lindstrom）.感官品牌：隐藏在购买背后的感官秘密［M］.赵萌萌，译.北京：中国财政经济出版社，2016.

[10] （美）哈里·J.弗里德曼（Harry J.Friedman）.销售洗脑：把逛街者变成购买者的8条黄金法则［M］.施轶，译.北京：中信出版集团，2016.

[11] （日）岩仓正枝（Iwakura Masae）.奢侈品应该这样卖［M］.田龙姬，译.北京：中华工商联合出版社，2016.

[12] （美）马丁·林斯特龙（Martin Lindstrom）.买［M］.赵萌萌，译.北京：中国人

民大学出版社，2009.

[13] （美）科林·斯坦利（Colleen Stanley）.销售就是要玩转情商：99%的人都不知道的销售软技巧［M］.佘卓桓，译.武汉：武汉出版社，2015.

[14] （美）尼克·南顿（Nick Nanton），（美）杰克·迪克斯（Jack Dicks）.故事营销有多重要［M］.闾佳，邓瑞华，译.北京：中国人民大学出版社，2016.

[15] 苏高.软文营销从入门到精通［M］.北京：人民邮电出版社，2015.

[16] （美）道格拉斯·霍尔特（Douglas Holt），道格拉斯·卡梅隆（Douglas Cameron）.文化战略：以创新的意识形态构建独特的文化品牌［M］.汪凯，译.北京：商务印书馆，2013.

[17] （美）帕科·昂德希尔（Paco Underhill）.顾客为什么购买：新时代的零售业圣经［M］.缪青青，刘尚焱，译.2版.北京：中信出版社，2011.

[18] （美）罗希特·巴尔加瓦（Rohit Bhargava）.喜好与信任：魅力经济学的奥秘［M］.廉凯，译.北京：人民邮电出版社，2014.

[19] （美）博恩·崔西（Brian Tracy），迈克尔·崔西（Michael Tracy）.高绩效销售［M］.胡金枫，崔璨，译.北京：机械工业出版社，2016.

[20] （美）菲利普·科特勒（Philip Kotler），凯文·莱恩·凯勒（Kevin Lane Keller）.科特勒营销思维［M］.汪涛，译.北京：中国人民大学出版社，2015.

[21] （美）威廉·庞德斯通（William Poundstone）.无价：洞悉大众心理玩转价格游戏［M］.闾佳，译.杭州：浙江人民出版社，2013.

[22] （美）菲利普·科特勒（Philip Kotler），（印度尼西亚）何麻温·卡塔加雅（Hermawan Kartajaya），伊万·塞蒂亚万（Iwan Setiawan）.营销革命3.0：从产品到顾客，再到人文精神［M］.毕崇毅，译.北京：机械工业出版社，2011.

[23] （英）马克·谢灵顿（Mark Sherrington）.增加值：品牌驱动增长炼金术［M］.杨学成，译.北京：经济管理出版社，2005.

[24] （美）罗伯特·B·西奥迪尼（Robert B. Cialdini）.影响力［M］.闾佳，译.北京：北京联合出版公司，2016.

[25] （美）杰克·特劳特（Jack Trout），史蒂夫·里夫金（Steve Rivkin）.新定位：定位战略的新进展［M］.马琳，施轶，译.北京：中国人民大学出版社，2014.

[26] （美）杰克·特劳特（Jack Trout），史蒂夫·里夫金（Steve Rivkin）.重新定位：定位之父杰克·特劳特封笔之作［M］.谢伟山，苑爱冬，译.北京：机械工业出版社，2011.

[27] 王昶，申柯娅.珠宝首饰营销学［M］.2版.武汉：中国地质大学出版社，2008.

［28］包德清.珠宝市场营销学［M］.2版.武汉：中国地质大学出版社，2013.

［29］曹华宗.销售攻心术：不懂心理学就做不好销售［M］.北京：中华工商联合出版社，2010.

［30］（美）艾·里斯（Al Ries），杰克·特劳特（Jack Trout）.定位：有史以来对美国营销影响最大的观念［M］.谢伟山，苑爱冬，译.北京：机械工业出版社，2011.

［31］周佩玲，杨辉.中华宝玉石文化概论［M］.武汉：中国地质大学出版社，2012.

［32］王昶，申柯娅.极品珠宝首饰传奇［M］.北京：化学工业出版社，2013.

［33］张蕾.市场营销：基本理论与案例分析［M］.3版 北京：中国人民大学出版社，2012.

［34］王建四.导购这样说才对［M］.2版 北京：北京大学出版社，2012.

［35］张蓓莉，（德）Dietmar Schwarz，陆太进.世界主要彩色宝石产地研究［M］.北京：地质出版社，2012.

［36］侯舜瑜.老侯说玉：和田玉的鉴赏与估价［M］.广州：华南理工大学出版社，2014.

［37］侯舜瑜.老侯寻宝：珠宝选购实战经验［M］.广州：华南理工大学出版社，2017.

［38］郑闵钢，赵莹.［EB/OL］. 宝创家.

［39］张海龙.2017年黄金珠宝行业深度分析报告［EB/OL］.［2017-03-14］.

［40］猛哥看商业. 这篇对蒂芙尼品牌发展策略最深入的剖析，值得所有珠宝企业研习！［EB/OL］.宝创家.［2018-04-23］.

［41］IGI国际宝石学院.奥美全营销：2019年中国珠宝市场信心及趋势报告［EB/OL］.［2019-01-21］.

［42］长城轻工张潇团队.这20个问题洞察珠宝消费特征：不同年龄段人群选择什么价位款式品牌？宝创家.［EB/OL］.

［43］百度.斯佩里左右脑分工理论［EB/OL］.

［44］GRS实验室.［EB/OL］.

跋

现在不少人热衷于写书，我也算是其中的一员吧。写书的人比读书的人还多，这倒并非开玩笑。互联网的发达，信息技术的进步，使信息、资料、数据的收集变得容易，只要上网就可轻松获得，而这些是撰写书籍必不可少的素材。资料的轻松获取，电脑功能的强大，使写书变为寻常的事情。各种知识、技术、技能、疑问，甚至各种课程，哪怕是名牌大学的高精尖课程，也可轻易从网上获取。"传道、授业、解惑"之门既然方便进出，人们也就无须捧着书本在寒灯下硬啃，从而买书、读书的人自然就少。写书的人多，读书的人少，看似自相矛盾的奇怪现象，其实是完全符合逻辑的结果——信息技术的进步。

不管如何，写书是一个辛苦活。白纸黑字堂堂皇皇摆在那里，总要经得起时间考验，总要带给读者有益的知识。这就需要作者有独立的见解、切身的经验，或者创新的技术。既要把这些用文字表述出来，又要让读者看得懂，甚至乐意读，可不是一桩轻松的活儿。明知是苦累的活，而自己又没有多少墨水，却还醉心于此，仔细想一想，其实是虚荣心在驱使。

要有出息是每个中国父母对子女的期望。我也不例外，自小就受到这样的教育，树立努力奋斗、争取人生美好前途的理想。我的青年时代，正是20世纪70年代末期，刚刚从"文革"中走出来的中国，深感国家的落后，迫切希望追赶世界的先进科学技术，整个社会形成努力学习科学技术的氛围，其时又刚刚恢复了高考。不管是为了高考,还是为了学习科学技术,数理化这几门基础学科都显得尤为重要。"学好数理化,走遍天下都不怕"是当时的全民共识,也是铭刻在所有青年学子心中的箴言。怀揣着考上名牌大学,转变人生命运的梦想,我参加了高考。由于自己成绩不理想,没能考上名牌大学,上了武汉地质学院(现中国地质大学),学了地质专业。

照理说,地质专业属于理工科,也是一门学科,一门科学技术。技术无分贵贱,只有适合不适合自己。但在那个年代,以至现在,地质还是冷门的专业,受人冷落的专业,报读者寥寥。究其原因,最主要的是这个专业要跋山涉水,与荒郊野岭打交道,与冰冷的石头做朋友,远离热闹的都市,疏远灯红酒绿。人们普遍喜欢富裕与舒适安逸的生活,都在想方设法涌入大城市,地质工作与此背道而驰。也正是大家对地质工作如此的看法,我上武汉地质学院受到周围人的冷落,就是我中学最为要好的同学赵楚榜也对此不解,几十年来多次问我当初为何选择了大家都不愿意读的地质专业。他的言语间既带有为我鸣不平不甘心的情分,或许也有如其他人般的不理解吧。这如何说起呢,只能怪自己成绩不够优秀,也是命运使然吧。没什么好怨恨的,苦涩的心境只能自己默默承受。但是,不管学了什么专业,追求卓越,人生要有出息的初心却是念念不忘的。

80年代走出校门后,本应该是钻研技术,机缘巧合,却走上了经营珠宝的路。自80年代中后期开始,正值中国的珠宝市场发轫之时,许多地质专业毕业的人都利用懂宝石这一技之长,进入珠宝行业,我也是其中之一,属于较早进入珠宝圈的人。作为珠宝的经营者,遨游珠宝行业三十年,在经营过程中,常常遇到货品销售难、羡慕国外知名品牌珠宝的高利润、新入行的亲友探询快速上手的捷径等问题。

在珠宝零售店,这一幕是司空见惯的。你的货品标价很低,款式工艺很好,顾客让你拿出货品给他挑选,他左挑右选总是不满意,你又再拿出另一件,再一件……几乎把整个柜台的货都呈现在他面前。任由你费尽口舌,讲得唇干舌燥,他就是不下手。你问顾客为什么没选中,他也说不出所以然,常常以"货品太老土,不合心意"作答。营业员业绩不好,埋怨公司的货品款式过时,不够时尚美丽,款式太少。这样,公司不得不找工艺最好的首饰加工厂,加工更多的首饰款式。又让销售一线的员工参与挑选款式,千方百计寻找行业中那些畅销的款式,委托最热门的首饰加工厂加工,降低销售价……虽然采取了这许许多多的措施,但收效甚微,顾客还是不买账。

与此相反，国外知名珠宝品牌他们的款式不多，供顾客挑选的余地很少，也谈不上有多特别。但是顾客就是喜欢，往往爱不释手！尽管这些首饰价格不菲，是我们国内珠宝店三四倍的价格。询问消费者，他们的普遍看法是这些国外品牌的珠宝时尚，高端上档次，佩戴这些珠宝首饰有面子。

国外的许多知名品牌的经营思路似乎与我们国内不同。我们的珠宝首饰在材质上要求高，宝石必须是高端稀少名贵的品种，质量要上档次，金属托材必须是金、铂金，而且成色越纯越好。许多如紫晶、石榴石、黄水晶、橄榄石、托帕石、玛瑙、玉髓、月光石、孔雀石、青金石、绿松石……在中国市场上都是作为低档廉价的饰品销售。在广东的宝玉石批发市场，这些饰品如菜市场的青菜般成捆成堆出现，售价也是青菜价，一件十几、几十到几百元，相当于十几甚至几美元！而这些普通低档的材质，一旦摆上国外知名的珠宝品牌店，山鸡立刻变成了金凤凰！售价动辄几万元！他们也公开宣称，销售的是艺术，无关材质，更不以克拉计价。总之，就是不让你比较材质，而是要关注首饰的艺术、故事、品牌的符号。

中国的珠宝市场毕竟兴起才三十年，远较国外的历史短，品牌缺乏积淀。许多珠宝商也还没什么营销经验，对此种状况往往不可理解，甚至埋怨消费者有眼不识珠，放着物美价廉、真材实料的珠宝不购买，却对一些国外品牌高价低质的货品钟爱有加。抱怨归抱怨，钱在消费者手上，他爱买谁的货你也管不着。不管如何，珠宝商要生存，只能祭起常用的法宝——降价，再降价。即使降低到无利可图的地步，消费者还是不领情！珠宝商筋疲力尽，徒叹奈何奈何！

同时，珠宝市场的迅速兴起，也使许多外行人进入此行业，欲在珠宝行中谋生求发展。新入行的人快速上手的途径就是向老行家学习交流，模仿别人的做法，汲取前人的经验。我也常常遇到不少新入行的朋友，他们希望了解珠宝的经营之道，早日成为行家。

面对如上述经营中遇到的困惑，如何探索解决之道，是珠宝商们要面对的问题。而我通过自己的实践，梳理总结故事营销的技巧，以飨新入行的珠宝商，也许是一件有意义的事情，也可稍稍弥补自己远离技术的缺憾，减少岁月蹉跎的惆怅。

因为入行较早，我有机会接触到不少成功的企业，像钻石世家、六福珠宝、周六福、诗普琳、通灵珠宝、周大生、展鹏、惠艺珠宝、东岸珠宝、永泰华珠宝等，与这些珠宝品牌的大咖们交流学习，在交往中常常能吸收到养分。他们的真知灼见及宝贵的经验对于新入行的朋友有借鉴价值。同时，也潜心研究国外品牌的营销技巧，总结他们的营销策略，对比我们与国外知名品牌之间的差别，寻找成功品牌营销的闪光点，这些也许对国内的珠宝商有启发作用。

要解决珠宝销售难的问题，不妨换一个角度，从消费者身上寻求答案。消费者购买珠宝，基于两个因素，一是信任，二是价值。对你这个品牌、这间店信任了，他才敢从你手上买东西。这件货品对他有价值，他才会用现金换取他认为有价值的珠宝。信任关乎品牌、服务、质量保证、购物环境、友情、沟通等。这些与品牌的积淀及经营策略有关。价值则主要是珠宝货品及品牌的价值。珠宝的价值有材料的，也有情感的价值。所谓情感的价值就是该件首饰满足消费者的情感需求。珠宝作为非生活必需品，是富裕阶层的消费，更多的是满足人们精神层面的需求。随着富裕程度的提升，精神层面的需求越来越大，越来越广泛。越是富裕，人们的需求越靠近马斯洛需求层次的塔顶。例如，结婚、求婚并不需要钻石戒指，但是，有了钻石戒指，更能彰显男女双方的诚意以及仪式的庄重感。这就是马斯洛的尊重需求和自我需求。一件翡翠貔貅并不会给你带来钱财，但你需要能为自己带来钱财的祈祷，有心理的预期。中国文化的积淀，翡翠貔貅能满足你的心理需求，寄托你的希望。观音、佛公的造型，与佛教有关的饰物如蜜蜡、砗磲等，能满足信佛、崇佛、礼佛的情结。你要参加社交活动，有些品牌、珠宝能彰显你的身份地位，凸显你的富有、时髦、宗教、文化……消费者有各种场景使用的需要，珠宝商只有满足了这些需要，在消费者心目中这件珠宝才有价值。富裕阶层的消费是情感的消费，当一件珠宝能打动消费者的情感时，他才愿意掏钱。而珠宝要具有这些情感，必须承载故事，包括品牌的故事、货品的故事。人们需要故事，故事能打动消费者的情感。这些方面，西方许多学者作了深入的研究。美国加利福尼亚克莱蒙尔特研究生院神经经济学中心认为，故事激活大脑激素（"爱情激素"）。行为经济学家、诺贝尔奖获得者卡尼曼（Daniel Kahneman）通过研究，提出大脑的行为决策有两个系统，系统1和系统2。系统1的特点是"快思考"，依赖情感记忆和经验作出反应；系统2是"慢思考"，依靠计算、分析、逻辑进行思考，需要调动注意力进行思考。系统2通常"很懒惰"，躲在后面。当人们遇到眼前的事情时，是系统1快速作出反应。而生物医学家、诺贝尔奖获得者斯佩里（Roger Wolcott Sperry）提出大脑分工理论，大脑分左脑和右脑，不同部位的功能有别。右脑中某区域是依赖形象、直观和感性在进行运转，也就是凭形象、直觉和感性作出决策；左脑的部分区域则根据抽象、逻辑和理性进行思考。总之，人们快速感知世界的方式就是凭形象与感性，能够触动这些情感的就是故事。通过珠宝首饰的设计、美感、特色、材质、稀少、工艺、便宜、历史人文等注入故事，并作有效的推广，让消费者相信这些故事，依赖这些故事，这就是打动消费者情感的内容。

国外知名品牌非常重视故事营销，有许多成功的案例。中国的珠宝市场，经历了从"无到有"，从"有到优"。现在应该是到了"打动我"的阶段。近年市场竞争剧烈，货品同质化严重，靠价格竞争必定是死路一条。许多珠宝商开始重视珠宝设计，开发钻石宝石新工艺，研制新产品，注重讲好品牌故事、货品故事，树立起自己品牌的鲜明特色，形成消费群体的情感共鸣。这方面钻石世家、周六福、周大生等，他们走在前面，因而发展迅速，成为中国珠宝品牌中的佼佼者。这些品牌的成功经验也是我书中介绍的案例。

书中从消费者的购买情感需求出发，以故事营销为主线，阐述珠宝商如何建立信誉，阐发珠宝的价值、价格策略，以及故事营销的方法，并对中国市场上常见的主流珠宝首饰品类黄金、钻石、红蓝宝石、玉器（翡翠与和田玉）作故事营销。通过具体的案例，说明故事营销的技巧。这些或许对新入行的珠宝商如何开展销售有帮助，对拓展营销思路有参考价值。哪怕只有一位读者从书中得到裨益，由此成为珠宝商，或者通过阅读本书，能够创造更好的销售业绩，这也会让我深感荣幸与欣慰。也感激阅读本书的您投入的时间与精力。

本书的成书过程不是我一个人在孤军奋战，有不少行业大咖在助阵呐喊并提供协助。钻石世家董事长陈小凤女士、周六福董事长李伟柱先生，在日理万机之中，为拙作写序，深为感激。周六福总经理谢明育先生，展鹏珠宝董事长彭少怡先生，对庄翡翠陈体平董事长，诗普琳珠宝郭晖、张海英伉俪，深圳金久缘郭昭雄先生，永泰华珠宝董事长李嘉淳先生、张伟雄先生，惠艺珠宝董事长林建渊先生、林兴孝先生，爱雅诺珠宝黄德星先生等提供了真诚的指导与帮助，感激之情，深铭肺腑。

国家和田玉检测中心主任李新岭教授是和田玉研究的权威，在2014年11月我出版《老侯说玉》时，曾向他请教不少问题。他热心解答并提供了一些资料，在该书出版时，倥偬之间疏忽了在书中致谢。这次李先生又为本书提供部分照片，现趁新书即将出版之际，一并致以诚挚的感谢。

珠宝行家李鑫先生、谢志武先生、廖丽红女士提供了照片，阅读了初稿。这几位珠宝商待人真诚，做生意有利他思维，难怪他们生意红火。

　　中山大学丘志力教授审阅了初稿，并热情写了序，感谢丘老师。

　　承蒙桂林理工大学珠宝学院院长李东升教授的抬爱，他在百忙之中也为本书作序，让我感动。

　　我的同事龙楚、梁迪邦、莫祖荣、邓木林、王铎、熊燕、管万宇、张桂源等，从不同方面提供了协助，感谢他们。

　　本书是我在纸稿上手写而成，从初稿到6次补充修改，都是用笔写就，由同事曾子玲输入电脑打印，潦草杂乱的手写字真难为她了。她工作的细致认真准确以及电脑技术的娴熟，让我感佩不已。辛苦了，感谢同事曾子玲。陈树彬也帮助打印部分书稿，制作书中图表，陈树彬先生的电脑技术一级棒！谢谢！

　　成书的过程及编辑出版，自始至终得到好朋友、华南理工大学出版社前社长韩中伟先生的鼓励与指导，他犹如东风般推动着帆船向前行驶。感谢韩中伟先生。

　　编辑赖淑华、刘志秋、蔡亚兰老师高超的专业水准，认真负责的工作精神，对书稿进行编辑雕琢，对文字进行打磨抛光，使本书添光增彩。感谢赖老师、刘老师、蔡老师的辛勤付出。

　　书中引用了部分网络和书籍、微信文章的资料，还有许多朋友同行提供了支持，原谅我未能一一提及，在此一并致谢。

　　有故事的珠宝更好卖，这是大家的共识。如何讲好珠宝的故事是营销新尝试，限于水平和经验，错漏之处在所难免，非常乐意就正于海内诸君。

侯舜瑜
2019年7月